LA COMPTABILITÉ

appliquée à la gestion

Solutionnaire de l'étudiant

Sous la direction de
Michel Bernard

Sylvain Houle, Léo-Paul Lauzon,
Ahmed Naciri, Guy Villeneuve

LA COMPTABILITÉ

appliquée à la gestion

Solutionnaire de l'étudiant

gaëtan morin
éditeur

CHENELIÈRE ÉDUCATION

La comptabilité appliquée à la gestion
Solutionnaire de l'étudiant

Sous la direction de Michel Bernard

© gaëtan morin éditeur ltée, 2003

Révision linguistique : Yvan Dupuis

Tableau de la couverture :
Grandeur sur nature
Œuvre de **Louise Calvé**

Louise Calvé, celle qui fait éclater les couleurs, danser la lumière, se transposer les formes… La peinture gestuelle de Louise Calvé se veut un hymne à la nature duquel surgissent des impressions de réalité.

Née à Montréal en 1937, Louise Calvé, après avoir obtenu un diplôme en pédagogie et en peinture de l'École des Beaux-Arts, se rend à Paris poursuivre des études en lithographie aux Ateliers Desjoberts.

On trouve les acryliques de Louise Calvé dans plusieurs collections au Canada, en Europe et aux États-Unis. La Banque d'œuvres d'art du Japon compte également de ses œuvres récentes, ainsi que la Galerie de la Bibliothèque Gabrielle-Roy de Québec. À Montréal, on trouve ses œuvres à la Galerie Michel-Ange.

**Catalogage avant publication
de la Bibliothèque nationale du Canada**

Vedette principale au titre :

La comptabilité appliquée à la gestion. Solutionnaire de l'étudiant

ISBN 2-89105-835-6

1. Comptabilité de gestion – Problèmes et exercices.
I. Bernard, Michel, 1948-   .

HF5657.4.C65 2003 Suppl.   658.15'11   C2003-940453-6

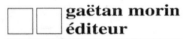

**gaëtan morin
éditeur**

CHENELIÈRE ÉDUCATION

7001, boul. Saint-Laurent
Montréal (Québec)
Canada H2S 3E3
Téléphone : (514) 273-1066
Télécopieur : (514) 276-0324
info@cheneliere-education.ca

ISBN 2-89105-835-6

Dépôt légal : 2e trimestre 2003
Bibliothèque nationale du Québec
Bibliothèque nationale du Canada

Imprimé au Canada

2   3   4   5   6   A   08   07   06   05   04

Nous reconnaissons l'aide financière du gouvernement du Canada par l'entremise du Programme d'aide au développement de l'industrie de l'édition (PADIÉ) pour nos activités d'édition.

Gouvernement du Québec – Programme de crédit d'impôt pour l'édition de livres – Gestion SODEC

L'Éditeur a fait tout ce qui était en son pouvoir pour retrouver les copyrights. On peut lui signaler tout renseignement menant à la correction d'erreurs ou d'omissions.

DANGER

LE
PHOTOCOPILLAGE
TUE LE LIVRE

Table des matières

CHAPITRE 1

L'information financière et les lecteurs des états financiers 1

Réponses aux questions 1

Solutions des exercices 3
E 1-2	Associer les postes aux états financiers	3
E 1-4	Reconstituer le bilan d'Alimentation Couche-Tard inc.	3
E 1-6	Les états des bénéfices non répartis de Cognicase inc.	4
E 1-8	Trouver les inconnues en établissant des relations entre les états financiers	4

Solutions des cas d'approfondissement de la matière 6
CAM 1-2	Abitibi-Consolidated inc.	6
CAM 1-4	Le rapport type de la direction de la société	6
CAM 1-6	Reconstituer l'état des flux de trésorerie à partir d'une liste d'opérations	7

Solutions des cas d'analyse financière 7
CAF 1-2	Groupe TVA inc. — faits saillants financiers de l'année 2001	7
CAF 1-4	Le rapport entre l'actif, la dette et l'avoir des actionnaires	8
CAF 1-6	Le progrès réel des ventes en période d'inflation	8

Solutions des cas d'analyse et de recherche 9
CAR 1-2	Les banques canadiennes	9
CAR 1-4	Les biens de consommation de base	9

CHAPITRE 2

Le bilan et la création de l'information financière 11

Réponses aux questions 11

Solutions des exercices 14
E 2-2	Les payés et les reçus d'avance	14
E 2-4	Le montant des immobilisations au bilan	14
E 2-6	Établir la balance de vérification	14
E 2-8	Augmenter des postes par un débit ou un crédit	15
E 2-10	Enregistrer une dette dans les livres	15

Solutions des cas d'approfondissement de la matière 16

CAM 2-2 Amigo inc.: l'établissement d'un bilan à la suite d'un certain nombre d'opérations 16

CAM 2-4 Aster ltée: la préparation d'un bilan après un mois d'activité 17

CAM 2-6 Multi ltée: le cycle comptable avec journal général 18

CAM 2-8 Investissement Lebel inc.: le cycle comptable avec journal et grand livre 20

CAM 2-10 Informatique Alpo inc.: le cycle comptable avec journal et grand livre 23

Solutions des cas d'analyse financière 27

CAF 2-2 Le secteur des banques: les particularités du bilan de la Banque Royale 27

CAF 2-4 Microcell Télécommunications inc.: l'analyse et l'enregistrement d'opérations de financement et d'investissement 29

Solutions des cas d'analyse et de recherche 29

CAR 2-2 L'analyse de la croissance et de la stratégie d'une entreprise 29

CAR 2-4 L'industrie papetière: l'analyse des états financiers de Cascades 32

CAR 2-6 Les systèmes précomptables de notation des échanges 34

CAR 2-8 L'origine de la comptabilité en partie double 34

CAR 2-10 L'évolution de la comptabilité et l'émergence de la société par actions 35

CHAPITRE 3

L'état des résultats et la constatation des produits 37

Réponses aux questions 37

Solutions des exercices 39

E 3-2 La constatation des produits dans l'édition 39

E 3-4 La constatation des produits dans une entreprise de services 40

E 3-6 La constatation des produits là où les rendus sont importants 40

E 3-8 La reconstitution d'un montant de produits à partir des variations du capital 41

E 3-10 Trouver le bénéfice net par une méthode indirecte 41

Solutions des cas d'approfondissement de la matière 42

CAM 3-2 Croisières Saint-Laurent ltée: l'enregistrement des résultats 42

CAM 3-4 Service de réparation Collin inc.: les états financiers à partir d'une balance de vérification 49

CAM 3-6 Fern ltée: l'enregistrement, l'état des résultats, l'état des bénéfices non répartis 51

Solutions des cas d'analyse financière 52

CAF 3-2 Lookenforme ltée: la constatation des produits dans le cas où la quantité de retours des invendus est imprévisible 52

CAF 3-4 Vantapression ltée: les produits financiers reportés inclus dans les ventes 54

Solutions des cas d'analyse et de recherche 55
CAR 3-2 La marge de bénéfice net dans différents secteurs 55
CAR 3-4 La distinction entre une charge et une perte 57
CAR 3-6 La présentation des activités abandonnées 59

CHAPITRE 4

L'attribution des résultats aux exercices financiers 61

Réponses aux questions 61

Solutions des exercices 64
E 4-2 L'amortissement cumulé 64
E 4-4 Les produits financiers reportés inclus dans les ventes 64
E 4-6 Les problèmes de mesure et les états financiers 66
E 4-8 Les amortissements comptable et fiscal 66

Solutions des cas d'approfondissement de la matière 68
CAM 4-2 Québec Média : l'amortissement dans une entreprise de services
de télévision payante 68
CAM 4-4 Énigme ltée : l'usage consistant à créer des provisions. Rendus,
compression de l'effectif, moins-value des stocks 71
CAM 4-6 Le Savoir d'Aujourd'hui ltée : présenter les états financiers
après avoir régularisé les comptes 74

Solutions des cas d'analyse financière 77
CAF 4-2 Bizart ltée : la conciliation entre la trésorerie et les produits et charges 77
CAF 4-4 Sanitech ltée : l'amortissement fiscal et la création du passif
d'impôts futurs 81

Solutions des cas d'analyse et de recherche 87
CAR 4-2 L'effet des incertitudes quant à la mesure 87
CAR 4-4 La mesure des résultats et des frais reportés 88
CAR 4-6 La provision pour créances douteuses à la Banque Royale 90

CHAPITRE 5

**L'entreprise commerciale : les achats et les ventes de marchandises,
le contrôle et l'évaluation des stocks, les taxes de vente** 91

Réponses aux questions 91

Solutions des exercices 93
E 5-2 L'effet d'une erreur sur le bénéfice net 93
E 5-4 Les écritures relatives au coût des marchandises vendues 93
E 5-6 Bureaucrate ltée : une erreur et une correction des années antérieures 96

Solutions des cas d'approfondissement de la matière 97

CAM 5-2   Ameublement Audet ltée : les régularisations (y compris celles qui sont
relatives aux stocks) et les états financiers 97

CAM 5-4   Distribution éclair ltée : les régularisations (y compris celles qui sont
relatives aux stocks) et les états financiers 100

Solutions des cas d'analyse financière 104

CAF 5-2   Québéco ltée : la méthode de la marge de bénéfice brut
et l'indemnisation 104

CAF 5-4   Cascades, Domtar et Tembec : la rotation, la période d'aliénation
des stocks et la marge de bénéfice brut 106

CAF 5-6   Boutiques San Francisco, Reitmans, Suzy Shier, Le Château, Pantorama
et les Magasins Hart : l'importance des stocks, la rotation et la période
d'aliénation des stocks 107

Solutions des cas d'analyse et de recherche 109

CAR 5-2   Corporation Ced-Or : le bénéfice brut, la rotation des stocks
et la continuité de l'exploitation 109

CHAPITRE 6

Les activités de financement et d'investissement : l'état des flux de trésorerie 111

Réponses aux questions 111

Solutions des exercices 113

E 6-2   Le remboursement des fournisseurs 113
E 6-4   Le remboursement de la dette à terme 113
E 6-6   La structure de l'état des flux de trésorerie 113
E 6-8   La méthode indirecte 114
E 6-10   L'état de flux de trésorerie 115
E 6-12   La présentation des divers éléments à l'état des flux de trésorerie 116

Solutions des cas d'approfondissement de la matière 118

CAM 6-2   Le Convivial ltée : l'établissement de l'état des flux de trésorerie
d'une entreprise récemment mise en marche 118

CAM 6-4   Van Houtte inc. : la comptabilisation des activités d'investissement
et de financement 118

CAM 6-6   Vantapression ltée : l'état des flux de trésorerie selon les méthodes directe
et indirecte 119

CAM 6-8   Merlin Électronique inc. : l'état des flux de trésorerie 122

Solutions des cas d'analyse financière 127

CAF 6-2   Distribution Éclair ltée : l'état des flux de trésorerie et la compensation
du caractère photographique du bilan 127

CAF 6-4   Secteur du transport ferroviaire : le CN et son fonds de roulement 128

CAF 6-6   Mines Dubuc ltée : l'effet sur la trésorerie de l'aliénation d'immobilisations, d'une provision pour restauration des lieux et d'un passif d'impôts futurs dû à l'amortissement 129

CAF 6-8   Solidex ltée : l'état des flux de trésorerie et le financement 132

Solutions des cas d'analyse et de recherche 137

CAR 6-2   L'état des flux de trésorerie d'une grande entreprise 137

CAR 6-4   Le fonds de roulement et le ratio du fonds de roulement 137

CAR 6-6   Les postes de l'état des flux de trésorerie 138

CHAPITRE 7

L'analyse et l'interprétation des états financiers 141

Réponses aux questions 141

Solutions des exercices 143

E 7-2   Publications Modernes ltée : l'analyse de la rentabilité 143

E 7-4   Amène ltée : la reconstitution des états financiers à partir des ratios 144

E 7-6   Les sources de la rentabilité dans divers secteurs 146

E 7-8   Le calcul du fonds de roulement 147

Solutions des cas d'approfondissement de la matière 147

CAM 7-2   Cosmétiques Langelier ltée : l'analyse financière en vue du choix d'un distributeur 147

CAM 7-4   Intell ltée : le calcul des ratios et l'interprétation 150

CAM 7-6   Néolib inc. : l'analyse des états financiers et le résultat par action 155

Solutions des cas d'analyse financière 156

CAF 7-2   Néofix inc. : l'évaluation d'une entreprise à l'aide de l'état des flux de trésorerie 156

CAF 7-4   Mondial ltée : les flux de trésorerie et l'analyse des états financiers 161

CAF 7-6   Groupe Sporvet ltée : l'analyse et l'interprétation des états financiers 171

Solutions des cas d'analyse et de recherche 178

CAR 7-2   Metro inc. : la gestion du fonds de roulement 178

CAR 7-4   Ratios de liquidités 179

CAR 7-6   Dette à long terme et capitaux propres 180

CHAPITRE 8

Les ressources utilisées : l'actif 183

Réponses aux questions 183

Solutions des exercices 187

E 8-2   L'immobilisation reçue à titre de subvention 187

E 8-4   L'achat avec taxes et escompte 187

E 8-6   La vente d'un placement 187

E 8-8   Lockeed ltée: les immobilisations achetées en lot 188

E 8-10   Pico ltée: les éléments à inclure dans le coût d'acquisition 189

Solutions des cas d'approfondissement de la matière 189

CAM 8-2   Summum ltée: les éléments à inclure dans le coût d'acquisition 189

CAM 8-4   Artisan ltée: l'achat de biens avec paiement à tempérament 192

CAM 8-6   Changeante ltée: l'échange non monétaire 192

CAM 8-8   Mines Wabush ltée: l'épuisement d'une ressource naturelle 193

CAM 8-10 Repentir ltée: les révisions des estimations 194

Solutions des cas d'analyse financière 197

CAF 8-2   Bizart ltée: l'amortissement à l'état des flux de trésorerie 197

CAF 8-4   Les obligations découlant de contrats de location-acquisition
             dans les états financiers 199

CAF 8-6   Les frais de démarrage ou frais engagés en période
             de préexploitation 202

Solutions des cas d'analyse et de recherche 202

CAR 8-2   La déclaration de la location-acquisition aux états financiers 202

CAR 8-4   Une recherche sur les politiques d'amortissement 203

CAR 8-6   Les différences entre les immobilisations et les autres actifs 205

CAR 8-8   La réduction de valeur des immobilisations 206

CHAPITRE 9

Le financement par la dette et l'émission d'actions 209

Réponses aux questions 209

Solutions des exercices 211

E 9-2   Un engagement contractuel 211

E 9-4   Le calcul du résultat par action 212

E 9-6   Le résultat par action et le nombre d'actions en circulation 212

Solutions des cas d'approfondissement de la matière 213

CAM 9-2   Cent Watts inc.: l'émission et la présentation des obligations au bilan 213

CAM 9-4   Cogestion ltée: l'émission d'actions 213

CAM 9-6   Le calcul du résultat dilué par action avec présence
             de titres convertibles 214

Solutions des cas d'analyse financière 215

CAF 9-2   Multichoix ltée: le financement par actions ou par la dette 215

CAF 9-4   Touchez du Bois ltée: le résultat par action et le cours-bénéfice 215

CAF 9-6   Bouleverse ltée: les modes de financement et le résultat par action 217

Solutions des cas d'analyse et de recherche 222

CAR 9-2 Les émissions et rachats d'actions 222

CAR 9-4 La difficulté de classer certains instruments financiers au bilan 223

CHAPITRE 10

Introduction aux regroupements d'entreprises 225

Réponses aux questions 225

Solutions des exercices 228

E 10-2 La méthode de comptabilisation des regroupements d'entreprises 228

E 10-4 Le calcul de l'écart d'acquisition 229

E 10-6 Le traitement comptable de l'écart d'acquisition dans les années suivant le regroupement 229

E 10-8 Le prix payé par Mammouth ltée pour acquérir Fili ltée 231

E 10-10 La part des actionnaires sans contrôle 232

E 10-12 Le traitement des frais élevés de regroupements 232

Solutions des cas d'approfondissement de la matière 233

CAM 10-2 M ltée et F ltée : le regroupement par acquisition d'actions 233

CAM 10-4 Malabar ltée : la consolidation à la date d'acquisition 234

CAM 10-6 A ltée et F ltée : la consolidation des bilans avec présence d'une quote-part des actionnaires sans contrôle 235

CAM 10-8 Mono ltée et Fidel ltée : la consolidation des états financiers à la date d'acquisition — un cas où il y a excédent des justes valeurs sur les valeurs aux livres et écart d'acquisition 236

CAM 10-10 M ltée et F ltée : la consolidation des bilans et des états des résultats avec présence d'une quote-part des actionnaires sans contrôle 237

Solutions des cas d'analyse financière 238

CAF 10-2 Un actif nommé écart d'acquisition 238

CAF 10-4 La logique de la consolidation : les ressemblances entre les résultats d'une fusion et ceux d'une consolidation 239

Solutions des cas d'analyse et de recherche 240

CAR 10-2 La concentration et la mondialisation des entreprises québécoises 240

CAR 10-4 Domtar : l'étude des principes de consolidation des états financiers 241

CAR 10-6 BCE et l'écart d'acquisition 242

CAR 10-8 Alcan : le traitement de l'écart d'acquisition selon les nouvelles normes 242

Avertissement

Dans cet ouvrage, le masculin est utilisé comme représentant des deux sexes, sans discrimination à l'égard des hommes et des femmes et dans le seul but d'alléger le texte.

Chapitre 1

L'INFORMATION FINANCIÈRE ET LES LECTEURS DES ÉTATS FINANCIERS

RÉPONSES AUX QUESTIONS

2. L'affirmation en question est propre à ceux qui considèrent que la comptabilité consiste uniquement à enregistrer ou à classer des données. La comptabilité a pour objet de mesurer des faits économiques et commerciaux. Comme la nature de ces derniers évolue constamment, il est nécessaire que la comptabilité s'adapte aux changements. Ainsi, par suite du développement de la location-achat, les experts-comptables ont été conduits à élaborer des normes qui précisent dans quelles conditions l'événement doit être traité comme un achat plutôt qu'une simple location.

Moyennant une programmation convenable faite par un expert, l'ordinateur peut être d'un excellent service pour opérer les calculs. Cependant, la détermination du principe comptable devant servir de base au calcul suppose de la réflexion, ce dont l'ordinateur est, bien sûr, incapable. Le comptable a aussi pour rôle de rapporter des faits complexes à des règles générales qui laissent une large place à l'interprétation.

4. *La déclaration de dividendes*

Les registres comptables indiqueront si les fonds nécessaires au paiement des dividendes sont suffisants, si ces derniers amoindrissent ou non le capital déclaré, ou encore les dividendes qui ont déjà été versés, etc.

L'emprunt bancaire

Quelle est la structure actuelle de financement ? Quel est le taux d'endettement actuel ?

Quels sont les biens qui peuvent être offerts en garantie ? Il faut préciser, dans les états *pro forma*, l'usage que l'on prévoit faire des fonds, etc.

L'acceptation d'une commande

Il faut examiner les coûts passés, distinguer les coûts variables entraînés par la commande des coûts fixes qui sont déjà engagés afin de déterminer si le prix offert par le client est acceptable.

Les décisions générales

Quels sont les comptes fournisseurs que l'on doit payer ? Quel est le délai de perception des comptes débiteurs ? Quel est le montant du fonds de roulement ?

1

A-t-on suffisamment de liquidités pour exécuter les obligations financières à mesure qu'elles viennent à échéance ?

L'expansion des affaires

Doit-on acquérir une entreprise concurrente ou appartenant au même secteur ? Quel prix doit-on offrir ? La filiale a-t-elle fait des profits dans le passé ?

Ces diverses décisions doivent s'appuyer sur des informations comptables étoffées ou exigent la présentation d'informations selon un modèle comptable déterminé. Pour qu'elles soient judicieuses, il faut donc toujours disposer d'informations comptables.

Il importe de bien connaître le rôle de la comptabilité. Disons simplement qu'elle permet d'évaluer le coût des transactions. Il n'est pas absolument indispensable de faire appel à la comptabilité pour réaliser un projet, mais l'inconvénient alors est qu'on risque de voir grimper le coût des capitaux, car le manque d'information accroît le risque.

6. Le vérificateur externe est un expert-comptable chargé par les actionnaires de les représenter et de s'assurer que les états financiers sont conformes aux principes comptables généralement reconnus et qu'ils reflètent fidèlement la réalité. Les actionnaires sont des clients qui demandent au vérificateur de leur donner son avis sur les états financiers.

Le vérificateur joue un rôle important: il a à se prononcer, en toute indépendance, sur la qualité des états financiers établis par les gestionnaires. Ces états financiers montrent les résultats des décisions prises par la direction.

Quand il relève des irrégularités d'importance, le vérificateur indique aux actionnaires qu'il réserve son opinion sur les états financiers ou sur certaines de leurs composantes.

8. Les experts-comptables doivent observer des règles d'éthique pour avoir droit à la reconnaissance publique. Les informations privilégiées concernant les affaires des clients doivent être protégées par le secret professionnel. Le vérificateur externe fait rapport aux actionnaires et au public; c'est pourquoi il doit être indépendant et prendre les mesures nécessaires pour le demeurer. Des cas comme Enron et Worldcom ébranlent la confiance du public à l'égard des experts-comptables et minent leur crédibilité.

Le profane a parfois de la difficulté à évaluer le travail accompli par les experts. Aussi les membres de la profession doivent-ils se doter de règles et se conformer aux normes de vérification généralement reconnues.

10. Il faut tenir compte de l'importance relative des divers éléments comptables et de l'équilibre coûts-avantages. D'une part, il est inutile d'appliquer avec rigueur les principes comptables lorsque les montants en cause sont insignifiants pour le lecteur. Il importe donc de distinguer l'essentiel d'avec l'accessoire. D'autre part, il est essentiel de prendre en considération le coût de l'information. Il convient de se rappeler que les acheteurs d'informations ne tiennent pas à avoir des informations sans égard au prix. Cela restreint aussi le processus de normalisation.

12. Les vérificateurs externes sont indépendants. Les actionnaires les chargent de les représenter. Ils sont redevables aux actionnaires et engagent leur responsabilité. En tant que professionnels, les experts-comptables peuvent être poursuivis en justice par les actionnaires en cas de manquement grave à leurs devoirs.

Les vérificateurs internes ne sont pas indépendants. Ils sont des employés de l'entreprise, ils ont des comptes à rendre à la direction. Ils n'ont aucun pouvoir organisationnel, ils ne peuvent que conseiller les gestionnaires.

SOLUTIONS DES EXERCICES

E 1-2 Associer les postes aux états financiers

a)	1	b)	1	c)	4	d)	1
e)	2	f)	1	g)	4	h)	3
i)	2, 3, 4 (mais à redresser)	k)	4	l)	1 et 4 parmi les espèces	m)	1

E 1-4 Reconstituer le bilan d'Alimentation Couche-Tard inc.

Alimentation Couche-Tard inc.

BILANS CONSOLIDÉS Aux 29 avril 2001 et 30 avril 2000 (en milliers de dollars)	2001	2000
ACTIF		
Actif à court terme		
Encaisse	7 483 $	10 418 $
Débiteurs	31 147	31 593
Stocks	103 182	90 490
Frais payés d'avance	2 748	2 658
Impôts futurs	9 091	13 483
	153 651	148 642
Immobilisations	213 492	202 076
Impôts futurs	–	637
Écart d'acquisition	181 159	185 555
Autres actifs (note 9)	7 828	5 266
	556 130 $	542 176 $
PASSIF		
Passif à court terme		
Dette bancaire (note 10)	– $	6 153 $
Comptes fournisseurs et frais courus	148 945	127 461
Impôts sur les bénéfices à payer	10 460	2 174
Versements sur la dette à long terme	9 903	5 379
	169 308	141 167
Dette à long terme (note 11)	139 094	172 137
Crédits reportés et autres éléments de passif (note 12)	19 377	24 797
	327 779	338 101

→

CAPITAUX PROPRES

Capital-actions	151 231	150 926
Surplus d'apport	1 222	1 222
Bénéfices non répartis	75 898	51 927
	228 351	204 075
	556 130 $	542 176 $

Les notes afférentes font partie intégrante des états financiers consolidés.

E 1-6   Les états des bénéfices non répartis de Cognicase inc.

	2001	2000	1999
Bénéfices non répartis au début (déclarés antérieurement)	226 490 $	139 080 $	55 264 $
Rajustement pour modification de convention comptable (note 2)	—	(11 590)	—
Bénéfices non répartis au début (retraités)	226 490	127 490	55 264
Bénéfice net	(82 454)	99 000	83 816
Bénéfices non répartis à la fin	144 046 $	226 490 $	139 080 $

E 1-8   Trouver les inconnues en établissant des relations entre les états financiers

a = 200 000 $ b = 400 000 $ c = 230 000 $ d = 100 000 $

Rokette ltée

BILAN
Au 31 décembre

	2004	2003
Espèces et quasi-espèces	200 000 $	150 000 $
Immobilisations	400 000	300 000
Dettes	180 000	330 000
Capital-actions	300 000	200 000

Rokette ltée

ÉTAT DES FLUX DE TRÉSORERIE
Au 31 décembre

	2004	2003
Activités d'exploitation	200 000 $	150 000 $
Activités de financement		
Emprunt	80 000	200 000
Remboursement des emprunts	(230 000)	(70 000)
Émission d'actions	100 000	50 000

Activités d'investissement		
Acquisition d'immobilisations	(100 000)	(200 000)
Augmentation des espèces et quasi-espèces	50 000	130 000
Espèces et quasi-espèces au début	150 000	20 000
Espèces et quasi-espèces à la fin	200 000 $	150 000 $

a) Espèces et quasi-espèces

Chiffre trouvé en dernier à l'état des flux de trésorerie	200 000 $

b) Immobilisations

Solde au début (31 décembre 2003)	300 000 $
Acquisitions en 2004 : état des flux de trésorerie	100 000
Solde au 31 décembre 2004	400 000 $

c) Emprunts

Solde au début (31 décembre 2003)	330 000 $
Remboursement état des flux de trésorerie	(x)
Nouveaux emprunts en 2004	80 000
Solde au bilan (31 décembre 2004)	180 000 $
$x = (230\ 000)\ \$$	

d) Émission d'actions

Solde au début (31 décembre 2003)	200 000 $
Émission d'actions en 2004	(x)
Solde au 31 décembre 2004	300 000 $
$x = 100\ 000\ \$$	

SOLUTIONS DES CAS D'APPROFONDISSEMENT DE LA MATIÈRE

CAM 1-2   Abitibi-Consolidated inc.

Abitibi-Consolidated inc.

ÉTAT CONSOLIDÉ DES RÉSULTATS
Exercice terminé le 31 décembre

(en millions de dollars canadiens, sauf les montants par action)	2001
Ventes nettes	6 032 $
Coût des produits vendus	4 208
Frais généraux et frais de vente et d'administration	173
Amortissement	667
Bénéfice d'exploitation	984
Intérêts sur la dette à long terme	472
Autres charges (produits) (note 4)	17
Bénéfice avant les éléments suivants	495
Charge d'impôts (note 5)	143
Part des actionnaires sans contrôle	23
Bénéfice avant l'amortissement de l'écart d'acquisition	329
Amortissement de l'écart d'acquisition	40
Bénéfice net	289 $

CAM 1-4   Le rapport type de la direction de la société

La direction répond de l'intégrité et de la fidélité **des états financiers consolidés** du présent rapport, lesquels ont été dressés conformément **aux principes comptables généralement reconnus.** Elle répond également des autres renseignements contenus dans ce rapport et de leur concordance avec ceux des états financiers.

La direction a pour politique de maintenir **un système de contrôle,** qui vise à assurer, dans une mesure raisonnable, **la fiabilité de l'information financière** et la protection de l'actif. La Société dispose de son propre service de vérification, qui a notamment pour fonction le suivi **des mécanismes de contrôle** et de leur application.

Le conseil d'administration veille à ce que la direction remplisse ses fonctions en matière **d'information financière** et de contrôle interne, ce qu'il fait par l'intermédiaire du comité de vérification, composé d'administrateurs externes. Le comité de vérification se réunit avec la direction ainsi qu'avec les vérificateurs **internes** et externes.

Les vérificateurs externes effectuent une vérification **indépendante** conforme aux normes de vérification généralement reconnues et expriment leur opinion sur les états financiers. Cette vérification comporte l'examen et l'évaluation du système de contrôle de la Société ainsi que les sondages et procédés jugés nécessaires pour assurer, dans une mesure raisonnable, la présentation **fidèle** des états financiers, à tous égards importants. Les vérificateurs externes communiquent librement avec le **comité de vérification,** qu'ils rencontrent régulièrement.

CAM 1-6 Reconstituer l'état des flux de trésorerie à partir d'une liste d'opérations

Liga ltée

ÉTAT DES FLUX DE TRÉSORERIE
Pour l'année terminée le 31 décembre 2004

Activités d'exploitation	
Bénéfice net	150 000 $
Plus : augmentation nette des comptes à recevoir des clients	10 000
	160 000
Activités d'investissement	
Achat d'immobilisations	(300 000)
Activités de financement	
Émission d'actions	200 000
Rachat d'actions	(5 000)
Dividendes payés	(20 000)
Emprunt à long terme	200 000
Remboursement d'emprunts	(50 000)
	325 000
Augmentation des espèces et des quasi-espèces	185 000
Espèces et quasi-espèces au début	120 000
Espèces et quasi-espèces à la fin	305 000 $

SOLUTIONS DES CAS D'ANALYSE FINANCIÈRE

CAF 1-2 Groupe TVA inc. — faits saillants financiers de l'année 2001

Faits saillants financiers	État financier
Produits d'exploitation	État des résultats
Bénéfice d'exploitation avant amortissement, charges financières et autres éléments	État des résultats
Bénéfice (perte) net(te)	État des résultats
Fonds générés par l'exploitation courante	Flux de trésorerie
Actif total	Bilan
Dette à long terme	Bilan
Avoir des actionnaires	Bilan
Bénéfice (perte) net(te) par action	État des résultats

CAF 1-4   Le rapport entre l'actif, la dette et l'avoir des actionnaires

Selon les données financières du bilan, c'est le Groupe Canam Manac qui présente la plus grande proportion de capitaux propres par rapport à l'actif, alors que Tembec montre la plus grande proportion d'endettement par rapport à l'actif.

	Domtar inc. (en millions de dollars)	Groupe Canam Manac inc. (en milliers de dollars)	Tembec inc. (en millions de dollars)
Actif	4 459	748 045	4 138,8
Passif	2 914	467 284	2 771,2
Capitaux propres	1 545	280 761	1 367,6
Pourcentage de l'endettement	65,4	62,5	67
Pourcentage de l'avoir des actionnaires	34,6	37,5	33

CAF 1-6   Le progrès réel des ventes en période d'inflation

	2002	2001	2000
Ventes indexées exprimées en dollars de fin 2002	1 238 095 $	1 238 095 $	1 238 095 $

2000 : $1\,000\,000\ \text{\$ moyens de 2000} \times \dfrac{130\ \text{\$ fin de 2002}}{105\ \text{\$ moyens de 2000}} = 1\,238\,095\ \text{\$ de fin 2002}$

2001 : $1\,095\,238\ \text{\$ moyens de 2001} \times \dfrac{130\ \text{\$ fin de 2002}}{115\ \text{\$ moyens 2001}} = 1\,238\,095\ \text{\$ de fin 2002}$

2002 : $1\,190\,475\ \text{\$ moyens de 2002} \times \dfrac{130\ \text{\$ fin de 2002}}{125\ \text{\$ moyen de 2002}} = 1\,238\,095\ \text{\$ de fin 2002}$

Au cours de ces trois années, les ventes sont demeurées les mêmes. Ce qui faisait illusion, c'était un plus grand nombre de dollars, mais dont le pouvoir d'achat avait diminué. L'entreprise s'est autant enrichie en 2002 et en 2000, car les ventes de 1 238 095 $ équivalent aux ventes de 1 000 000 $ de 2000, si l'on tient compte de la perte de pouvoir d'achat du dollar.

SOLUTIONS DES CAS D'ANALYSE ET DE RECHERCHE

CAR 1-2   Les banques canadiennes

	Banque de Montréal	Banque Laurentienne	Banque Nationale	Banque Royale
a) Actif total	2	4	3	1
b) Résultat par action de base	4	2	3	1

CAR 1-4   Les biens de consommation de base

Le X indique les bonnes réponses.

	a)	b)	c)	d)	e)	f)	g)
Industries Lassonde inc.	X			X			X
Unibroue inc.			X		X		X
Van Houtte inc.		X				X	

1

RÉPONSES AUX QUESTIONS

2. Le bilan est le portrait final des effets financiers de tous les faits et opérations survenus depuis le début de l'entreprise. Le bilan n'est valable qu'à la date indiquée dans l'en-tête, car il est en quelque sorte une photo de la situation financière prise à cette date. Toute transaction effectuée après cette date modifie le bilan et il faudrait alors faire un autre bilan pour avoir une photo plus récente de la situation financière. Il importe donc de porter attention à la date avant de lire les données du bilan, car la photo peut être très peu ressemblante si des événements importants sont arrivés depuis le dernier bilan. Le bilan ne peut porter la mention « pour l'année terminée » étant donné que, en tant que photo prise en fin de période, il ne livre aucune information sur ce qui s'est passé au cours de l'année écoulée. Le film des événements intervenus est fourni par l'état des bénéfices non répartis, l'état des résultats et l'état des flux de trésorerie. Ces états portent dans leur en-tête « pour la période terminée le » ou « pour l'année terminée le », ce qui traduit leur caractère de film.

4. Domtar a inscrit, parmi ses actifs à court terme à son bilan du 31 décembre 2000, un poste intitulé frais payés d'avance dont le solde est de 19 M$. Lorsque l'on paie d'avance pour un service, on bénéficie d'un avantage qui se matérialisera dans un exercice à venir. À cause du postulat de la *continuité de l'exploitation*, il y a un *avantage futur* et il faut constater un actif au bilan. Le coût de ce service devient une charge au cours de l'exercice où il est reçu, mais, dans l'intervalle, il est regardé comme un actif. Rappelons que les actifs sont définis comme des avantages futurs.

Le fait d'envisager les exercices financiers comme des entités indépendantes et de reporter des coûts dans le futur en les inscrivant à l'actif découle du postulat de *l'indépendance des exercices financiers* sur lequel s'appuient deux principes comptables : le principe de la réalisation des produits et le principe du *rapprochement des produits et des charges*. Ce dernier principe nous oblige à déduire de tout produit réalisé pendant une période donnée toutes les charges supportées pour réaliser ce produit. Comme les frais payés d'avance n'ont pas servi à gagner les produits de l'exercice, nous ne pouvons les déduire des produits de l'exercice courant dans le calcul du bénéfice net. Remarquons que l'abolition du postulat de l'indépendance des exercices entraîne celle des deux principes. Cependant les frais ont bel et bien été payés, il est donc nécessaire de les enregistrer dans l'exercice courant, mais en gardant à l'esprit que le coût demeure un avantage pour les mois futurs. En fait, seule

2

la nature de l'actif a changé : le montant en caisse est devenu des frais payés d'avance, et l'avantage futur a pris une autre forme. L'entreprise n'en est ni plus riche ni plus pauvre.

Nous avons vu que, pour Sears Canada, la production des catalogues entraîne des frais payés d'avance à certaines époques de l'année. Ses catalogues entrent dans 4,5 millions de foyers au Canada et Sears Canada maintient 2 100 points de distribution pour la vente par catalogue. Les frais payés d'avance incluent parfois le loyer payé d'avance. Les services étant à recevoir au cours du prochain exercice, les montants figureront dans le court terme.

6. L'avoir des actionnaires de la société par actions est divisé en deux postes distincts. Ainsi, on distingue dans le *capital-actions* le produit de l'émission d'actions alors que les *bénéfices non répartis* regroupent les bénéfices que l'entreprise a réalisés par son activité et qui n'ont pas été répartis en dividendes. Ces bénéfices non répartis sont susceptibles d'être répartis en dividendes alors que le capital-actions est généralement un capital de risque permanent, bien que des rachats d'actions puissent avoir lieu. La répartition en dividendes doit satisfaire à certaines conditions de manière que les créanciers soient protégés. Par exemple, un gros dividende qui conduit à l'insolvabilité est annulé.

8. En vertu du postulat de la continuité de l'exploitation, on considère que les actifs sont détenus pour réaliser l'objet commercial. Par exemple, les immobilisations sont utilisées et non vendues. La reddition des comptes consiste alors à comparer ce que les biens rapportent avec ce qu'ils coûtent. Dès lors, la valeur marchande à un moment donné n'entre pas en ligne de compte, car on réalisera ce bien non pas en le vendant, mais en l'utilisant pour remplir l'objet commercial (fabrication, location, etc.). Les immobilisations deviennent des espèces dans le processus de réalisation de l'objet commercial ; la machine s'use en fabriquant les produits, les produits sont ensuite vendus, ils deviennent des comptes clients, et ceux-ci deviennent des espèces : ainsi la machine est devenue indirectement du comptant en s'usant. Les produits sont comparés au coût de l'usage des biens par le moyen du calcul de l'amortissement, lequel consiste à passer les actifs aux charges en fonction des services que rendent ces derniers. Par exemple, une voiture peut être amortie selon le kilométrage parcouru.

10. L'analyse des états financiers consiste à établir des rapports entre divers postes des états financiers de manière à apprécier la performance de la gestion et de l'entreprise. Quel rapport fait-on dans le calcul du ratio d'endettement et quelles indications ce rapport nous fournit-il ?

Le ratio d'endettement ou son complément, le ratio de capitalisation, se calculent ainsi :

Ratio d'endettement : $\dfrac{\text{Dettes}}{\text{Actif}}$ Ratio de capitalisation : $\dfrac{\text{Avoir des actionnaires}}{\text{Actif}}$

Pour exprimer le rapport entre les modes de financement et l'actif total, on utilise aussi le *ratio de levier financier*, qui se calcule comme suit :

$$\frac{\text{Actif total}}{\text{Avoir des actionnaires}}$$

Loblaw a calculé le ratio de la dette sur les capitaux propres de la manière suivante :

$$\frac{\text{Emprunts} - (\text{Espèces} + \text{Quasi-espèces} + \text{Placements à court terme})}{\text{Capitaux propres}}$$

Ces ratios mettent en rapport les deux sources de financement indiquées au bilan : les dettes et l'avoir des actionnaires. Plus l'entreprise est risquée, plus elle doit offrir un rendement élevé pour intéresser les investisseurs. Il y a toujours place dans un portefeuille équilibré pour des titres plus risqués qui rapportent de bons taux de rendement et qui augmentent la performance du portefeuille. Une entreprise qui n'utilise pas sa capacité d'emprunt, son effet de levier, pour réaliser des projets fait montre de trop de prudence. Une entreprise qui a souvent recours à l'emprunt est plus risquée, et les actionnaires demandent un rendement plus élevé. Tout ratio qui met en rapport les dettes et l'avoir des actionnaires permet de mesurer le degré d'utilisation de l'effet de levier. L'ouverture d'un crédit bancaire ou l'octroi d'un prêt à long terme sont parfois subordonnés à l'obtention de ratios déterminés et à leur maintien.

12. Le journal donne un relevé chronologique des différentes opérations exécutées et renvoie aux pièces justificatives : factures pour les ventes ou les achats, feuilles de temps pour les salaires, etc. Seul le journal général permet de répertorier l'effet complet d'une opération. Le journal ne donne qu'une énumération chronologique des opérations et doit être complété. Pour connaître le solde d'un poste au bilan, par exemple, il faudrait grouper et cumuler l'effet de toutes les opérations qui concernent le poste en question. Autrement dit, il faudrait de toutes façons faire le classement qui est réalisé par le grand livre général. En conclusion, les systèmes comptables doivent être fondés sur des journaux et un grand livre, car leurs rôles sont complémentaires.

14. Au début du cycle comptable, on procède d'abord à la réception et à l'examen des documents. Ceux-ci sont ensuite enregistrés en ordre chronologique dans le journal général ou les journaux spécialisés. Le report au grand livre général suit, ce qui correspond à un classement. Ces opérations d'enregistrement et de report se succèdent pendant tout l'exercice. À la fin de celui-ci, la balance de vérification permet d'apprécier l'équilibre des comptes débiteurs et créditeurs. Ensuite vient le bilan, lequel correspond au point où nous sommes rendus dans notre étude des états financiers.

16. La balance de vérification ne permet pas de déceler les omissions, comme celles qui consistent à avoir négligé d'inscrire des documents. Les documents sont numérotés pour prévenir ces omissions. On peut aussi avoir utilisé le mauvais compte, ce qui ne rompt pas l'équilibre des comptes, mais ne concorde pas avec la réalité. On peut avoir aussi inscrit un montant erroné à la fois au débit et au crédit par suite d'une mauvaise lecture du document ou d'une distraction.

18. Les comptes d'actifs sont débiteurs et les comptes de passifs et de capitaux propres sont créditeurs par pure convention. Il aurait été possible d'adopter une autre convention. Le mot « débit » (*debitum*) désigne la ressource qui est due, et « crédit » (*credere*), soit le fait d'accorder sa confiance, soit la personne qui a confié une ressource. Une convention de couleur ou de signes distinctifs aurait pu jouer le même rôle que la convention des débits et des crédits.

20. En botanique, le système de classification permet de reconnaître rapidement un spécimen et de le rattacher à une espèce ou à un genre. En comptabilité, la classification sert à grouper les transactions de même espèce et permet de recenser en un coup d'œil une multitude d'opérations et d'apprécier rapidement l'effet global sur la situation financière.

SOLUTIONS DES EXERCICES

E 2-2 Les payés et les reçus d'avance

Loyer payé d'avance à l'actif à court terme : 1 000 $ (loyer de mars).

Les produits reçus d'avance figurent au passif à court terme : 200 000 $ pour les 10 mois allant de mars à décembre inclusivement.

E 2-4 Le montant des immobilisations au bilan

L'amortissement annuel sera de 30 000 $ (300 000 $ / 10 ans). Au 31 décembre 2006, il y aura sept années d'amortissement cumulé, soit 210 000 $. Un montant net de 90 000 $ sera inscrit au bilan pour les trois années qui restent. Autrement dit, il reste 90 000 $ d'avantages futurs.

		Addition dans le bilan
Coût d'acquisition	300 000 $	
Amortissement cumulé depuis le 1er janvier 2000	(210 000)	90 000 $
Solde net utile aux exercices futurs		90 000 $

E 2-6 Établir la balance de vérification

Olifruit inc.

BALANCE DE VÉRIFICATION Au 30 avril 2002	Débit	Crédit
Caisse	38 880 $	
Valeurs négociables	20 000	
Comptes clients	10 900	
Stocks de marchandises	23 000	
Terrain	23 000	
Immeuble	50 000	
Équipement de magasin	16 000	
Fournisseurs		21 780 $
Emprunt hypothécaire		40 000
Capital-actions		90 000
Bénéfices non répartis		30 000
	181 780 $	181 780 $

E 2-8   Augmenter des postes par un débit ou un crédit

	A, P ou C	Court/long terme	Augmenter par un débit ou un crédit
Capital-actions	C	Long terme	Crédit
Débiteurs	A	Court terme	Débit
Produits d'exploitation reportés	P	Long terme	Crédit
Immobilisations	A	Long terme	Débit
Espèces et quasi-espèces	A	Court terme	Débit
Créditeurs et charges à payer	P	Court terme	Crédit
Placements à court terme	A	Court terme	Débit
Charges reportées	A	Long terme	Débit
Stocks	A	Court terme	Débit
Tranche à court terme de la dette à long terme	P	Court terme	Crédit
Déficit	C	Long terme	Débit

E 2-10   Enregistrer une dette dans les livres

					Page 10
Date	**Description**		**F⁰**	**Débit**	**Crédit**
2001	Caisse		100	390 M	
	Billet à payer		800		390 M
	(Émission de 390 M$ de billets 6%.)				
	Caisse			300 M	
	Billet à payer				300 M
	(Émission de 300 M$ de billets 7,1%.)				
	Dettes, débentures			50 M	
	Caisse				50 M

Les intérêts courus à payer seront de $390\ 000\ 000\ \$ \times 0,06 \times {}^{2}/_{12}$ mois $= 3\ 900\ 000\ \$$.

SOLUTIONS DES CAS D'APPROFONDISSEMENT DE LA MATIÈRE

CAM 2-2   Amigo inc.: l'établissement d'un bilan à la suite d'un certain nombre d'opérations

Amigo inc.

BILAN
Au 31 janvier 2005

ACTIF

Actif à court terme

Caisse	53 000 $
Valeurs négociables	8 000
Débiteurs	12 000
Loyer payé d'avance	10 000
Total de l'actif à court terme	83 000

Immobilisations

Terrain	15 000
Immeuble	100 000
Mobilier de bureau	13 000
Camion	12 000
Total de l'actif à long terme	140 000
Total de l'actif	223 000 $

PASSIF

Dettes à court terme

Emprunt bancaire	20 000 $
Créditeurs	18 000
Produits reçus d'avance	5 000
Versement exigible de la dette hypothécaire	2 000
Total de la dette à court terme	45 000

Dettes à long terme

Emprunt hypothécaire	78 000
Total du passif	123 000

AVOIR DES ACTIONNAIRES

Capital-actions	100 000
Total du passif et de l'avoir des actionnaires	223 000 $

CAM 2-4 Aster ltée : la préparation d'un bilan après un mois d'activité

Aster ltée

BILAN
Au 30 septembre 2002

ACTIF

Actif à court terme

Encaisse (21 000 $ − 3 000 $ − 3 000 $ + 30 000 $ − 2 000 $ + 3 000 $)	46 000 $
Débiteurs	22 000
Frais payés d'avance (2 000 $ + 2 000 $)	4 000
Total de l'actif à court terme	**72 000**
Immobilisations	
Matériel et outillage	29 000
Matériel roulant	10 000
Immeubles (100 000 $ − 20 000 $)	80 000
Terrain (9 000 $ + 15 000 $)	24 000
	143 000
Placement dans Jutras inc.	50 000
Total de l'actif à long terme	**193 000**
Total de l'actif	**265 000 $**

PASSIF

Dettes à court terme

Emprunt bancaire (26 000 $ − 3 000 $)	23 000 $
Fournisseurs (10 000 $ + 7 000 $)	17 000
Produits reçus d'avance	3 000
Versement exigible de la dette à long terme	8 000
Total des dettes à court terme	**51 000**
Dette à long terme	
Emprunt hypothécaire (60 000 $ − 8 000 $)	52 000
Total du passif	**103 000**

AVOIR DES ACTIONNAIRES

Capital-actions (87 000 $ + 15 000 $ + 50 000 $)	152 000
Bénéfices non répartis	10 000
	162 000
Total du passif et de l'avoir des actionnaires	**265 000 $**

2

2

CAM 2-6   Multi ltée: le cycle comptable avec journal général

Première phase du cycle comptable: l'enregistrement au journal général

					Page 1
Date	**Description**	**F°**	**Débit**	**Crédit**	
2004					
02-01	Caisse	01	100 000		
	Capital-actions	40		100 000	
	(Émission de 1 000 actions ordinaires.)				
02-15	Immeuble	15	75 000		
	Terrain	13	20 000		
	Caisse	01		10 000	
	Emprunt hypothécaire	33		85 000	
02-27	Stocks de marchandises	05	30 000		
	Fournisseurs	30		30 000	

Deuxième phase du cycle comptable: le report au grand livre général

Nom du compte: Caisse				**Code: 01**	
Date	**F°**	**Débit**	**Crédit**	**Solde**	**Dt Ct**
2004					
02-01	J-1	100 000		100 000	Dt
02-15	J-1		10 000	90 000	Dt

Nom du compte: Stocks de marchandises				**Code: 05**	
Date	**F°**	**Débit**	**Crédit**	**Solde**	**Dt Ct**
2004					
02-27	J-1	30 000		30 000	Dt

Nom du compte: Terrain				**Code: 13**	
Date	**F°**	**Débit**	**Crédit**	**Solde**	**Dt Ct**
2004					
02-15	J-1	20 000		20 000	Dt

Nom du compte : Immeuble				Code : 15	
Date	F°	Débit	Crédit	Solde	Dt Ct
2004 02-15	J-1	75 000		75 000	Dt

Nom du compte : Fournisseurs				Code : 30	
Date	F°	Débit	Crédit	Solde	Dt Ct
2004 02-27	J-1		30 000	30 000	Ct

Nom du compte : Emprunt hypothécaire				Code : 33	
Date	F°	Débit	Crédit	Solde	Dt Ct
2004 02-15	J-1		85 000	85 000	Ct

Nom du compte : Capital-actions				Code : 40	
Date	F°	Débit	Crédit	Solde	Dt Ct
2004 02-01	J-1		100 000	100 000	Ct

Troisième phase du cycle comptable : la balance de vérification

Multi ltée

BALANCE DE VÉRIFICATION Au 28 février 2004		Débit	Crédit
01	Caisse	90 000 $	
05	Stocks de marchandises	30 000	
13	Terrain	20 000	
15	Immeuble	75 000	
30	Fournisseurs		30 000 $
33	Emprunt hypothécaire		85 000
40	Capital-actions		100 000
		215 000 $	215 000 $

2

Quatrième phase du cycle comptable : le bilan

Multi Ltée

BILAN au 28 février 2004

ACTIF			PASSIF		
Actif à court terme			**Dette à court terme**		
Caisse	90 000 $		Fournisseurs	30 000 $	
Stocks de marchandises	30 000				
	120 000		**Dette à long terme**		
			Emprunt hypothécaire	85 000	
Actif à long terme					
Terrain	20 000				
Immeuble	75 000		**AVOIR DE L'ACTIONNAIRE**		
	95 000		Capital-actions	100 000	
	215 000 $			215 000 $	

CAM 2-8   Investissement Lebel inc. : le cycle comptable avec journal et grand livre

				Page 1
Date	Description	Fo	Débit	Crédit
2006				
07-01	Caisse	100	100 000	
	Capital-actions	500		100 000
	(Émission de 10 000 actions à Gérard D. Lebel.)			
07-05	Terrain	200	25 000	
	Bâtiment	220	50 000	
	Caisse	100		15 000
	Emprunt hypothécaire	400		60 000
	(Achat d'un terrain et d'un bâtiment.)			
07-11	Matériel de bureau	270	8 000	
	Créditeurs	300		8 000
	(Achat à crédit de matériel de bureau chez Pagé ltée.)			
07-20	Débiteurs	120	2 500	
	Terrain	200		2 500
	(Vente à crédit d'un terrain à Stationnement Corbeil ltée.)			
07-25	Créditeurs	300	500	
	Caisse	100		500
	(Premier versement à Pagé ltée.)			
07-31	Frais payés d'avance	190	350	
	Caisse	100		350
	(Versement à Trévis ltée pour une location d'auto débutant en août.)			

Nom du compte: Caisse   **Code: 100**

Date	F°	Débit	Crédit	Solde	Dt Ct
2006					
07-01	J-1	100 000		100 000	Dt
07-05	J-1		15 000	85 000	Dt
07-25	J-1		500	84 500	Dt
07-31	J-1		350	84 150	Dt

Nom du compte: Débiteurs   **Code: 120**

Date	F°	Débit	Crédit	Solde	Dt Ct
2006					
07-20	J-1	2 500		2 500	Dt

Nom du compte: Frais payés d'avance   **Code: 190**

Date	F°	Débit	Crédit	Solde	Dt Ct
2006					
07-31	J-1	350		350	Dt

Nom du compte: Terrain   **Code: 200**

Date	F°	Débit	Crédit	Solde	Dt Ct
2006					
07-05	J-1	25 000		25 000	Dt
07-20	J-1		2 500	22 500	Dt

Nom du compte: Bâtiment   **Code: 220**

Date	F°	Débit	Crédit	Solde	Dt Ct
2006					
07-05	J-1	50 000		50 000	Dt

2

2

Nom du compte: Matériel de bureau				Code: 270	
Date	Fº	Débit	Crédit	Solde	Dt Ct
2006 07-11	J-1	8 000		8 000	Dt

Nom du compte: Créditeurs				Code: 300	
Date	Fº	Débit	Crédit	Solde	Dt Ct
2006 07-11	J-1		8 000	8 000	Ct
07-25	J-1	500		7 500	Ct

Nom du compte: Emprunt hypothécaire				Code: 400	
Date	Fº	Débit	Crédit	Solde	Dt Ct
2006 07-05	J-1		60 000	60 000	Ct

Nom du compte: Capital-actions				Code: 500	
Date	Fº	Débit	Crédit	Solde	Dt Ct
2006 07-01	J-1		100 000	100 000	Ct

Investissement Lebel inc.

BALANCE DE VÉRIFICATION
Au 31 juillet 2006

	Débit	Crédit
Caisse	84 150 $	
Débiteurs	2 500	
Frais payés d'avance	350	
Terrain	22 500	
Bâtiment	50 000	
Matériel de bureau	8 000	
Créditeurs		7 500 $
Emprunt hypothécaire		60 000
Capital-actions		100 000
	167 500 $	167 500 $

2

Investissement Lebel inc.

BILAN
Au 31 juillet 2006

ACTIF

Actif à court terme

Caisse	84 150 $	
Débiteurs	2 500	
Frais payés d'avance	350	87 000 $

Immobilisations

Terrain	22 500	
Bâtiment	50 000	
Matériel de bureau	8 000	80 500
		167 500 $

PASSIF

Dette à court terme

Créditeurs	7 500 $	

Dette à long terme

Emprunt hypothécaire	60 000	67 500 $

AVOIR DE L'ACTIONNAIRE

Capital-actions		100 000
		167 500 $

CAM 2-10　Informatique Alpo inc.: le cycle comptable avec journal et grand livre

					Page 1
Date	**Description**		**F°**	**Débit**	**Crédit**
2002					
10-01	Caisse		01	50 000	
		Capital-actions	85		50 000
10-04	Terrain		55	20 000	
	Immeuble		50	75 000	
		Caisse	01		15 000
		Emprunt hypothécaire	75		80 000
10-09	Matériel informatique		30	12 500	
	Logiciels		35	25 000	
		Caisse	01		10 000
		Emprunt bancaire	60		27 500
					→

2

				Page 1	
Date	Description	Fo	Débit	Crédit	
10-12	Stock de fournitures	15	500		
	Caisse	01		500	
10-13	Mobilier de bureau	40	23 000		
	Caisse	01		11 000	
	Fournisseurs	65		12 000	
10-20	Caisse	01	5 000		
	Produits reçus d'avance	70		5 000	
10-27	Frais payés d'avance	20	3 600		
	Caisse	01		3 600	

Nom du compte : Caisse				Code : 01	
Date	Fo	Débit	Crédit	Solde	Dt Ct
2002					
10-01	J-1	50 000		50 000	Dt
10-04	J-1		15 000	35 000	Dt
10-09	J-1		10 000	25 000	Dt
10-12	J-1		500	24 500	Dt
10-13	J-1		11 000	13 500	Dt
10-20	J-1	5 000		18 500	Dt
10-27	J-1		3 600	14 900	Dt

Nom du compte : Stock de fournitures				Code : 15	
Date	Fo	Débit	Crédit	Solde	Dt Ct
2002					
10-12	J-1	500		500	Dt

Nom du compte : Frais payés d'avance				Code : 20	
Date	Fo	Débit	Crédit	Solde	Dt Ct
2002					
10-27	J-1	3 600		3 600	Dt

Nom du compte : Matériel informatique				Code : 30	
Date	F⁰	Débit	Crédit	Solde	Dt Ct
2002 10-09	J-1	12 500		12 500	Dt

Nom du compte : Logiciels				Code : 35	
Date	F⁰	Débit	Crédit	Solde	Dt Ct
2002 10-09	J-1	25 000		25 000	Dt

Nom du compte : Mobilier de bureau				Code : 40	
Date	F⁰	Débit	Crédit	Solde	Dt Ct
2002 10-13	J-1	23 000		23 000	Dt

Nom du compte : Immeuble				Code : 50	
Date	F⁰	Débit	Crédit	Solde	Dt Ct
2002 10-04	J-1	75 000		75 000	Dt

Nom du compte : Terrain				Code : 55	
Date	F⁰	Débit	Crédit	Solde	Dt Ct
2002 10-04	J-1	20 000		20 000	Dt

Nom du compte : Emprunt bancaire				Code : 60	
Date	F⁰	Débit	Crédit	Solde	Dt Ct
2002 10-09	J-1		27 500	27 500	Ct

2

2

Nom du compte : Fournisseurs				Code : 65	
Date	Fo	Débit	Crédit	Solde	Dt Ct
2002 10-13	J-1		12 000	12 000	Ct

Nom du compte : Produits reçus d'avance				Code : 70	
Date	Fo	Débit	Crédit	Solde	Dt Ct
2002 10-20	J-1		5 000	5 000	Ct

Nom du compte : Emprunt hypothécaire				Code : 75	
Date	Fo	Débit	Crédit	Solde	Dt Ct
2002 10-04	J-1		80 000	80 000	Ct

Nom du compte : Capital-actions				Code : 85	
Date	Fo	Débit	Crédit	Solde	Dt Ct
2002 10-01	J-1		50 000	50 000	Ct

Informatique Alpo inc.

BILAN
Au 31 octobre 2002

ACTIF

Actif à court terme
   Caisse   14 900 $
   Stock de fournitures   500
   Frais payés d'avance   3 600   19 000 $

Immobilisations
   Matériel informatique   12 500
   Logiciels   25 000   →

Mobilier de bureau	23 000	
Immeuble	75 000	
Terrain	20 000	155 500
		174 500 $

PASSIF

Dettes à court terme

Emprunt bancaire	27 500 $	
Fournisseurs	12 000	
Produits reçus d'avance	5 000	44 500 $

Dettes à long terme

Emprunt hypothécaire		80 000
		124 500

AVOIR DES ACTIONNAIRES

Capital-actions		50 000
		174 500 $

SOLUTIONS DES CAS D'ANALYSE FINANCIÈRE

CAF 2-2   Le secteur des banques : les particularités du bilan de la Banque Royale

a) L'équation de la structure du bilan de la Banque Royale montrait ce qui suit :

Actif	=	Passif	+	Capitaux propres
359,260 G$	=	341,095 G$	+	18,165 G$
100 %	=	95 %	+	5 %

L'architecture financière d'une banque comporte beaucoup plus de dettes, car son objet commercial consiste à recevoir des dépôts qui représentent des dettes pour elle et à les prêter. Ce n'est pas l'argent des actionnaires qui est prêté, car ces capitaux propres visent avant tout à permettre l'organisation de la banque, les achats d'immobilisations, etc. Les banques doivent aussi maintenir certaines réserves.

b) Le poste de passif le plus important est constitué par les dépôts des particuliers (101,381 G$) et ceux des entreprises et des gouvernements (107,141 G$). En 2001, l'état des flux de trésorerie de la Banque Royale montrait une augmentation des dépôts de plus de 19 G$.

	2001	2000
Flux de trésorerie liés aux activités de financement		
Augmentation des dépôts	19 225 $	14 882 $

2

Les entreprises qui reçoivent des dépôts doivent maintenir leur capacité de rembourser ces dépôts et, pour cela, elles font l'objet d'une surveillance. Le Bureau du surintendant des institutions financières du Canada surveille le ratio du capital ajusté en fonction des risques ainsi que le ratio actif/capitaux. L'actif total de la Banque Royale ne peut excéder 23 fois le capital propre.

c) Les banques prêtent l'argent des dépôts, et l'actif le plus important est constitué par les prêts, qui sont des montants à recevoir. Elles placent aussi cet argent dans des titres négociables. À cet égard, la Banque Royale a publié les chiffres suivants :

Valeurs mobilières	80,507 G$
Prêts hypothécaires résidentiels	67,442
Prêts aux entreprises et aux gouvernements	67,152
Prêts aux particuliers	32,511
Prêts sur cartes de crédit	4,283

L'état des flux de trésorerie de la Banque Royale pour 2001 indiquait une augmentation de plus de un milliard de la masse des prêts. La Banque fait aussi beaucoup de placements.

Flux de trésorerie liés aux activités d'investissement	
Variations des prêts	(1 130) $
Acquisition de titres de placement	(27 578)

d) L'état des flux de trésorerie et l'état des résultats de la Banque Royale indiquent que celle-ci a passé 1,119 G$ aux créances douteuses en 2001 sur un revenu d'intérêts de 17,307 G$. La Banque prend donc soin de déduire de ses revenus courants les pertes estimatives que ces derniers lui occasionneront. L'opération s'appuie sur le principe comptable du rapprochement des produits et des charges. Il est nécessaire de montrer non seulement les revenus, mais également les charges attachées à ceux-ci même si elles ne sont pas encore matérialisées et qu'on doit les estimer. Au bilan, la provision pour créances douteuses sur prêts était de 2,278 G$ sur des prêts totaux de 207,258 G$, ce qui laissait un montant net à recevoir de 204,980 G$.

					Page 1
Date	Description	Fº	Débit		Crédit
2001	Créances douteuses		1 119		
	Provision pour créances douteuses				1 119
	(Pour constituer une provision pour créances douteuses et imputer à l'année courante les comptes jugés douteux.) (chiffres en millions de dollars)				

CAF 2-4   Microcell Télécommunications inc. : l'analyse et l'enregistrement d'opérations de financement et d'investissement

| | | | Page 122 |
Date	Description	Fº	Débit
2000	Immobilisations	277 191 000	
	Caisse		277 191 000
	Placements à long terme	35 965 000	
	Caisse		35 965 000
	Caisse	396 903 000	
	Capital-actions		396 903 000
	Dette à long terme	92 000	
	Caisse		92 000

SOLUTIONS DES CAS D'ANALYSE ET DE RECHERCHE

CAR 2-2   L'analyse de la croissance et de la stratégie d'une entreprise

a)   Fondée à Montréal en 1919, Van Houtte a d'abord été une épicerie fine. L'entreprise emploie maintenant 1 800 personnes. Dans les années 1970, un réseau de cafés-restaurants offrant des cafés fins a été mis en place. Dans les années 1980-1990, le secteur des pauses-café ou des services de café au bureau a pris de l'extension. Van Houtte détient maintenant 50 % du marché canadien dans ce secteur et elle entend pénétrer le marché américain en acquérant des entreprises existantes.

Van Houtte a aménagé son plan comptable de façon à connaître le rendement de ses différents secteurs d'activités. Le secteur de la fabrication et de la commercialisation exploite quatre usines de torréfaction à Montréal, deux à Vancouver et une à Henderson au Kentucky. Les activités de fabrication comprennent aussi la production de cafetières à infusion à la tasse. Le secteur de la commercialisation approvisionne quelque 3 000 marchés d'alimentation et restaurants.

Les produits Van Houtte se trouvent facilement dans les chaînes de marchés d'alimentation. L'entreprise gère aussi 90 cafés-bistros et cafés-bars, surtout dans l'est du Canada (60 au Québec). Le plan comptable de Van Houtte montre que 31,3 % des ventes sont venues de ce secteur en 2001.

b)   Van Houtte indique que 68,7 % de ses ventes proviennent des pauses-café offertes dans les lieux de travail, les hôpitaux, les universités, les hôtels et les marchés d'alimentation. Ce secteur regroupe aussi 95 établissements indépendants et franchisés au Canada et dans 28 États américains. Avec 50 % du marché des activités de pause-café au Canada, Van Houtte s'occupe elle-même de l'écoulement des produits finis de ses usines de torréfaction. Elle possède en propre un inventaire de quelque 35 600 cafetières à infusion à la tasse, dont 28 000 au Canada. Rappelons qu'elle fabrique ces cafetières. Elle accorde aussi des licences pour des comptoirs dans les marchés d'alimentation, les centres commerciaux, les gares, etc. Van Houtte continue de prendre de l'expansion aux États-Unis par l'intermédiaire de sa filiale Filterfresh Coffee Service Inc.

Van Houtte inc.

BILANS CONSOLIDÉS
Aux 31 mars 2001 et 1er avril 2000 (en milliers de dollars)

	2001	2000
ACTIF		
Actif à court terme		
Encaisse	5 835 $	5 896 $
Débiteurs	34 916	31 545
Stocks (note 4)	22 428	20 900
Frais payés d'avance	4 623	2 083
Impôts futurs (note 5)	75	—
	67 877	60 424
Placements (note 6)	6 368	5 150
Immobilisations (note 7)	131 192	106 232
Autres éléments d'actif (note 8)	128 829	97 482
	334 266 $	269 288 $
PASSIF ET AVOIR DES ACTIONNAIRES		
Passif à court terme		
Fournisseurs et charges à payer	32 715 $	26 374 $
Impôts sur le revenu à payer	1 044	1 152
Tranche à court terme de la dette à long terme (note 9)	690	663
	34 449	28 189
Dette à long terme (note 9)	80 153	40 501
Avantages postérieurs à l'emploi (note 2b)	4 089	—
Impôts futurs (note 5)	1 613	4 097
Part des actionnaires sans contrôle	3 098	2 790
AVOIR DES ACTIONNAIRES		
Capital-actions (note 10)	127 585	123 395
Bénéfices non répartis	81 274	70 671
Écart de conversion (note 11)	2 005	(355)
	210 864	193 711
Engagements (note 12)		
Éventualités (note 13)		
	334 266 $	269 288 $

■ Source: www.vanhoutte.ca

Van Houtte dessert 3 000 points de vente et sert quotidiennement 2 000 000 de personnes. Il a donc fallu colliger une infinité de données comptables pour arriver à un total des ventes de 279 M$ en 2001.

Van Houtte a acheté 2,4 M$ d'immobilisations en 2000. Elle est en mesure d'affirmer que son bénéfice, avant amortissement, impôts et intérêts, provient des activités de fabrication et de commercialisation (27,4 M$), et surtout des services de pauses-café, en pleine expansion aux États-Unis. Van Houtte et ses filiales occupent maintenant 1 800 personnes. Comme elle fait des affaires aux États-Unis, elle doit convertir des devises étrangères pour tenir sa comptabilité centrale en devises canadiennes. Van Houtte estime qu'il faut considérer d'autres indices que le chiffre de ventes pour juger de sa croissance, car le prix du café est sujet à de grandes fluctuations. Elle conseille de prendre comme indice le nombre de livres de café vendues ou de cafetières installées. Nous donnons ci-dessous les états consolidés des résultats de Van Houtte inc.

Van Houtte inc.

ÉTATS CONSOLIDÉS DES RÉSULTATS (cités partiellement)

Exercices terminés le 31 mars 2001 et le 1er avril 2000 (en milliers de dollars)	2001	2000
Revenus	279 173 $	250 352 $
Coût des marchandises vendues et frais d'exploitation (note 3a)	215 883	194 492
	63 290	55 860
Amortissement	24 074	20 626
Frais financiers (note 3b)	3 397	2 252
Bénéfice avant les impôts sur le bénéfice	35 819	32 982
Impôts sur le bénéfice (note 5)	11 103	11 562
[...]		
Bénéfice net	21 789 $	18 971 $
Bénéfice par action	1,01 $	0,88 $
Bénéfice dilué par action	1,00 $	0,88 $

c) Les éléments essentiels de l'état des flux de trésorerie de Van Houtte sont les suivants :

Flux de trésorerie liés aux activités d'exploitation	2 485 113 $
Activités d'investissement :	
Immobilisations	(2 428 460)
Activités de financement :	
Emprunts à long terme	1 920 766
Remboursement d'emprunts	(978 025)

Les fonds autogénérés par l'exploitation ont compté pour beaucoup dans l'expansion de l'entreprise au cours de l'année courante; ils ont été deux fois plus élevés que la dette si l'on tient compte des remboursements.

CAR 2-4   L'industrie papetière: l'analyse des états financiers de Cascades

a) Cascades a acquis toutes les actions en circulation de Rolland inc., de Papiers Perkins ltée et des industries Paperboard International en 2000. Cela s'est fait par échanges d'actions sauf dissidence. Elle a aussi acquis Armor Box Corporation (papier d'emballage) et Wyant Corp. (papier hygiénique).

b)

Cascades

Au 31 décembre 2000	
Terrains	45 M$
Bâtiments	250
Matériel et outillage	1 029
Matériel roulant	15
[...]	
	1 376 M$

Abitibi-Consolidated

Au 31 décembre 2000	
Bâtiments, équipements de production de pâtes et papiers	6 180 M$
Équipement de production des scieries	269
Équipement et aménagements forestiers	157
Droits d'approvisionnement en matière ligneuse	87
Centrales hydroélectriques et droits d'utilisation de l'eau	904
Construction en cours	425
	8 022 M$

Domtar

Matériel et outillage	2 278 M$
Bâtiments	464
Concessions forestières et terrains	171
Actifs en construction	80
	2 993 M$

c)

	2000	1999	1998
Fonds de roulement	384 M$	353 M$	364 M$

Ratio du fonds de roulement: $\dfrac{\text{Actif à court terme}}{\text{Dettes à court terme}}$

2000 $\qquad \dfrac{984\ \text{M\$}}{600\ \text{M\$}} = 1{,}64\ \text{fois}$ $\qquad\qquad$ 1999 $\qquad \dfrac{838\ \text{M\$}}{485\ \text{M\$}} = 1{,}73\ \text{fois}$

d) La dette avec recours est une dette qui est garantie par des actifs et qui comporte des clauses restrictives (gérées par un fiduciaire). C'est une bonne façon de tenir les comptes, car elle permet de déterminer dans quelle mesure l'entreprise doit garantir et quels sont les actifs disponibles pour être offerts en garantie pour d'autres emprunts.

e)

Produits finis	245 M\$
Matières premières	78
Approvisionnements	95
	418 M\$

f) L'état des flux de trésorerie indique ce qui suit:

Activités d'exploitation	169 M\$
Activités d'investissement:	
Nouvelles immobilisations	(148)
Acquisitions d'entreprises	(37)
Activités de financement:	
Augmentation de la dette à long terme	92
Versement sur la dette à long terme	(62)

C'est l'exploitation — les fonds autogénérés — qui a été la première source de financement. Outre les acquisitions d'entreprises, il y a eu construction de quelques usines. On remarque que 148 M\$ ont été consacrés à l'achat ou à la construction d'immobilisations, ce qui constitue le principal poste d'investissement.

g) L'état des flux de trésorerie indique que 7 M\$ de dividendes ont été payés et l'état des bénéfices non répartis montre 7 M\$ de dividendes déclarés. Les deux montants ne sont pas nécessairement égaux (voir Hydro-Québec, par exemple).

h) Les frais reportés sont de 35 M\$ (autres actifs, note 5). Ils sont constitués par des frais d'émission de la dette et des frais de démarrage. Ces frais sont des actifs, car ils ont été engagés pour des éléments qui profitent à de nombreux exercices. Ce serait faire un mauvais rapprochement des produits et des charges que de les imputer à l'exercice correspondant à l'émission de la dette ou à la construction d'une usine.

CAR 2-6   Les systèmes précomptables de notation des échanges

Il s'agit de réaliser que, jusqu'à l'apparition de la notion de compte, la consignation des données a toujours fait problème. Il a d'abord fallu que l'homme ajoute l'écriture à la langue parlée. Il y a eu progression dans l'abstraction : pictogrammes, écriture non alphabétique, puis écriture phonétique. Le besoin de rigueur et de conservation des opérations comptables a été un élément moteur : l'alignement de traits suivi du dessin d'un bœuf ou d'un sac de grains est une forme pictographique de comptabilité. Les inscriptions devaient exiger peu d'efforts, car elles n'avaient souvent qu'un caractère temporaire. Au début, ce furent des traits gravés sur des os d'animaux, sur les parois des grottes.

> Avant que le nombre ne devienne une conception abstraite, l'utilisation des cailloux a été très répandue et a donné naissance au mot calcul (du latin *calculus* : petit caillou[1]).

Au cours de l'Antiquité, des ficelles furent utilisées comme aide-mémoire. Les Grecs et les Perses en ont fait usage ainsi que les Incas. Par exemple, dans le royaume des Incas,

> [...] les archéologues ont trouvé dans les fouilles un grand nombre de « quipous », ficelles nouées dont ils cherchèrent longtemps la raison d'être ; ils comprirent enfin que ces quipous représentaient des nombres, la couleur de la corde désignait la nature des éléments dénombrés : sacs de blé, denrées diverses, têtes de bétail. Ainsi l'ensemble de plusieurs ficelles représente des comptes ; les quipous forment un système élémentaire de comptabilité qui enregistre les sorties et les entrées de valeurs en entrepôt[2] [...].

Les bergers gravaient des traits verticaux sur des planchettes de bois pour dénombrer leurs troupeaux. Les Romains ont élaboré un procédé d'enregistrement des recettes et des débours sur deux colonnes. Au Moyen Âge, on revint, dans l'usage ordinaire et en particulier chez les boulangers qui vendaient à crédit, à des signes rudimentaires inscrits sur des morceaux de bois. Les Sumériens, qui vivaient en Mésopotamie au IVe et au IIIe millénaire avant notre ère, utilisaient des tablettes d'argile crue sur lesquelles, à l'aide d'un roseau taillé, ils traçaient des caractères cunéiformes. Les Égyptiens pratiquaient une écriture hiéroglyphique et se servaient d'encre et de papyrus pour écrire.

CAR 2-8   L'origine de la comptabilité en partie double

La partie double consiste essentiellement à enregistrer à la fois ce que l'on reçoit et ce que l'on cède dans un échange. Son corrolaire est la notion de débit et de crédit. La comptabilité a fait un grand pas avec l'avènement de la partie double. Les premiers traités imprimés sur la comptabilité en partie double sont attribués à un moine franciscain originaire de Toscane, Luca Pacioli, mathématicien reconnu, qui par ailleurs a fréquenté Léonard de Vinci. En 1494, il publia à Venise la *Summa di arithmetica, geometria, proportioni et proportionalita*. Toutefois, Luca Pacioli n'est pas l'inventeur de la comptabilité en partie double, car celle-ci est apparue entre 1250 et 1440, époque où le commerce commençait à s'étendre.

---

1.   Michel Capron, *La comptabilité*, Paris, La Découverte, 1985, p. 10.
2.   Jean Fourastié et André Kovacs, *La comptabilité*, Paris, PUF, coll. « Que sais-je ? », 1988, p. 20-21.

2

Pacioli écrit que sa principale source pour la *Summa* fut les travaux de Leonardo Da Pisa qui écrivit vers l'année 1200. [...] À nul endroit Pacioli ne revendiquera l'originalité du système à partie double qu'il décrivit. Il spécifia qu'il ne faisait que porter par écrit le système qui avait été en usage à Venise depuis deux cents ans[3].

La comptabilité en partie double exige plus de manipulation de chiffres, et l'un des facteurs qui ont favorisé son développement est la facilité d'utilisation des chiffres indo-arabes, qui éclipsèrent les chiffres romains.

Il faut ajouter que la partie double n'aurait pu prendre corps, dès le XIVe et XVe siècles, sans le support d'un facteur important : la diffusion en Europe du calcul écrit au moyen de chiffres indo-arabes, dont les formes sont définitivement rationalisées et fixées au XIVe siècle, ce qui permet de substituer à la lourdeur des chiffres romains une considérable souplesse dans les calculs et la tenue des comptes[4].

La renaissance du grand commerce a aussi été un facteur de développement de la comptabilité en partie double. Certains prétendent qu'elle s'est communiquée en Italie d'un marchand à l'autre dans les grands centres d'échange comme Gênes, Florence, Milan et Venise. Les Italiens dominaient le commerce depuis le Moyen Âge ; ils monopolisèrent les opérations bancaires internationales, perfectionnèrent les lois commerciales, créèrent l'assurance maritime pour favoriser le commerce outre-mer, etc. La protection de la propriété par l'établissement d'un droit positif eut également une grande importance en Italie. La monnaie était abondante, et on s'efforça de la stabiliser.

La méthode de la partie double a été diffusée grâce à la publication de traités. L'enseignement basé sur l'imprimé contribua aussi à répandre l'usage de la partie double. C'est donc l'imprimerie qui fut l'élément déterminant. L'innovation de l'imprimerie au XVe siècle était tributaire de celle du papier, de l'encre, de la presse à vin, de la coulée des métaux, etc.

CAR 2-10   L'évolution de la comptabilité et l'émergence de la société par actions

La *commenda* est à la base de l'idée de société en commandite, c'est-à-dire de l'idée qu'un associé peut limiter sa responsabilité à sa mise de fonds. La société en commandite devait aboutir en Angleterre à la société par actions. Le développement de la société par actions, dans laquelle propriété et gestion sont distinguées, a eu une influence considérable sur le développement de la comptabilité et de la reddition des comptes.

Le concept juridique de la société par actions dans sa forme actuelle s'appuie sur trois idées anciennes :

* l'entité créée est un être juridique autonome doté de droits et de responsabilités qui lui sont propres ;

---

3. R.E. Taylor, « Luca Pacioli », dans A.C. Littleton et B.S. Yamey, *Studies in the History of Accounting*, Irwin, 1956, p. 175-184.
4. Michel Capron, *La comptabilité*, Paris, La Découverte, 1985, p. 16.

- les individus qui la forment ont par conséquent une responsabilité financière limitée à l'égard de ses activités;

- l'entreprise se perpétue sans égard à la durée de l'existence des propriétaires[5].

Les premières sociétés par actions anglaises étaient des entités hybrides, qui donnaient lieu à l'émission d'actions transférables, mais avaient une vie limitée et ne garantissaient pas aux actionnaires une responsabilité limitée à leur mise de fonds. Une charte royale leur garantissait un monopole d'État, tel celui des fourrures accordé à la Compagnie de la Baie d'Hudson.

La East India Company, incorporée en 1600, témoigne de l'évolution de la société par actions. Entre 1600 et 1617, cette compagnie organisa 113 voyages. Chaque voyage donna lieu à l'émission d'actions particulières et fut suivi d'une liquidation. Les liquidations étaient incompatibles avec l'acquisition d'immobilisations, laquelle était devenue nécessaire en raison des progrès techniques. La East India entreprit d'émettre des actions d'une durée de plusieurs années. En 1657, elle émit des actions permanentes, mais transférables d'une personne à l'autre. Elle évalua d'abord ses actions tous les sept ans, puis tous les trois ans de manière faciliter leur négociation. La logique d'une entreprise permanente financée par un capital-actions permanent, dont les titres pouvaient changer de mains, était établie et se renforça en 1661 par le concept de distribution de dividendes à même les bénéfices en remplacement de l'idée ancienne de liquidation périodique[6]. En somme, le droit à une part de l'actif net se changea en droit à recevoir des dividendes de la part de la compagnie permanente. C'est ce droit que l'on vendait en même temps que les actions[7].

---

5. Michael Chatfield, *A History of Accounting Thought*, New York, Robert E. Krieger, 1977, p. 77-84.
6. *Ibid.*, p. 79-80.
7. A.C. Littleton, *Accounting Evolution to 1900*, The University of Alabama Press, 1981, p. 210-213.

RÉPONSES AUX QUESTIONS

2. **a)** L'encaissement en 2003 d'un compte client relatif à une vente de 2002. L'encaissement a simplement pour effet de transformer un actif (le compte client) en un autre actif plus liquide (l'encaisse). Donc, il n'y a ni enrichissement ni produits.

b) Un emprunt bancaire n'est pas un produit, car l'augmentation de l'encaisse entraîne celle des dettes. Les bénéfices non répartis demeurent inchangés.

c) Une émission d'actions n'est pas un produit, car l'augmentation de l'encaisse entraîne celle du capital-actions et non des bénéfices non répartis.

d) L'encaissement en 2003 pour un service qui sera rendu en 2004 (reçu d'avance). L'augmentation de l'encaisse a comme contrepartie l'augmentation d'un passif, la reconnaissance d'un service à rendre. Il n'y a donc pas d'enrichissement ni d'augmentation des bénéfices non répartis.

4. La charge d'exploitation est constituée par les coûts qu'il a fallu engager pour exécuter l'opération ayant créé le produit d'exploitation. L'opération qui donne un produit d'exploitation, comme toute opération, implique un échange. Par exemple, lorsque vous achetez pour 100 $ d'aliments chez Provigo, l'entreprise vous cède des articles qui lui ont coûté disons 60 $. L'entreprise a dû céder un stock valant 60 $; cette contrepartie cédée s'appelle la « charge d'exploitation » pour Provigo. Il faut donc aussi constater la charge aux comptes. L'échange implique à la fois un enrichissement et un appauvrissement. Pour un cabinet d'avocats, les produits d'exploitation (l'enrichissement) prennent la forme d'honoraires gagnés en fournissant des services. Les sacrifices consentis (l'appauvrissement) pour gagner les produits sont les salaires des employés, le loyer, le téléphone, les assurances, l'électricité, etc. De plus, il a fallu utiliser certaines immobilisations comme du mobilier, des automobiles, une bibliothèque, qu'il faudra amortir pour connaître le coût de leur usage pendant une période donnée.

La charge est constatée quand le service est rendu et que le produit est lui-même constaté. Si le produit est reporté, la charge l'est aussi. Lorsqu'une immobilisation est utilisée pour gagner un produit, qu'un stock est cédé, ces actifs deviennent des charges. Un actif qui ne rapporte plus de produits est une *perte*, ce qui est différent d'une *charge*. Ainsi, une machine désuète qui ne représente plus d'avantages futurs est virée aux pertes. Par exemple, en octobre 2002, BCE projetait de radier 1 milliard de dollars d'actif, et son concurrent Telus en a radié pour 595 millions. Les acquisitions effectuées à l'époque de la vague des fusions ont été payées trop cher; les actifs ont été payés à un prix supérieur au montant des avantages futurs que l'on pourra en tirer ou des produits que l'on pourra récolter de leur usage.

6. **a)** Faux. Par exemple, débit à salaire et crédit à caisse. Il y a peut-être une relation de cause à effet entre les salaires et les produits, mais l'enregistrement du salaire n'a pas d'effet sur un compte de produit. Le produit sera enregistré séparément.

b) Vrai. Par exemple, débit à entretien et crédit à caisse ou fournisseurs; débit à amortissement et crédit à amortissement cumulé.

Actif	=	Passif	+	Capital-actions	+	Bénéfices non répartis	+	Produits	−	Charges
+ 100	=							+ 100		
	=	+ 50							−	50

Il y a création de charge lorsqu'un actif qui représentait un avantage futur a procuré un avantage et qu'il est venu diminuer le montant total des actifs.

c) Faux. Par exemple, emprunt bancaire, émission d'actions.

Actif	=	Passif	+	Capital-actions	+	Bénéfices non répartis	+	Produits	−	Charges
+ 100	=	+ 50	+	50						

L'emprunt bancaire augmente l'actif, mais il faut se rappeler qu'il y a une croissance correspondante des passifs.

d) Faux. Charge à crédit. Débit à entretien et crédit à fournisseurs.

Actif	=	Passif	+	Capital-actions	+	Bénéfices non répartis	+	Produits	−	Charges
	=	+ 50							−	50

La charge à crédit est un appauvrissement, car l'entreprise a dû reconnaître un passif.

8. Trouvez la valeur des inconnues et présentez vos calculs :

Actif ^{fin} = Passif ^{fin} + Avoir des actionnaires ^{fin}

Avoir des actionnaires ^{fin} = Avoir des actionnaires ^{début} + Produits − Charges − Dividendes

Actif ^{fin}	=	Passif ^{fin}	+	AA ^{début}	+	Produits	−	Charges	−	Dividendes
50	=	30	+	c	+	110	−	120	−	20

$c = 50$

Actif ^{fin}	=	Passif ^{fin}	+	AA ^{fin}
50	=	30	+	d

d = 20

Bénéfice net	=	Produits	−	Charges
b	=	110	−	120

b = − 10

Actif ^{début}	=	Passif ^{début}	+	AA ^{début}
60	=	a	+	50

a = 10

Résumé:

a) 10   **b)** perte 10   **c)** 50   **d)** 20

10. Les produits tirés de la vente de biens sont constatés:

a) si tous les risques et avantages importants liés à la propriété ont été transférés du vendeur à l'acheteur. Par exemple, si les stocks sont expédiés aux distributeurs en consignation et que le consignataire est notre agent, on attendra que les distributeurs revendent les biens pour constater le produit. On ne reconnaîtra pas les ventes fictives, telles que celle où le vendeur s'engage à racheter le bien. Si une société mère vend à une filiale et que celle-ci n'a pas revendu le stock à l'extérieur, on considérera à l'état des résultats consolidés qu'il n'y a pas d'acheteur extérieur et on annulera la vente. Autre exemple, il ne suffit pas d'avoir reçu une commande, il faut aussi avoir livré la marchandise;

b) si la mesure de la contrepartie qui sera obtenue pour les biens vendus et l'estimation des rendus sont raisonnablement sûres. Si la contrepartie est un pourcentage, si les rendus ne peuvent être évalués avec suffisamment de précision, on attendra la revente par les distributeurs pour constater le produit ou encore l'encaissement puisque le distributeur n'est pas nécessairement tenu de produire un rapport de ventes;

c) si le recouvrement final est raisonnablement certain. Si une forte incertitude existe, on attendra l'encaissement pour constater le produit. Par exemple, si l'encaissement s'étale sur une longue période, le degré d'incertitude augmente.

SOLUTIONS DES EXERCICES

E 3-2   La constatation des produits dans l'édition

Il serait prématuré de constater le produit à ce moment-là. Il existe des incertitudes concernant l'achèvement de l'opération. Par exemple, le client peut déclarer faillite ou annuler sa commande. Un concurrent peut mettre un meilleur produit sur le marché. Nous pouvons être incapables de remplir la commande à temps à cause d'une grève à l'usine ou dans le transport. La propriété n'est pas transférée. Il est préférable d'attendre de connaître la valeur réelle du patrimoine de l'entreprise avant d'en informer le lecteur. Un produit constaté trop tôt entraîne une surévaluation de l'actif et des bénéfices non répartis et donc de l'avoir des actionnaires. Beaucoup de commandes ont été annulées dans les domaines des télécommunications et de l'aviation depuis 2001.

E 3-4   La constatation des produits dans une entreprise de services

Les entreprises peuvent constater leur produit au moment de l'exécution ou de la fourniture d'un service. Par exemple, la vente d'un abonnement à 10 pièces de théâtre entraîne la constatation au moment des représentations de chacune des pièces et non au moment de la vente des billets puisqu'il peut y avoir remboursement en cas d'annulation. La vente d'annonces à paraître un certain nombre de fois entraîne une constatation chaque fois qu'une annonce a paru. Il en va de même pour les jours d'affichage d'un panneau publicitaire et les produits d'intérêts. Les sociétés de transport aérien constatent leurs produits lorsque les voyages sont faits et non lorsque l'on vend les billets, d'ailleurs souvent émis longtemps d'avance. Les sommes encaissées d'avance sont présentées au passif pour reconnaître qu'un service est à rendre.

WestJet Airlines Ltd.

BILANS CONSOLIDÉS
Au 31 décembre

	2001	2000
Passif à court terme		
Vente de billets à l'avance	28 609 $	18 764 $

	Actif	=	Passif	+	Capital-actions	+	Bénéfices non répartis	+	Produits
2001	+ 28 609 $	=	+ 28 609 $						
2002			− 28 609 $					+	28 609 $

Il est possible que la constatation n'ait lieu qu'une fois que le service est complètement fourni. Par exemple, une entreprise de transport doit attendre que la marchandise soit arrivée à bon port. De même, on peut accomplir plusieurs gestes en vue de l'obtention d'une commission, mais c'est la conclusion de la vente qui est l'élément déterminant.

On peut avoir aussi à juger du degré d'achèvement du service si celui-ci s'échelonne sur un certain temps et comporte différents actes. Par exemple, dans le cas d'un cours par correspondance, on peut estimer que, à la mi-session, seulement 40 % du service est fourni à cause des examens, des corrections, de l'encadrement plus serré à procurer à la fin du cours, etc. On peut déterminer où en est l'avancement en comparant les coûts directs déjà supportés avec le total des coûts directs à assumer. Les actes composant le service ne sont pas uniformes. Dans le coût d'une franchise, par exemple, les services peuvent différer selon qu'on est à l'étape de l'organisation, de la mise en marche ou de l'exploitation ; il faut alors examiner le contrat.

On peut aussi être appelé à reporter la constatation au moment de l'encaissement ou bien au moment du recouvrement des coûts si l'encaissement est incertain.

E 3-6   La constatation des produits là où les rendus sont importants

Il faudra attendre l'encaissement ou la revente par le distributeur ou encore l'expiration de la période de retour des invendus pour constater le produit. Dans l'intervalle, l'entreprise assume encore les risques normalement liés à la propriété. Dans le cas qui nous occupe, les consommateurs peuvent facilement délaisser les produits. Le montant des rendus peut être considérable et, comme il est impossible de l'évaluer de manière convenable, il s'ensuit que le montant total de la contrepartie ne peut être calculé avec suffisamment de précision.

E 3-8   La reconstitution d'un montant de produits à partir des variations du capital

Un bilan exact devrait nous permettre de trouver le capital de la fin et de le comparer au capital du début en vue de déterminer le véritable enrichissement par voie de déduction. Il faut donc considérer l'effet des opérations sur les actifs et les passifs et en même temps prendre garde au fait que certaines sorties de fonds n'ont pas de produit d'actif (les dépenses familiales).

Caisse (20 000 $ + 380 000 $ − 70 000 $ − 50 000 $ − 35 000 $ − 30 000 $ − 15 000 $ − 110 000 $ + 20 000 $)	110 000 $
Placement (150 000 $ + 70 000 $)	220 000
Résidences (300 000 $ + 110 000 $) (note 1)	410 000
Mobilier (75 000 $ + 35 000 $)	110 000
Automobiles (120 000 $ + 30 000 $ + 50 000 $)	200 000
Divers (25 000 $ + 15 000 $)	40 000
	1 090 000 $
Emprunts hypothécaires (180 000 $ + 20 000 $)	200 000 $
Capital Ilècroche fin 2007 (par déduction)	890 000
	1 090 000 $
Capital à la fin	890 000 $
Capital au début	(510 000)
Accroissement du capital en 2007	380 000
Plus : dépenses familiales qui ne sont pas parmi les actifs	50 000
Revenu brut de l'année	430 000 $

Note 1 : 79 200 $US × 1,00 $CAN / 0,72 $US) = 110 000 $CAN
Note 2 : 14 400 $US × 1,00 $CAN / 0,72 $US) = 20 000 $CAN

E 3-10   Trouver le bénéfice net par une méthode indirecte

Il s'agit de déterminer les augmentations d'actifs qui sont attribuables au bénéfice net.

3

Augmentation nette de l'actif (30 000 $ – 1 000 $ + 15 000 $ + 18 000 $ + 30 000 $)	92 000 $
Augmentation due à l'endettement net (50 000 $ – 7 000 $)	(43 000)
Augmentation due à l'émission d'actions	(40 000)
Augmentation résiduaire due aux bénéfices non répartis	9 000
Plus : dividendes	10 000
Augmentation due au bénéfice net	19 000 $

SOLUTIONS DES CAS D'APPROFONDISSEMENT DE LA MATIÈRE

CAM 3-2   Croisières Saint-Laurent ltée : l'enregistrement des résultats

				Page 10
Date	**Description**	**Fº**	**Débit**	**Crédit**
2005				
07-01	Caisse	111	50 000	
	Capital-actions	311		50 000
07-03	Frais payés d'avance	116	5 000	
	Location du bateau	511	5 000	
	Caisse	111		10 000
07-04	Carburant utilisé	518	1 000	
	Caisse	111		1 000
07-10	Comptes clients	113	20 000	
	Produits des croisières	411		20 000
07-15	Salaire	513	500	
	Caisse	111		500
07-20	Placement à long terme	131	10 000	
	Caisse	111		10 000
07-25	Dividendes	321	300	
	Caisse	111		300
07-27	Comptes clients	113	30 000	
	Produits des croisières	411		30 000
07-28	Caisse	111	10 000	
	Comptes clients	113		10 000
07-29	Caisse	111	10 000	
	Produits reçus d'avance	211		10 000
07-31	Salaire	513	500	
	Entretien du bateau	515	300	
	Location du quai	516	200	
	Caisse	111		1 000
				→

07-31	Publicité	517	600	
	Frais payés d'avance	116	600	
	Caisse	111		1 200
07-31	Stock de carburant	115	300	
	Carburant utilisé	518		300
07-31	Caisse	111	500	
	Produits de placement	611		500
07-31	Bateau	121	80 000	
	Caisse	111		20 000
	Effet à payer à long terme	221		47 400
	Versement exigible de la dette à long terme	213		12 600

3

Croisières Saint-Laurent ltée

ÉTAT DES RÉSULTATS
Pour le mois de juillet 2005

Produits des croisières		50 000 $
Location du bateau	5 000 $	
Salaire	1 000	
Entretien du bateau	300	
Location du quai	200	
Publicité	600	
Carburant utilisé	700	7 800
Bénéfice d'exploitation		42 200
Autres produits		
Produits de placement		500
Bénéfice net		42 700 $

Croisières Saint-Laurent ltée

ÉTAT DES BÉNÉFICES NON RÉPARTIS
Pour le mois de juillet 2005

Solde au début	– $
Bénéfice net	42 700
	42 700
Moins: dividendes	(300)
Solde au 31 juillet 2005	42 400 $

3

Nom du compte: Caisse   Code: 111

Date	F⁰	Débit	Crédit	Solde	Dt Ct
2005					
07-01	J-10	50 000			
07-03	J-10		10 000		
07-04	J-10		1 000		
07-15	J-10		500		
07-20	J-10		10 000		
07-25	J-10		300		
07-28	J-10	10 000			
07-29	J-10	10 000			
07-31	J-10		1 000		
07-31	J-10		1 200		
07-31	J-10	500			
07-31	J-10		20 000	26 500	Dt

Nom du compte: Comptes client   Code: 113

Date	F⁰	Débit	Crédit	Solde	Dt Ct
2005					
07-10	J-10	20 000			
07-27	J-10	30 000			
07-28	J-10		10 000	40 000	Dt

Nom du compte: Stock de carburant   Code: 115

Date	F⁰	Débit	Crédit	Solde	Dt Ct
2005					
07-31	J-10	300		300	Dt

Nom du compte: Frais payés d'avance   Code: 116

Date	F⁰	Débit	Crédit	Solde	Dt Ct
2005					
07-03	J-10	5 000			
07-31	J-10	600		5 600	Dt

Nom du compte : Bateau   Code : 121

Date	F⁰	Débit	Crédit	Solde	Dt Ct
2005 07-31	J-10	80 000		80 000	Dt

Nom du compte : Placement à long terme   Code : 131

Date	F⁰	Débit	Crédit	Solde	Dt Ct
2005 07-20	J-10	10 000		10 000	Dt

Nom du compte : Produits reçus d'avance   Code : 211

Date	F⁰	Débit	Crédit	Solde	Dt Ct
2005 07-29	J-10		10 000	10 000	Ct

Nom du compte : Versements exigibles de la dette à long terme   Code : 213

Date	F⁰	Débit	Crédit	Solde	Dt Ct
2005 07-31	J-10		12 600	12 600	Ct

Nom du compte : Effet à payer à long terme   Code : 221

Date	F⁰	Débit	Crédit	Solde	Dt Ct
2005 07-31	J-10		47 400	47 400	Ct

Nom du compte : Capital-actions   Code : 311

Date	F⁰	Débit	Crédit	Solde	Dt Ct
2005 07-01	J-10		50 000	50 000	Ct

3

Nom du compte : Bénéfices non répartis   Code : 312

Date	Fº	Débit	Crédit	Solde	Dt Ct
2005					
					Ct

Nom du compte : Dividendes   Code : 321

Date	Fº	Débit	Crédit	Solde	Dt Ct
2005					
07-25	J-10	300		300	Dt

Nom du compte : Produits des croisières   Code : 411

Date	Fº	Débit	Crédit	Solde	Dt Ct
2005					
07-10	J-10		20 000		
07-27	J-10		30 000	50 000	Ct

Nom du compte : Location du bateau   Code : 511

Date	Fº	Débit	Crédit	Solde	Dt Ct
2005					
07-03	J-10	5 000		5 000	Dt

Nom du compte : Salaire   Code : 513

Date	Fº	Débit	Crédit	Solde	Dt Ct
2005					
07-15	J-10	500			
07-31	J-10	500		1 000	Dt

Nom du compte : Entretien du bateau				Code : 515	
Date	Fº	Débit	Crédit	Solde	Dt Ct
2005 07-31	J-10	300		300	Dt

Nom du compte : Location du quai				Code : 516	
Date	Fº	Débit	Crédit	Solde	Dt Ct
2005 07-31	J-10	200		200	Dt

Nom du compte : Publicité				Code : 517	
Date	Fº	Débit	Crédit	Solde	Dt Ct
2005 07-31	J-10	600		600	Dt

Nom du compte : Carburant utilisé				Code : 518	
Date	Fº	Débit	Crédit	Solde	Dt Ct
2005 07-04 07-31	J-10 J-10	1 000	300	700	Dt

Nom du compte : Produits de placement				Code : 611	
Date	Fº	Débit	Crédit	Solde	Dt Ct
2005 07-31	J-10		500	500	Ct

Nous sommes à la fin de juillet 2005 et, en vue de l'établissement des états financiers, l'équilibre des comptes est vérifié au moyen d'une balance de vérification (non montrée ici).

Croisières Saint-Laurent ltée

ÉTAT DES RÉSULTATS
Pour le mois de juillet 2005

Produits des croisières		50 000 $
Location du bateau	5 000 $	
Salaire	1 000	
Entretien du bateau	300	
Location du quai	200	
Publicité	600	
Carburant utilisé	700	7 800
Bénéfice d'exploitation		42 200
Autres produits		
Produits de placement		500
Bénéfice net		42 700 $

Croisières Saint-Laurent ltée

ÉTAT DES BÉNÉFICES NON RÉPARTIS
Pour le mois de juillet 2005

Solde au début	– $
Bénéfice net	42 700
	42 700
Moins : dividendes	(300)
Solde au 31 juillet 2005	42 400 $

				Page 10
Date	**Description**	**F°**	**Débit**	**Crédit**
2005				
07-31	Produits des croisières	411	50 000	
	Produits de placement	611	500	
	Location du bateau	511		5 000
	Salaire	513		1 000
	Entretien du bateau	515		300
	Location du quai	516		200
	Publicité	517		600
	Carburant utilisé	518		700
	Bénéfices non répartis	312		42 700
	Bénéfices non répartis	312	300	
	Dividendes	321		300

Croisières Saint-Laurent ltée

BILAN
Au 31 juillet 2005

ACTIF

Actif à court terme

Encaisse	26 500 $
Comptes clients	40 000
Stock de carburant	300
Frais payés d'avance	5 600
	72 400

Immobilisations

Bateau	80 000
Placement à long terme	10 000
Total de l'actif	162 400 $

PASSIF

Dettes à court terme

Produits reçus d'avance	10 000 $
Versements exigibles de la dette à long terme	12 600
	22 600

Dettes à long terme

Effet à payer	47 400
Total du passif	70 000

AVOIR DES ACTIONNAIRES

Capital-actions	50 000 $	
Bénéfices non répartis	42 400	92 400
Total du passif et de l'avoir des actionnaires		162 400 $

CAM 3-4   Service de réparation Collin inc.: les états financiers à partir d'une balance de vérification

Service de réparation Collin inc.

ÉTAT DES RÉSULTATS
Pour l'année terminée le 31 décembre 2005

Produits d'exploitation		
Réparations		37 500 $
Charges d'exploitation		
Pièces de rechange utilisées	8 200 $	
Salaires	5 000	

→

Loyer	1 200	
Location d'une automobile	2 500	
Publicité	600	
Taxe	500	
Charges diverses	1 200	
Amortissement — équipement	280	19 480
Bénéfice net		18 020 $

Service de réparation Collin inc.

ÉTAT DES BÉNÉFICES NON RÉPARTIS
Pour l'année terminée le 31 décembre 2005

Solde au 1er janvier 2005	– $
Plus : bénéfice net de 2005	18 020
	18 020
Moins : dividendes	10 150
Solde au 31 décembre 2005	7 870 $

Service de réparation Collin inc.

BILAN
Au 31 décembre 2005

ACTIF

Actif à court terme		
Caisse		865 $
Comptes clients		5 570
Valeurs négociables		2 200
Stock de pièces de rechange		1 000
Frais payés d'avance		135
		9 770
Immobilisations		
Équipement	3 960 $	
Amortissement cumulé	(280)	3 680
		13 450 $

PASSIF

Passif à court terme		
Comptes fournisseurs		1 000 $
Effets à payer		400
		1 400

→

AVOIR DES ACTIONNAIRES

Capital-actions	4 180 $	
Bénéfices non répartis	7 870	12 050
		13 450 $

CAM 3-6 **Fern ltée : l'enregistrement, l'état des résultats, l'état des bénéfices non répartis**

Fern ltée

ÉTAT DES RÉSULTATS
Pour le mois de janvier 2005

Produits d'exploitation		
Honoraires (17 000 + 29 000 + 1 000)		47 000 $
Charges d'exploitation		
Salaires (8 000 + 8 000)	16 000 $	
Frais d'automobile (935)	935	
Loyer (5 000)	5 000	
Intérêts (86 + 90)	176	
Électricité (410)	410	
Assurance (1 000)	1 000	
Publicité (1 000)	1 000	24 521
Bénéfice d'exploitation		22 479
Gain sur aliénation d'actif (8 000)		8 000
Bénéfice net		30 479 $

Fern ltée

ÉTAT DES BÉNÉFICES NON RÉPARTIS
Pour le mois de janvier 2005

Solde au 1er janvier 2005	97 000 $
Plus : bénéfice net de janvier	30 479
	127 479
Moins : dividendes (+ 3 000)	3 000
Solde au 31 janvier 2005	124 479 $

Fern ltée

BILAN
Au 31 janvier 2005

ACTIF

Actif à court terme

Encaisse (5 000 + 18 000 − 6 000 + 18 000 − 2 000 − 6 000 − 8 000		
+ 10 000 + 17 000 − 10 000 − 1 000 − 5 500 − 5 000 − 2 000 − 8 000		
− 1 540 + 9 000 − 1 345 − 10 615)	10 000 $	
Comptes clients (35 000 − 18 000 + 17 000 + 29 000 − 17 000)	46 000	
Assurance payée d'avance (0 + 5 000)	5 000	
Loyer payé d'avance (10 000 − 5 000 + 5 500)	10 500	
Publicité payée d'avance (1 000 − 1 000 + 1 000)	1 000	72 500 $
Immobilisations		
Terrain (20 000 − 10 000)	10 000	
Matériel roulant (80 000 + 10 000)	90 000	
Matériel de sécurité (25 000 + 7 000)	32 000	
Mobilier de bureau (+ 10 615)	10 615	142 615
Placement (+ 5 000)		5 000
		220 115 $

PASSIF

Dettes à court terme

Emprunt bancaire (8 550)	8 550	
Fournisseurs (8 000 + 7 000 − 6 000 − 2 000)	7 000	
Intérêts courus à payer (450 + 86 + 90 − 540)	86	
Dividendes à verser (2 000 − 2 000 + 3 000)	3 000	
Produits reçus d'avance (1 000 − 1 000 + 9 000)	9 000	
Versement exigible de la dette à long terme (2 060 − 1 000 + 1 124)	2 184	29 820 $
Dettes à long terme		
Emprunt hypothécaire (6 940 − 1 124)		5 816
		35 636

AVOIR DES ACTIONNAIRES

Capital-actions (50 000 + 10 000)	60 000	
Bénéfices non répartis (97 000 + 30 479 − 3 000)	124 479	184 479
		220 115 $

SOLUTIONS DES CAS D'ANALYSE FINANCIÈRE

CAF 3-2   Lookenforme ltée : la constatation des produits dans le cas où la quantité de retours des invendus est imprévisible

Si les quantités susceptibles d'être retournées sont prévisibles, la constitution d'une provision peut suffire, et ce, même si ces quantités sont importantes.

Date		Débit	Crédit
2005	Rendus sur ventes	xx	
	Provision pour rendus sur ventes		xx
	(Les rendus sur ventes sont présentés en diminution des ventes courantes, et la provision est inscrite en diminution des comptes clients.)		

Lorsque les informations dont on dispose (expérience passée avec des produits analogues, étude préalable du marché, etc.) ne permettent pas d'estimer raisonnablement le montant des rendus et les coûts attachés à ceux-ci et que les quantités peuvent être considérables, il vaut mieux, par prudence, constater seulement les produits au moment de *l'encaissement* ou après que le distributeur a effectivement vendu le produit. Dans l'intervalle, l'entreprise assume encore les risques normalement liés à la propriété.

Les produits ne sont pas constatés lorsque les quantités de marchandises susceptibles d'être retournées à l'entreprise sont importantes et imprévisibles, par exemple, lorsque le marché auquel un bien retournable est destiné n'est pas étudié[1].

Date		Débit	Crédit
2005			
	Comptes clients	275 000	
	Ventes		275 000
	Coût des produits vendus	137 500	
	Stocks de produits finis		137 500
	(Constatation du coût des produits vendus : 50 % de 275 000 $.)		
	Rendus sur ventes	79 250	
	Comptes clients		79 250
	Stocks de produits finis	39 625	
	Coût des produits vendus		39 625
	(Réintégration des stocks dans l'inventaire : 50 % de 79 250 $.)		
	Ventes	70 000	
	Produits reportés		70 000
	(Pour reporter la constatation des produits du dernier trimestre qui peuvent faire l'objet d'un retour.)		
	Stock de produits finis	35 000	
	Coût des produits vendus		35 000
	(Pour sortir du coût des produits vendus et réintégrer dans le stock le prix de revient correspondant aux produits reportés.)		

---

1. Institut Canadien des Comptables Agréés, *Manuel de l'ICCA*, « Produits », paragr. 3400.18 b).

Lookenforme ltée

ÉTAT DES RÉSULTATS
Pour l'année terminée le 31 décembre 2005

Ventes	275 000 $	
Moins : Rendus sur ventes	(79 250)	
Moins : Produits reportés	(70 000)	125 750 $
Coût des produits vendus		(62 875)
Bénéfice brut		62 875 $

Il faut présenter les comptes provision pour rendus sur ventes et produits reportés en contrepartie des comptes clients, car les distributeurs ont encore un compte ouvert. Si les distributeurs ont déjà payé la marchandise, ces mêmes comptes devraient être considérés comme des éléments du passif du fait que les retours obligeront l'entreprise à rembourser les clients.

CAF 3-4   Vantapression ltée : les produits financiers reportés inclus dans les ventes

Le prix de vente dissimule des produits d'intérêts. Le prix de vente comprend des produits financiers qu'il ne faut constater que dans le temps où le prêt est en circulation.

	Débit	Crédit		Débit	Crédit
Début 2005 : encaissement			**Début 2005 : encaissement**		
Comptes clients	110 000		Comptes clients	110 000	
Ventes		100 000	Ventes		110 000
Produits financiers reportés		10 000			
Coût des ventes	70 000		Coût des ventes	70 000	
Stock		70 000	Stock		70 000
30 juin 2005 : états financiers			**30 juin 2005 : états financiers**		
Produits financiers reportés	5 000		Aucune écriture		
Produits financiers		5 000			

Vantapression ltée

ÉTAT DES RÉSULTATS	
Pour le premier semestre de 2005	
Ventes	100 000 $
Coût des ventes	(70 000)
Bénéfice brut	30 000
Produits financiers	5 000
Bénéfice net	35 000 $

BILAN	
Au 30 juin 2005	
Comptes clients	110 000 $
Moins : produits financiers reportés	(5 000)
Stocks	(70 000)
	35 000 $
Bénéfices non répartis	35 000 $

Cette méthode permet un meilleur rapprochement des produits et des charges, car le concessionnaire accomplit deux prestations : il a cédé un avantage économique correspondant au coût de la voiture et il a fait un prêt de 100 000 $. Il a reçu au début de 2005 un avantage économique de 100 000 $ et il gagne un produit financier au fur et à mesure du passage du temps ; l'intérêt de six mois est de 5 000 $.

ÉTAT DES RÉSULTATS	
Pour le premier semestre de 2005	
Ventes	110 000 $
Coût des ventes	(70 000)
Bénéfice brut	40 000 $

BILAN	
Au 30 juin 2005	
Comptes clients	110 000 $
Stocks	(70 000)
	40 000 $
Bénéfices non répartis	40 000 $

	Débit	Crédit
31 décembre 2005 : fin d'exercice		
Produits financiers reportés	5 000	
Produits financiers		5 000
Caisse	110 000	
Comptes clients		110 000

	Débit	Crédit
31 décembre 2005 : fin d'exercice		
Caisse	110 000	
Comptes clients		110 000

SOLUTIONS DES CAS D'ANALYSE ET DE RECHERCHE

CAR 3-2   La marge de bénéfice net dans différents secteurs

Voir le tableau de la page suivante.

3

Rotation des actifs	×	Marge de bénéfice net	=	Taux de rendement sur l'investissement	÷	Ratio de capitalisation	=	Taux de rendement sur le capital investi
$\dfrac{\text{Ventes}}{\text{Actif moyen}}$	×	$\dfrac{\text{Bénéfice net}}{\text{Ventes}}$	=	$\dfrac{\text{Bénéfice net}}{\text{Actif moyen}}$	÷	$\dfrac{\text{Avoir moyen des actionnaires}}{\text{Actif moyen}}$	=	$\dfrac{\text{Bénéfice net}}{\text{Avoir moyen des actionnaires}}$

Rona
(en milliers de dollars)

$\dfrac{1\ 317\ 505}{(450\ 973 + 287\ 926) \div 2}$	×	$\dfrac{18\ 013}{1\ 317\ 505}$	=	$\dfrac{18\ 013}{369\ 450}$	÷	$\dfrac{(132\ 658 + 121\ 002) \div 2}{369\ 450}$	=	$\dfrac{18\ 013}{126\ 830}$
3,566 fois	×	**0,01367**	=	**0,0488**	÷	**0,343**	=	**0,142**

Canadian Tire
(en milliers de dollars)

$\dfrac{5\ 207\ 574}{(3\ 747\ 661 + 3\ 871\ 284) \div 2}$	×	$\dfrac{148\ 022}{5\ 207\ 574}$	=	$\dfrac{148\ 022}{3\ 809\ 473}$	÷	$\dfrac{(1\ 459\ 439 + 1\ 344\ 754) \div 2}{3\ 809\ 473}$	=	$\dfrac{148\ 022}{1\ 402\ 097}$
1,367 fois	×	**0,0284**	=	**0,0389**	÷	**0,368**	=	**0,1056**

Le Château inc.
(en milliers de dollars)

$\dfrac{187\ 540}{(69\ 915 + 68\ 189) \div 2}$	×	$\dfrac{1\ 852}{187\ 540}$	=	$\dfrac{1\ 852}{69\ 052}$	÷	$\dfrac{(45\ 694 + 45\ 800) \div 2}{69\ 052}$	=	$\dfrac{1\ 852}{45\ 747}$
2,71 fois	×	**0,00987**	=	**0,0268**	÷	**0,6625**	=	**0,04**

Noranda
(en millions de dollars)

$\dfrac{6\ 957}{(11\ 760 + 11\ 379) \div 2}$	×	$\dfrac{293}{6\ 957}$	=	$\dfrac{293}{11\ 570}$	÷	$\dfrac{(4\ 094 + 4\ 167) \div 2}{11\ 570}$	=	$\dfrac{293}{4\ 131}$
0,60 fois	×	**0,042**	=	**0,0253**	÷	**0,357**	=	**0,071**

Astral Media inc.
(en milliers de dollars)

$\dfrac{345\ 116}{(913\ 486 + 605\ 116) \div 2}$	×	$\dfrac{34\ 654}{345\ 116}$	=	$\dfrac{34\ 654}{759\ 301}$	÷	$\dfrac{(537\ 649 + 311\ 573) \div 2}{759\ 301}$	=	$\dfrac{34\ 654}{424\ 611}$
0,4545 fois	×	**0,1004**	=	**0,0456**	÷	**0,559**	=	**0,0816**

Abitibi-Consolidated
(en millions de dollars)

$\dfrac{5\ 677}{(11\ 255 + 3\ 714) \div 2}$	×	$\dfrac{367}{5\ 677}$	=	$\dfrac{367}{7\ 485}$	÷	$\dfrac{(3\ 095 + 1\ 489) \div 2}{7\ 485}$	=	$\dfrac{367}{2\ 292}$
0, 758 fois	×	**0,065**	=	**0,049**	÷	**0,306**	=	**0,160**

Hydro-Québec
(en millions de dollars)

$\dfrac{11\ 429}{(59\ 111 + 56\ 836) \div 2}$	×	$\dfrac{1\ 078}{11\ 429}$	=	$\dfrac{1\ 078}{(59\ 111 + 56\ 836) \div 2}$	÷	$\dfrac{(14\ 280 + 13\ 741) \div 2}{(59\ 111 + 56\ 836) \div 2}$	=	$\dfrac{1\ 078}{(14\ 280 + 13\ 741) \div 2}$
0,1971 fois	×	**0,094**	=	**0,0186**	÷	**0,2417**	=	**0,077**

La rotation de l'actif montre qu'il est plus facile d'obtenir un dollar de ventes dans le commerce de détail (Rona, Canadian Tire et Le Château) que chez Noranda, Abitibi-Consolidated ou Hydro-Québec. Il faut investir beaucoup plus dans ces entreprises de production d'énergie, de produits forestiers ou métallurgiques. Par exemple, Abitibi-Consolidated et Hydro-Québec n'obtiennent respectivement que 76 cents de ventes et 19,7 cents de revenus pour chaque dollar investi en actif. Toutefois, chaque dollar de ventes produit 4,2 cents de bénéfice net chez Noranda, 6,5 cents chez Abitibi-Consolidated et même 9,4 cents chez Hydro-Québec. Astral Media, qui doit investir considérablement dans les licences de radiodiffusion, n'obtient que 45 cents de ventes pour chaque dollar d'actif, mais encaisse 10 cents de profit pour chaque dollar de ventes.

Des entreprises comme Abitibi-Consolidated et Hydro-Québec n'obtiennent pas leur rendement de la même manière qu'un quincaillier comme Rona ou qu'une entreprise de commerce de vêtements comme Le Château. Certains domaines d'affaires exigent plus en investissements, mais chaque dollar de ventes y produit davantage de profits. C'est le cas d'Hydro-Québec, qui a une forte marge de bénéfice net sur ses ventes, mais qui doit investir beaucoup pour obtenir un dollar de ventes.

L'usage plus ou moins important de la dette provoquera un effet multiplicateur plus ou moins important sur le taux de rendement sur l'investissement pour l'obtention d'un rendement sur le capital investi. Par exemple, Hydro-Québec utilise deux fois plus la dette qu'Astral Media, et l'effet multiplicateur entre le rendement sur l'actif et le rendement sur l'avoir des actionnaires est beaucoup plus important dans la première entreprise que dans la seconde.

CAR 3-4   La distinction entre une charge et une perte

Il faut radier aux pertes tout montant d'actif qui a cessé partiellement de représenter des avantages futurs. On classe parfois ce montant radié dans les «charges spéciales». Par exemple, Nortel a radié des immobilisations et des stocks.

Date		Débit	Crédit
	Perte ou charges spéciales	XXXXX	
	Actif		XXXX
	Provision pour moins-value		XXX

Nortel

Note 7 : CHARGES SPÉCIALES (en millions de dollars)

	Charges spéciales	Utilisation Montant cumulatif		Solde de la provision au 31 décembre 2001
		En espèces	Autre qu'en espèces	
Activités de restructuration				
Réduction de personnel	1 361 $	975 $	(14) $	400 $
Règlement de contrat et frais de location	883	110		773
Dépréciation des immobilisations corporelles	970		970	
Radiation d'actifs incorporels	106		106	
[...]				

Au cours de 2001, en raison du repli important du secteur des télécommunications et de la conjoncture économique, et compte tenu des tendances boursières qui se répercutent aussi bien sur ses activités que sur ses taux de croissance futurs prévus, Nortel Networks a mis en œuvre en 2001 son plan de travail visant à rationaliser ses entreprises et ses activités ainsi qu'à les aligner sur ses marchés de base et ses stratégies de leadership. [...]

La réduction de valeur des immobilisations corporelles qui se chiffre à environ 440 $ représente la réduction de valeur des améliorations locatives et de certains équipements de technologie de l'information associés à l'abandon des installations louées et détenues susmentionnées.

Par ailleurs, en raison d'importantes tendances défavorables au sein du secteur et de l'économie qui se répercutent sur les activités et sur les taux de croissance prévus, Nortel Networks a effectué des évaluations de certaines immobilisations corporelles dans le cadre de sa revue des résultats financiers de 2001. Ces évaluations ont entraîné une dépréciation de certaines immobilisations corporelles du groupe Activités à l'échelle mondiale — qui soutient tous les secteurs de Nortel Networks — et du secteur Réseaux optiques longue distance, d'environ 435 $.

Alcan

Note 7 : CHARGES DE RESTRUCTURATION, MOINS-VALUES ET AUTRES CHARGES SPÉCIALES
Moins-values (en millions de dollars US)

En 2001, par suite d'une analyse approfondie du portefeuille d'entreprises, des provisions pour moins-value ont été constituées dans les Charges de restructuration, moins-values et autres charges spéciales pour tenir compte de radiations d'éléments d'actif de 108 $ avant impôts.

Des pertes considérables peuvent être inscrites à l'état consolidé des résultats quand la société acquéreuse a payé trop cher son acquisition ou que le potentiel de profits des actifs de la filiale s'est effondré.

AOL, par exemple, a été forcée d'inscrire une charge exceptionnelle de 56 milliards de $US, à ses résultat du premier trimestre 2002, afin de tenir compte de la radiation de l'écart d'acquisition de Time Warner. La fusion AOL-Time Warner avait exigé une contrepartie de 181 milliards de $US, lorsqu'elle a été réalisée en janvier 2001 : or, AOL-Time Warner a été évaluée à 106 milliards $US uniquement.

Une telle charge équivaut au produit national brut de pays tels que la Nouvelle-Zélande ou la Hongrie[2].

CAR 3-6 La présentation des activités abandonnées

a) En 2001, Telus Corporation a réalisé un bénéfice net de 453,5 M$. Cette seule donnée pourrait laisser croire que les affaires vont relativement bien. Rappelons-nous que les données financières doivent aider les utilisateurs à évaluer l'avenir de l'entreprise et à décider s'ils doivent y placer leurs économies. Telus fonctionnera dans le futur sans l'unité d'exploitation abandonnée. Seul le bénéfice ou la perte provenant des activités poursuivies (perte de 138,8 M$) constitue une information valable sur l'avenir de Telus.

b)

Telus Corporation

Note 8 : ACTIVITÉS ABANDONNÉES

Le 1er juin 2001, la société a conclu une convention, réglée le 31 juillet 2001, visant à céder la quasi-totalité des activités de publication d'annuaires de TELUS Advertising Services et de TELUS Québec à Dominion Information Services Inc., filiale en propriété exclusive de Verizon Communications inc., un actionnaire important, en contrepartie d'un produit de 810 millions de dollars, soit la juste valeur marchande. La société a constaté un gain de 546,3 millions de dollars sur la vente (710,9 millions de dollars avant impôts).

[Telus a aussi abandonné une activité de location d'équipement que nous ne montrons pas ici.]

L'information relative aux activités abandonnées présentées à l'état des résultats s'établit comme suit :

(En millions de dollars)	Telus Advertising Services 2001	2000	Location d'équipement 2001	2000	Total 2001	2000
Produits d'exploitation	190,0 $	314,4 $	9,4 $	12,4 $	199,4 $	326,8 $
Résultats d'exploitation jusqu'à la date de mesure						
Bénéfice avant impôts	74,8	132,7	3,4	6,2	78,2	138,9
Impôts sur les bénéfices	34,5	61,1	1,6	3,1	36,1	64,2
Bénéfice d'exploitation jusqu'à la date de mesure	40,3	71,6	1,8	3,1	42,1	74,7
Gain et autres						
Bruts	710,9	–	7,1	–	718,0	–
Impôts sur les bénéfices	164,6	–	3,2	–	167,8	–
Nets	546,3	–	3,9	–	550,2	–
Activités abandonnées	586,6 $	71,6 $	5,7 $	3,1 $	592,3 $	74,7 $

---

2. *La Presse des affaires*, 26 mars 2002, p. D3, d'après Reuters et Bloomberg.

c) Nous pouvons voir que le montant de produits découlant des activités abandonnées (592,3 M$) contient à la fois le bénéfice d'exploitation réalisé par les unités d'exploitation jusqu'à la date de mesure (en gros, la date de cession de l'unité) et le gain provenant de la cession de l'unité, ici la vente de TELUS Advertising Services et de TELUS Québec. Cette vente a occasionné un gain de 710,9 M$ avant impôts et de 546,3 M$ après impôts. Les ventes de l'unité abandonnée ne sont donc pas mêlées avec les ventes de l'unité poursuivie[3].

---

3. Institut Canadien des Comptables Agréés, *Manuel de l'ICCA*, chap. 3475.

L'ATTRIBUTION DES RÉSULTATS AUX EXERCICES FINANCIERS

Chapitre 4

RÉPONSES AUX QUESTIONS

2. Voir le graphique à la page suivante.

4. Si on a oublié de décompter des stocks en fin de période, on sous-évaluera l'actif au bilan et on surévaluera la charge constituée par le coût des marchandises vendues à l'état des résultats de la période. Il convient de se rappeler que les coûts sont soit des actifs s'ils sont utiles au futur (stock), soit des charges s'ils ont été utiles à la période courante (coût des marchandises vendues). Donc le bénéfice sera sous-évalué de 50 000 $, car on surévaluera le montant d'actif utilisé pour gagner les produits.

VENTILATION ENTRE UN ACTIF ET UNE CHARGE

Achats de 2004 :
1 000 000 $

▶ Coût des marchandises vendues :
850 000 $ au lieu de 800 000 $ (chiffre réel)

▶ Stocks de marchandises :
150 000 $ au lieu de 200 000 $ (chiffre réel)

Il est permis de redresser les résultats des années antérieures pour des cas d'erreurs. Nous sommes en 2005, il faut redresser les résultats de 2004. Comme ces derniers ont été fermés à bénéfices non répartis, il faut redresser le poste bénéfices non répartis.

Date		Débit	Crédit
2005 12-31	Coût des marchandises vendues 　　Bénéfices non répartis (On redresse le CMV de 2004 en affectant les BNR, car le CMV de 2004 a été fermé à BNR le 31 décembre 2004.)	50 000	50 000

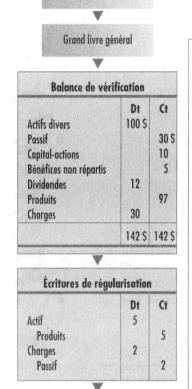

| Journal général |
| Grand livre général |

Balance de vérification

	Dt	Ct
Actifs divers	100 $	
Passif		30 $
Capital-actions		10
Bénéfices non répartis		5
Dividendes	12	
Produits		97
Charges	30	
	142 $	142 $

Écritures de régularisation

	Dt	Ct
Actif	5	
Produits		5
Charges	2	
Passif		2

Balance de vérification régularisée

	Dt	Ct
Actifs divers	105 $	
Passif		32 $
Capital-actions		10
Bénéfices non répartis		5
Dividendes	12	
Produits		102
Charges	32	
	149 $	149 $

ÉTAT DES RÉSULTATS

Produits	102 $
Charges	32
Bénéfice net	70 $

ÉTAT DES BÉNÉFICES NON RÉPARTIS

Solde du début	5 $
Bénéfice net	70
Dividendes	(12)
Solde à la fin	63 $

Écritures de fermeture

	Dt	Ct
Bénéfices non répartis	12	
Dividendes		12
Produits	102	
Charges		32
Bénéfices non répartis		70

Balance de vérification après fermeture

	Dt	Ct
Actifs divers	105 $	
Passif		32 $
Capital-actions		10
Bénéfices non répartis		63
	105 $	105 $

BILAN

Actif	105 $
Passif	32 $
Capital-actions	10
Bénéfices non répartis	63
	105 $

6. C'est le principe de la réalisation des produits qui est ici en cause. Il arrive que des sociétés encaissent des montants pour des services à fournir plus tard; ainsi, nous avons vu que Westjet touche l'argent de la vente des billets d'avion avant même que les voyages n'aient lieu. Il en va de même pour des abonnements à des revues, à des services de télévision, etc. L'écriture de régularisation est alors la suivante:

Date		Débit	Crédit
2004 12-31	Produits d'abonnement	100 000	
	Produits reçus d'avance		100 000

La régularisation entraîne la radiation du montant des produits et l'inscription d'un passif en services au bilan.

Rappelons que le principe de réalisation des produits découle du postulat de l'indépendance des exercices. Ici, nous voulons connaître les résultats de l'activité de l'exercice, ce qui nous oblige à déterminer si les encaissements se rapportent bel et bien à l'activité de la période.

8.   **a)** et **c)**   Le loyer et les intérêts

	Loyer	Intérêts
Charges	13 200 $	2 435 $
Moins : à payer à la fin		(4 310)
Plus : à payer au début		1 875
Moins : payé d'avance au début	(1 100)	
Plus : payé d'avance à la fin	1 300	
Décaissement	13 400 $	– $

b)   Les produits

Produits d'exploitation	156 998 $
Plus : reçu d'avance à la fin	15 324
Moins : reçu d'avance au début	(8 776)
Encaissement	163 546 $

d)   Les frais d'application des garanties

Frais d'application des garanties	56 000 $
Moins : charges inscrites par provision en 2005	(56 000)
Plus : reprise de la provision de 2004 en exécution des travaux garantis	34 000
Décaissement	34 000 $

Date		Débit	Crédit
2005			
	Provision pour garanties	34 000	
	Caisse		34 000
	Frais d'application des garanties	56 000	
	Provision pour garanties		56 000

10. Une telle manière de procéder va à l'encontre de l'attitude prudente qui devrait caractériser la gestion comptable. Les investisseurs risquent de prendre des décisions en se fondant sur des prévisions trop optimistes. Songeons à ce qui s'est produit dans le domaine des télécommunications, aux pertes boursières qui ont été constatées après qu'une attitude plus réaliste eut été adoptée. Dans le cas présent, la campagne aidera peut-être à gagner des produits dans le futur — c'est la raison pour laquelle on a engagé des coûts — mais, à cause de la difficulté à prévoir la portion des coûts qui constituera un actif ou des avantages futurs, la prudence exige qu'on impute les coûts à l'exercice courant au lieu de les traiter comme un actif. Pour les directeurs, la tentation est grande de gonfler les bénéfices nets courants en reportant systématiquement des charges aux exercices futurs. Toutefois, une attitude trop prudente à cet égard n'est pas de nature à encourager les gestionnaires à accomplir des actes qui auront une utilité future certaine, mais qui est difficile à estimer. Par ailleurs, la publicité est ici une dépense récurrente, car les consommateurs oublient rapidement et la concurrence les sollicite. Les comptables mentionnent dans les notes aux états financiers que ces derniers exigent le recours à des estimations. Par exemple, la vie utile d'une immobilisation nous permet d'estimer l'utilité future des coûts engagés dans celle-ci. Mais qui sait ce que sera l'effet futur d'une campagne de publicité ?

SOLUTIONS DES EXERCICES

E 4-2   L'amortissement cumulé

ÉTAT DES RÉSULTATS				BILAN			
Pour l'année	**2010**	**2009**		**Au 31 décembre**	**2010**	**2009**	
Produits d'exploitation	10 M$	10 M$		Immobilisations :			
Moins : amortissement avion	(1)	(1)		Avion	20 M$	20 M$	
	9 M$	9 M$		Amortissement cumulé	(10)	(9)	
					10 M$	11 M$	
Coûts utiles à la période écoulée : 1 M$				Coûts utiles au futur, 10 années : 10 M$			
Charge constatée : 1 M$ en 2010				Actif : immobilisations nettes : 10 M$			

E 4-4   Les produits financiers reportés inclus dans les ventes

Distinction des produits d'ordre financier			Sans distinction des produits d'ordre financier		
Début 2005 : encaissement			**Début 2005 : encaissement**		
Comptes clients	110 000		Comptes clients	110 000	
Ventes		100 000	Ventes		110 000
Produits financiers reportés		10 000	Coût des ventes	70 000	
Coût des ventes	70 000		Stock		70 000
Stock		70 000			

30 juin 2005 : états financiers

| Produits financiers reportés | 5 000 | |
| Produits financiers | | 5 000 |

VANTAPRESSION LTÉE
État des résultats
Pour le premier semestre de 2005

Ventes	100 000 $
Coût des ventes	(70 000)
Bénéfice brut	30 000
Produits financiers	5 000
Bénéfice net	35 000 $

VANTAPRESSION LTÉE
Bilan
Au 30 juin 2005

Comptes clients	110 000 $
Moins : produits financiers reportés	(5 000)
Stocks	(70 000)
	35 000 $
Bénéfices non répartis	35 000 $

La méthode employée permet un bon rapprochement des produits et des charges, car elle tient compte du fait que le concessionnaire accomplit deux prestations ; il a cédé un avantage économique correspondant au coût de la voiture et a accordé un prêt de 100 000 $. Il a reçu au début de 2005 un avantage économique de 100 000 $ et il gagne un produit financier au fur et à mesure du passage du temps ; les intérêts pour six mois sont de 5 000 $.

31 décembre 2005 : fin d'exercice

Produits financiers reportés	5 000	
Produits financiers		5 000
Caisse	110 000	
Comptes clients		110 000

30 juin 2005 : états financiers

VANTAPRESSION LTÉE
État des résultats
Pour le premier semestre de 2005

Ventes	110 000 $
Coût des ventes	(70 000)
Bénéfice brut	40 000 $

VANTAPRESSION LTÉE
Bilan
Au 30 juin 2005

Comptes clients	110 000 $
Stocks	(70 000)
	40 000 $
Bénéfices non répartis	40 000 $

31 décembre 2005 : fin d'exercice

| Caisse | 110 000 | |
| Comptes clients | | 110 000 |

4

E 4-6　Les problèmes de mesure et les états financiers

Nous donnons ci-dessous l'état des résultats pour 2005 et le bilan au 31 décembre 2005.

Temps actuel

ÉTAT DES RÉSULTATS
Pour l'année 2005

Produits d'abonnement (600 000 $ – 400 000 $)	200 000 $
Produits de publicité (360 000 $ – 45 000 $)	315 000
Frais de production de la revue (330 000 $ – 50 000 $)	(280 000)
Bénéfices avant impôts	235 000
Impôts sur les bénéfices, 20 %	(47 000)
Bénéfice net	188 000 $

Temps actuel

BILAN
Au 31 décembre 2005

Encaisse (200 000 $ + 600 000 $ – 330 000 $ + 360 000 $)	830 000 $
Frais payés d'avance	50 000
	880 000 $
Impôts à payer	47 000 $
Produits reçus d'avance (400 000 $ + 45 000 $)	445 000
	492 000
Capital-actions	200 000
Bénéfices non répartis	188 000
	388 000
	880 000 $

E 4-8　Les amortissements comptable et fiscal

a)　Du point de vue fiscal:

	2006	2005
Bénéfice avant amortissement et impôts	200 000 $	200 000 $
Amortissement fiscal	–	(100 000)
Bénéfice imposable	200 000	100 000
Taux d'imposition (20 %)	40 000	20 000

Du point de vue comptable :

	2006	2005
Bénéfice avant amortissement et impôts	200 000 $	200 000 $
Amortissement comptable	(50 000)	(50 000)
Bénéfice avant impôts	150 000	150 000
Charge d'impôts (20 %)	(30 000)	(30 000)
Bénéfice net	120 000 $	120 000 $

Passif d'impôt futur :

	2006	2005
Solde non amorti fiscalement à la fin	–	–
Solde non amorti aux livres	–	50 000
Passif d'impôts futurs (20 %)	–	10 000 $

Date		Débit	Crédit
2005			
12-31	Charge d'impôts	30 000	
	Impôts à payer		20 000
	Passif d'impôts futurs		10 000
2006			
12-31	Charge d'impôts	30 000	
	Passif d'impôts futurs	10 000	
	Impôts à payer		40 000

b) Comme nous l'avons vu au point a), quand bien même nous amortirions plus rapidement aux livres, ce que nous pourrions réclamer comme déduction dans la déclaration fiscale resterait inchangé, car la loi fixe les taux fiscalement admissibles pour diverses catégories de biens. Aux livres, il importe de faire un bon rapprochement des produits et des charges en utilisant le procédé comptable de l'amortissement.

SOLUTIONS DES CAS D'APPROFONDISSEMENT DE LA MATIÈRE

CAM 4-2   Québec Média : l'amortissement dans une entreprise de services de télévision payante

Écritures de régularisation (chiffres en milliers de dollars)

Date		Débit	Crédit
2001 12-31	1) Amortissement — licences de radiodiffusion	15 966	
	Amortissement cumulé — licences de radiodiffusion		15 966
	(638 637 $ / 40 ans = 15 966 $)		
	2) Amortissement — immeubles	51	
	Amortissement cumulé — immeubles		51
	(1 283 $ / 25 ans = 51 $)		
	3) Amortissement — panneaux d'affichage extérieurs	2 469	
	Amortissement cumulé — panneaux d'affichage extérieurs		2 469
	(49 373 $ / 20 ans = 2 469 $)		
	4) Amortissement — matériel informatique	2 596	
	Amortissement cumulé — matériel informatique		2 596
	(12 979 $ / 5 ans = 2 596 $)		
	5) Amortissement — mobilier et agencements	818	
	Amortissement cumulé — mobilier et agencements		818
	(6 544 $ / 8 ans = 818 $)		
	6) Amortissement — améliorations locatives	785	
	Amortissement cumulé — améliorations locatives		785
	(11 781 $ / 15 ans = 785 $)		
	7) Droits d'émissions et de films à court terme	58 000	
	Droits d'émissions et de films à long terme	28 000	
	Charges pour droits d'émissions et de films		86 000
	(Pour présenter à l'actif les droits qui procureront des avantages futurs.)		
	Charges pour droits d'émissions et de films	87 424	
	Droits d'émissions et de films à court terme		58 932
	Droits d'émissions et de films à long terme		28 492
	(Pour présenter comme des charges dans les résultats d'exploitation les coûts des droits d'émissions et de films qui ont servi à gagner des produits pendant 2001.)		
	8) Dépréciation de l'écart d'acquisition	1 000	
	Écart d'acquisition		1 000
	(Pour inscrire la perte de valeur constatée lors d'un test de dépréciation portant sur l'écart d'acquisition.)		
			➝

9) Produits publicitaires — télévision	3 000	
Produits publicitaires — panneaux extérieurs	5 000	
Produits reçus d'avance		8 000
10) Impôts sur les bénéfices — charges	16 294	
Impôts à recouvrer	2 865	
Passif d'impôts futurs		19 159

(La charge d'impôts est égale à 16 294 $ [40 % de 40 734 $]). L'écart temporaire entre la valeur comptable et la valeur fiscale des licences est de 344 706 $ (523 735 $ − 179 029 $). Le passif d'impôts futurs devrait donc être de 137 882 $ (344 706 $ × 40 %). Il faut donc créditer le passif d'impôts futurs de 19 159 $ ou (137 882 $ − 118 723 $). Ici la différence entre l'amortissement fiscal (63 864 $) et l'amortissement comptable (15 966 $) explique aussi l'augmentation du passif d'impôts futurs (63 864 $ − 15 966 $) × 40 % = 19 159 $.

4

Québec Média

ÉTAT DES RÉSULTATS
Pour l'année terminée le 31 décembre 2001

Produits d'abonnement (195 000 $)	195 000 $
Produits publicitaires — télévision (94 000 $ − 3 000 $)	91 000
Produits télévision à la carte (40 000 $)	40 000
Produits publicitaires — panneaux extérieurs (26 982 $ − 5 000 $)	21 982
	347 982
Charge pour droits d'émissions et de films (92 139 $ + 87 424 $ − 86 000 $)	93 563
Frais d'exploitation (en résumé ici) (190 000 $)	190 000
Amortissement — licences de radiodiffusion (0 $ + 15 966 $)	15 966
Amortissement — immeuble (0 $ + 51 $)	51
Amortissement — panneaux d'affichage extérieurs (0 $ + 2 469 $)	2 469
Amortissement — matériel informatique (0 $ + 2 596 $)	2 596
Amortissement — mobilier et agencements (0 $ + 818 $)	818
Amortissement — améliorations locatives (0 $ + 785 $)	785
Dépréciation pour l'écart d'acquisition	1 000
	307 248
Bénéfice avant impôts sur le revenu	40 734
Charge d'impôts (40 %)	16 294
Bénéfice net	24 440 $

4

Québec Média

ÉTAT DES BÉNÉFICES NON RÉPARTIS
Pour l'année terminée le 31 décembre 2001

Solde au 1er janvier 2001	70 971 $
Plus : bénéfice net de 2001	24 440
	95 411
Moins : dividendes sur actions ordinaires	6 924
Solde au 31 décembre 2001	88 487 $

Québec Média

BILAN
Au 31 décembre 2001

ACTIF

Actif à court terme		
Encaisse et placements à court terme		13 256 $
Débiteurs (75 664 $)		75 664
Impôts à recouvrer		2 865
Droits d'émissions et de films (court terme) (58 932 $ – 58 932 $ + 58 000 $)		58 000
Autres actifs à court terme (1000 $)		1 000
		150 785
Droits d'émissions et de films (long terme) (28 492$ – 28 492 $ + 28 000 $)		28 000
Licences de radiodiffusion (638 637 $)	638 637 $	
Amortissement cumulé — licences de radiodiffusion (98 936 $ + 15 966 $)	(114 902)	523 735
Immeuble	1 283	
Amortissement cumulé — immeuble (295 $ + 51 $)	(346)	937
Panneaux d'affichage extérieurs	49 373	
Amortissement cumulé — panneaux d'affichage (2 699 $ + 2 469 $)	(5 168)	44 205
Matériel informatique	12 979	
Amortissement cumulé — matériel informatique (3 814 $ + 2 596 $)	(6 410)	6 569
Mobilier et agencements	6 544	
Amortissement cumulé — mobilier et agencements (3 789 $ + 818 $)	(4 607)	1 937
Améliorations locatives	11 781	
Amortissement cumulé – Améliorations locatives (3 412 $ + 785 $)	(4 197)	7 584
Écart d'acquisition (montant net) (87 000 $ – 1 000 $)		86 000
		698 967
		849 752 $

→

PASSIF

Dettes à court terme

Dettes bancaires (637 $)		637 $
Créditeurs et charges à payer (75 417 $)		75 417
Droits de diffusion d'émissions à payer (57 838 $)		57 838
Produits reçus d'avance (0 $ + 8 000 $)		8 000
		141 892
Dettes à long terme (10 283 $)		10 283
Passifs d'impôts futurs (118 723 $ + 19 159 $)		137 882
Capital-actions	471 208 $	
Bénéfices non répartis	88 487	559 695
		849 752 $

4

CAM 4-4 Énigme ltée : l'usage consistant à créer des provisions. Rendus, compression de l'effectif, moins-value des stocks

a) Écritures de régularisation

Date		Débit	Crédit
2005	Rendus sur ventes	50 000	
	Provision pour rendus		50 000
	(Pour imputer aux produits courants les retours prévisibles. La provision peut être indiquée au passif au bilan si les détaillants nous ont payés, car il faudra les rembourser, ou en diminution des comptes clients s'ils ne nous ont pas payés.)		
	Perte sur moins-value des stocks	4 000	
	Provision pour réduction à la valeur du marché		4 000
	(Pour imputer à l'exercice courant le coût de la réduction de la valeur des stocks.)		
	Charge spéciale — programme de compression des effectifs	120 000	
	Provision pour compression des effectifs		120 000
	Impôts sur le revenu à payer	87 000	
	Impôts sur le revenu		87 000
	(Pour ramener la charge d'impôts de 160 150 $ à 73 150 $.)		

b)   États financiers corrigés

Énigme ltée

ÉTAT DES RÉSULTATS
Pour l'année terminée le 31 décembre 2005

Ventes	1 500 000 $	
Rendus sur ventes	(50 000)	1 450 000 $
Coût des ventes		900 000
Bénéfice brut		550 000
Charges relatives aux programmes de compression des effectifs	120 000 $	
Perte sur moins-value des stocks	4 000	
Frais d'exploitation	279 700	403 700
Bénéfice avant impôts		146 300
Impôts sur les bénéfices (50 %)		73 150
Bénéfice net		73 150 $

Énigme ltée

ÉTAT DES BÉNÉFICES NON RÉPARTIS
Pour l'année terminée le 31 décembre 2005

Solde au début	118 950 $
Plus : bénéfice net	73 150
	192 100
Moins : dividendes	(20 000)
Solde à la fin	172 100 $

Énigme ltée

BILAN
Au 31 décembre 2005

ACTIF

Actif à court terme		
Caisse		141 875 $
Comptes clients		201 100
Stock de marchandises	300 000 $	
Provision pour réduction des stocks à la valeur du marché	(4 000)	296 000
		638 975
Immobilisations au coût	530 000 $	
Amortissement cumulé	(120 000)	410 000
Total de l'actif		1 048 975 $

→

PASSIF

Dettes à court terme

Comptes fournisseurs	148 850 $
Impôts à payer	73 150
Provision pour rendus sur ventes	50 000
Portion à court terme de la provision pour compression de l'effectif	40 000
Versement exigible de la dette à long terme	3 600
	315 600

Dettes à long terme

Emprunt hypothécaire	353 400
	669 000
Provision pour compression de l'effectif	80 000
Passif d'impôts futurs	27 875

AVOIR DES ACTIONNAIRES

Capital-actions	100 000 $	
Bénéfices non répartis	172 100	272 100
Total du passif et de l'avoir des actionnaires		1 048 975 $

c) Écritures à passer pour appliquer les provisions (reprise de la provision)

Voici ce qui s'est passé en 2006. La reprise de la provision nous libère de l'obligation de débiter une charge de nouveau.

Date		Débit	Crédit
2006			
	Provisions pour rendus sur ventes	45 000	
	Comptes clients		45 000
	Caisse	6 000	
	Frais de vente	300	
	Coût des marchandises vendues	6 000	
	Provision pour réduire les stocks à la valeur du marché	4 000	
	Stock de marchandises		10 000
	Ventes		6 300
	(Le profit sera nul en 2006, car les stocks ont été réduits à la valeur de réalisation nette en 2005.)		
	Provision pour compression de l'effectif	40 000	
	Caisse		40 000

CAM 4-6   Le Savoir d'Aujourd'hui ltée : présenter les états financiers après avoir régularisé les comptes

Écritures de régularisation

Date		Débit	Crédit
2005			
12-31	Créances douteuses	5 000	
	Provision pour créances douteuses		5 000
	À recevoir d'un actionnaire	5 000	
	Frais de représentation		5 000
	Coût des marchandises vendues	262 000	
	Stock de marchandises		262 000
	Stock de marchandises	280 650	
	Coût des marchandises vendues	369 350	
	Achats		650 000
	Perte due à la désuétude des stocks	30 000	
	Stock de marchandises		30 000
	Publicité	45 000	
	Publicité payée d'avance		45 000
	Loyer	4 000	
	Loyer payé d'avance		4 000
	Gain sur constatation d'un achalandage	300 000	
	Achalandage		300 000
	Ventes	18 000	
	Produits reçus d'avance		18 000
	Bénéfices non répartis	12 500	
	Amortissement — mobilier et agencements	6 250	
	Amortissement cumulé — mobilier et agencements		18 750
	(125 000 $ / 20 ans = 6 250 $)		
	Caisse	10 000	
	Amortissement cumulé — équipement informatique	12 000	
	Équipement informatique		20 000
	Gain sur aliénation d'équipement		2 000
	Amortissement — équipement informatique	34 400	
	Amortissement cumulé — équipement informatique		34 400
	(192 000 $ – 20 000 $) /5 ans		
	Intérêts sur emprunt hypothécaire	14 000	
	Intérêts courus à payer		14 000
	(280 000 $ × 10 % x $^{6}/_{12}$ mois)		
	Emprunt hypothécaire	22 000	
	Versement exigible de la dette à long terme		22 000
	Dividendes	30 000	
	Dividendes à verser		30 000
			➝

Impôts sur les bénéfices	1 000	
Impôts à payer		1 000

Le Savoir d'Aujourd'hui ltée

ÉTAT DES RÉSULTATS
Pour l'année terminée le 31 décembre 2005

Ventes (1 052 000 $ – 18 000 $)		1 034 000 $
Coût des marchandises vendues (0 $ + 262 000 $ + 369 350 $)		631 350
Bénéfice brut		402 650
Salaires et avantages sociaux (120 000 $)	120 000 $	
Assurance (3 000 $)	3 000	
Publicité (30 000 $ + 45 000 $)	75 000	
Intérêts sur emprunt bancaire (12 000 $)	12 000	
Intérêts sur emprunt hypothécaire (15 000 $ + 14 000 $)	29 000	
Créances douteuses (0 $ + 5 000 $)	5 000	
Amortissement — mobilier et agencements (0 $ + 6 250 $)	6 250	
Amortissement — équipement informatique (0 $ + 34 400 $)	34 400	
Frais de représentation (72 000 $ – 5 000 $)	67 000	
Frais de bureau (9 000 $)	9 000	
Loyer (8 000 $ + 4 000 $)	12 000	
Perte due à la désuétude des stocks (0 $ + 30 000 $)	30 000	402 650
		–
Gain sur aliénation d'équipement informatique		2 000
Bénéfice avant impôts		2 000
Impôts sur les bénéfices (50 %)		1 000
Bénéfice net		1 000 $

Le Savoir d'Aujourd'hui ltée

ÉTAT DES BÉNÉFICES NON RÉPARTIS
Pour l'année terminée le 31 décembre 2005

Solde au 1er janvier 2005	265 000 $
Moins : redressement des années antérieures	(12 500)
Solde redressé au 1er janvier 2005	252 500
Plus : bénéfice net de 2005	1 000
	253 500
Moins : dividendes (0 $ + 30 000 $)	(30 000)
Solde au 31 décembre 2005	223 500 $

Le Savoir d'Aujourd'hui ltée

BILAN
Au 31 décembre 2005

ACTIF

Actif à court terme

Encaisse (124 000 $ + 10 000 $)		134 000 $
Comptes clients (310 000 $)	310 000 $	
Provision pour créances douteuses (0 $ + 5 000 $)	(5 000)	305 000
À recevoir d'un actionnaire (0 $ + 5 000 $)		5 000
Stocks de marchandises (262 000 $ − 262 000 $ + 280 650 $ − 30 000 $)		250 650
Publicité payée d'avance (45 000 $ − 45 000 $)		−
Loyer payé d'avance (5 000 $ − 4 000 $)		1 000
		695 650

Immobilisations incorporelles

Achalandage (300 000 $ − 300 000 $)		−

Immobilisations corporelles

Terrain et immeuble détenus pour site futur (335 000 $)		335 000
Mobilier et agencements (125 000 $)	125 000 $	
Amortissement cumulé (0 $ + 18 750 $)	(18 750)	106 250
Équipement informatique (192 000 $ − 20 000 $)	172 000	
Amortissement cumulé (92 000 $ − 12 000 $ + 34 400 $)	(114 400)	57 600
		498 850
		1 194 500 $

PASSIF

Dettes à court terme

Emprunt bancaire (268 000 $)		268 000 $
Comptes fournisseurs (100 000 $)		100 000
Impôts à payer (0 $ + 1 000 $)		1 000
Intérêts courus à payer (0 $ + 14 000 $)		14 000
Dividendes à verser (0 $ + 30 000 $)		30 000
Produits reçus d'avance (0 $ + 18 000 $)		18 000
Versement exigible de l'emprunt hypothécaire (0 $ + 22 000 $)		22 000
		453 000

Dettes à long terme

Emprunt hypothécaire (280 000 $ − 22 000 $)		258 000
		711 000

AVOIR DES ACTIONNAIRES

Capital-actions	260 000 $	
Bénéfices non répartis	223 500	483 500
		1 194 500 $

SOLUTIONS DES CAS D'ANALYSE FINANCIÈRE

CAF 4-2   Bizart ltée : la conciliation entre la trésorerie et les produits et charges

Bizart ltée

BILANS
Au 31 décembre

		2006		2005
ACTIF				
Actif à court terme				
Encaisse		70 000 $		50 000 $
Comptes clients	92 000 $		82 000 $	
Provision pour créances douteuses	(7 000)	85 000	(5 000)	77 000
Stocks de marchandises		62 000		50 000
Publicité payée d'avance		3 500		2 000
		220 500		179 000
Immobilisations				
Terrains		80 000		100 000
Immeuble	150 000		150 000	
Amortissement cumulé	(40 000)	110 000	(35 000)	115 000
Autres actifs		34 500		35 000
		224 500		250 000
		445 000 $		429 000 $
PASSIF				
Passif à court terme				
Comptes fournisseurs		59 500 $		26 000 $
Emprunt bancaire		10 000		5 000
Intérêts courus à payer sur hypothèque		10 103		10 253
Impôt à payer		3 500		16 000
Versement exigible de l'emprunt hypothécaire		2 444		2 144
		85 547		59 397
Dettes à long terme				
Emprunt hypothécaire		141 882		144 326
Passif d'impôts futurs		6 500		5 000
		233 929		208 723
AVOIR DES ACTIONNAIRES				
Capital-actions		100 000		100 000
Bénéfices non répartis		111 071		120 277
		211 071		220 277
		445 000 $		429 000 $

4

Bizart ltée

ÉTAT DES RÉSULTATS
Pour l'année terminée le 31 décembre 2006

Ventes		310 000 $
Coût des marchandises vendues		186 000
Bénéfice brut		124 000
Salaires	43 000 $	
Impôt foncier	2 000	
Assurances	1 200	
Créances douteuses	6 000	
Publicité	16 500	
Amortissement — immeuble	5 000	
Amortissement — autres actifs	2 000	
Intérêts sur emprunt bancaire	1 200	
Intérêts sur emprunt hypothécaire	20 356	
Autres charges	24 744	122 000
Bénéfice d'exploitation		2 000
Autres produits : gain sur aliénation de terrain		8 000
Bénéfice avant impôts		10 000
Charge d'impôts		5 000
Bénéfice net		5 000 $

Bizart ltée

ÉTAT DES BÉNÉFICES NON RÉPARTIS
Pour l'année terminée le 31 décembre 2006

Solde au 1er janvier 2006	120 277 $
Plus : bénéfice net de l'exercice	5 000
	125 277
Moins : dividendes	14 206
Solde au 31 décembre 2006	111 071 $

a)

Encaisse	
Solde au début	x $
Encaissement	448 000
Décaissement	(428 000)
	70 000 $

$x = 50\ 000$ $

b)

Comptes clients au début	82 000 $
Ventes	310 000
Encaissement	(300 000)
Solde à la fin	92 000 $

c)

Terrain : solde au début		100 000 $
Moins : terrain vendu		
Encaissement	28 000 $	
Moins : gain sur aliénation	(8 000)	20 000
Terrain : solde à la fin		80 000 $

d)

Emprunt bancaire solde au début	x $
Moins : remboursement	5 000
Nouvel emprunt	10 000
Solde à la fin	10 000 $
$x = 5\,000$ $	

e) Intérêts courus à payer (144 326 $ × 0,14 × $^6/_{12}$)   10 103 $

f) Impôt à payer

Bénéfice comptable avant impôts	10 000 $	
Amortissement comptable	7 000	
Bénéfice avant amortissement	17 000	
Amortissement fiscal	10 000	
Multiplié par le taux d'imposition (50 %)	7 000	3 500
Passif d'impôt futurs		1 500 $

g) Selon le tableau de l'amortissement, la somme de 141 882 $ est payable après un an.

h) Par différence : 111 071 $

4

i)

Provision pour créances irrécouvrables au début	5 000 $
Moins : radiation en 2006	(4 000)
Solde théorique	1 000
Solde réel à la fin	7 000
Créances douteuses	6 000 $

j)

Publicité : débours	18 000 $
Moins : payé d'avance à la fin	(3 500)
Plus : payé d'avance au début	2 000
Charge de publicité en 2006	16 500 $

k)

Amortissement cumulé — immeuble au début	35 000 $
Amortissement de 2006	x
Amortissement cumulé à la fin	40 000 $

$x = 5\ 000\ \$$

l) Intérêts sur emprunt hypothécaire

$$146\ 470\ \$ \times 0{,}14 \times {}^{6}/_{12} = \quad 10\ 253\ \$$$
$$144\ 326\ \$ \times 0{,}14 \times {}^{6}/_{12} = \quad 10\ 103$$
$$\underline{\qquad\qquad\qquad\qquad 20\ 356\ \$}$$

m) Versement exigible de l'emprunt hypothécaire (selon le tableau d'amortissement) 2 444 $

n) 120 277 $ au bilan d'ouverture

o) Montant des dividendes non déclarés

Solde au début	120 277 $
Bénéfice net	5 000
Dividendes	x
Solde au 31 décembre 2006 (par différence)	111 071 $

$x = 14\ 206\ \$$

p) 5 000 $ + 1 500 $ = 6 500 $ solde à la fin. Voir f) et q).

Charge d'impôts 5 000 $ (q) moins impôts à payer 3 500 $ (f)

q) Charge d'impôts: 10 000 $ × 50 %   5 000 $

CAF 4-4   Sanitech ltée : l'amortissement fiscal et la création du passif d'impôts futurs

Calcul de la charge d'impôt à l'état des résultats:

	2005	2006	2007	2008	2009
1. Produits	82 500 $	82 500 $	82 500 $	82 500 $	82 500 $
2. Charges d'exploitation	(20 000)	(20 000)	(20 000)	(20 000)	(20 000)
3. Bénéfice avant amortissement et impôts	62 500	62 500	62 500	62 500	62 500
4. Amortissement (125 000 $ / 5)	(25 000)	(25 000)	(25 000)	(25 000)	(25 000)
5. Bénéfice avant impôts	37 500	37 500	37 500	37 500	37 500
6. Charge d'impôts (40 %)	(15 000)	(15 000)	(15 000)	(15 000)	(15 000)
7. Bénéfice net	22 500 $	22 500 $	22 500 $	22 500 $	22 500 $

Calcul de l'impôt à payer dans la déclaration fiscale:

	2005	2006	2007	2008	2009
a. Produits	82 500 $	82 500 $	82 500 $	82 500 $	82 500 $
b. Charges d'exploitation	(20 000)	(20 000)	(20 000)	(20 000)	(20 000)
c. Bénéfice avant amortissement et impôts	62 500	62 500	62 500	62 500	62 500
d. Amortissement fiscal	(62 500)	(62 500)	–	–	–
e. Bénéfice avant impôts	–	–	62 500	62 500	62 500
f. Impôts à payer (40 %)	– $	– $	25 000 $	25 000 $	25 000 $

Date		Débit	Crédit
Année 2005	Impôts (charge à l'état des résultats)	15 000	
	Impôts exigibles (bilan)		0
	Passif d'impôts futurs (bilan)		15 000
Année 2006	Impôts (charge à l'état des résultats)	15 000	
	Impôts exigibles (bilan)		0
	Passif d'impôts futurs (bilan)		15 000

4

Nous pouvons constater que Sanitech ltée enregistre pour les cinq années un bénéfice total avant impôts de 187 500 $ (37 500 $ × 5 années). L'entreprise paiera donc 75 000 $ en impôts (3 $ × 25 000 $) et la charge totale d'impôts à l'état des résultats sera du même montant pour les cinq années ensemble (15 000 $ × 5 années). Le montant différera toutefois pour chaque période prise séparément, puisque, en raison de l'amortissement fiscal accéléré, l'entreprise n'aura pas à payer d'impôts en 2005 et 2006 (ligne f de la déclaration fiscale, page 81) même si elle a réalisé 37 500 $ de bénéfices avant impôts en 2005 et en 2006 (ligne 5 de l'état des résultats). Autrement dit, elle ne paiera pas d'impôts pendant les deux premières années (ligne f) bien que les charges d'impôts (ligne 6) soient de 15 000 $ en 2005 et de 15 000 $ en 2006. Nous disons alors qu'il y a report de la charge d'impôts, et ce report se traduit par un passif d'impôts futurs de 30 000 $ à présenter au bilan du 31 décembre 2006.

Le contraire se produira dans les années 2007 à 2009 : la charge d'impôts annuelle à l'état des résultats sera en effet de 15 000 $ en 2007, 2008 et 2009 tandis que l'impôt à payer se chiffrera à 25 000 $ pour chacune de ces années (62 500 $ × 40 %). Le phénomène est dû au fait que les écarts temporaires entre l'amortissement fiscal et l'amortissement comptable se creusent pendant les deux premières années, et qu'ils rétrécissent jusqu'à disparaître complètement pendant les trois années suivantes. Examinons de plus près la situation.

Les écarts en question s'expliquent par l'intervalle entre le moment où l'amortissement comptable (ou un autre élément) est imputé à l'état des résultats (ligne 4 : 25 000 $ par année, de 2005 à 2009) et celui où il est déduit dans le calcul du bénéfice imposable (ligne d de la déclaration fiscale : 62 500$ en 2005 et en 2006, puis 0 $ par la suite). Ici, un montant de 125 000 $ d'amortissement fiscal (ligne d) est retranché du calcul du bénéfice imposable dans les déclarations fiscales de 2005 et 2006 alors qu'un montant cumulatif inférieur de 50 000 $ d'amortissement (ligne 4) a été inscrit à l'état des résultats des années 2005 et 2006 dans le calcul de la charge d'impôts. Il restera un montant de 75 000 $ d'amortissement comptable à porter dans les états des résultats de 2007, 2008 et 2009 alors que tout l'amortissement fiscal a déjà été imputé dans les déclarations fiscales de 2005 et 2006.

	2005	2006	2007	2008	2009
Amortissement fiscal	62 500 $	62 500 $	– $	– $	– $
Amortissement comptable	(25 000)	(25 000)	(25 000)	(25 000)	(25 000)
Excédent de l'amortissement fiscal	37 500	37 500			
Excédent de l'amortissement comptable			(25 000)	(25 000)	(25 000)
Multiplié par le taux d'imposition	0,40	0,40	0,40	0,40	0,40
Impôt reporté dans le futur (impôts futurs)	15 000 $	15 000 $			
Impôts futurs devenus exigibles, annulation du report			(10 000) $	(10 000) $	(10 000) $

En 2007, le bon temps est terminé : on n'a plus d'amortissement fiscal à déduire et le solde du coût en capital non amorti est nul. L'élément qui présentait un solde de 125 000 $ à l'acquisition est vidé (moins 62 500 $ en 2005 et en 2006). Dès 2007, le passif d'impôts futurs de 30 000 $ devient progressivement exigible à raison d'un montant annuel de 10 000 $ (le passif futur devient un passif réel et cesse d'être reporté dans le futur). Si nous faisons le total des cinq exercices, nous constatons que Sanitech ltée a payé 75 000 $ d'impôts et a imputé 75 000 $ en charge d'impôts aux états des résultats. Le gouvernement a toutefois atteint son but qui était d'amener les entreprises à investir dans un système dépolluant en les autorisant à accélérer leur amortissement fiscal de façon à réduire l'impôt des années qui suivent l'acquisition (2005 et 2006 dans le cas présent). Mais, sur cinq ans, l'amortissement fiscal et l'amortissement comptable totaliseront ensemble 125 000 $. Il y aura eu simplement écart entre le moment où l'amortissement de 125 000 $ aura été porté à l'état des résultats (ligne 4) et celui où il aura été inscrit dans la déclaration fiscale (ligne d). Il s'ensuit que le montant de la charge d'impôts de 75 000 $ (5 années × 15 000 $) et celui de l'impôt à payer (2 années × 0 $ + 3 années × 25 000 $) sont, au bout du compte, égaux bien que les montants par exercice diffèrent.

Nous pouvons donc dire en résumé que, pour 2007, 2008 et 2009, le passif d'impôts futurs de 30 000 $ devient exigible à raison de 10 000 $ par année du fait que l'amortissement fiscal est inférieur à l'amortissement comptable. Il faut alors débiter le poste passif d'impôts futurs de 10 000 $ et créditer le poste impôts exigibles de 10 000 $ pour rendre compte de la situation.

Amortissement comptable annuel	25 000 $
Amortissement fiscal annuel	–
Excédent de l'amortissement comptable	25 000 $
Multiplié par le taux d'impôt (40 %)	10 000 $

Date		Débit	Crédit
Année 2007	Impôts (charge à l'état des résultats)	15 000	
	Passif d'impôts futurs (bilan)	10 000	
	Impôts exigibles (bilan)		25 000
Année 2008	Impôts (charge à l'état des résultats)	15 000	
	Passif d'impôts futurs (bilan)	10 000	
	Impôts exigibles (bilan)		25 000
Année 2009	Impôts (charge à l'état des résultats)	15 000	
	Passif d'impôts futurs (bilan)	10 000	
	Impôts exigibles (bilan)		25 000

Quels postes présenterait-on dans les états financiers à la date du 31 décembre 2006 ? Supposons que Sanitech ltée a financé l'acquisition de l'équipement par la dette à long terme.

Sanitech ltée

ÉTAT DES RÉSULTATS

Pour l'année terminée le 31 décembre	2006	2005
Produits	82 500 $	82 500 $
Charges d'exploitation	(20 000)	(20 000)
Bénéfice avant amortissement et impôts	62 500	62 500
Amortissement	(25 000)	(25 000)
Bénéfice avant impôts	37 500	37 500
Impôts sur les bénéfices (note 6)	(15 000)	(15 000)
Bénéfice net	22 500 $	22 500 $

Sanitech ltée

BILAN

Au 31 décembre	2006	2005
ACTIF		
Encaisse	175 000 $	112 500 $
Immobilisations		
Équipement au coût	125 000	125 000
Amortissement cumulé	(50 000)	(25 000)
Autres actifs	100 000	100 000
	350 000 $	312 500 $
PASSIF		
Impôts sur le bénéfice à payer	0 $	0 $
Dettes à long terme	205 000	205 000
Impôts futurs (note 6)	30 000	15 000
AVOIR DES ACTIONNAIRES		
Capital-actions	40 000	40 000
Bénéfices non répartis	75 000	52 500
	350 000 $	312 500 $

Sanitech ltée

ÉTAT DES FLUX DE TRÉSORERIE Pour l'année terminée le 31 décembre	2006	2005
Flux de trésorerie liés aux activités d'exploitation		
Bénéfice net	22 500 $	22 500 $
Éléments ne nécessitant pas de mouvement de fonds		
Amortissement	25 000	25 000
Impôts futurs	15 000	15 000
	62 500	62 500
Flux de trésorerie liés aux activités d'investissement		
Acquisition d'équipement	–	(125 000)
Flux de trésorerie liés aux activités de financement		
Emprunt à long terme pour l'équipement	–	125 000
Variation nette des espèces et quasi-espèces	62 500	62 500
Espèces et quasi-espèces au début	112 500	50 000
Espèces et quasi-espèces à la fin	175 000 $	112 500 $

Comme nous avons déduit une charge d'impôts de 15 000 $ à l'état des résultats pour arriver au bénéfice net, il faut, dans l'état des flux de trésorerie, ajouter au bénéfice net la portion de cette charge qui n'a pas été payée, à savoir le montant de la charge d'impôts qui correspond à un passif d'impôts futurs (15 000 $), pour ne laisser que la sortie de fonds véritable de 0 $ dans l'état des flux de trésorerie: le bénéfice net (– 15 000 $) ajouté aux impôts futurs (+ 15 000 $) donne la sortie de fonds véritable (0 $).

Date		Débit	Crédit
2005			
	Impôts (charge à l'état des résultats)	15 000	
	Passif d'impôts futurs (bilan)		15 000
	Caisse		0

Revenons à l'exemple de Metro inc. La note 6 des états financiers de cette entreprise concerne les impôts futurs. Mettons les chiffres figurant dans cette note en parallèle avec ceux de Sanitech ltée.

4

Metro inc.

NOTES AFFÉRENTES AUX ÉTATS FINANCIERS CONSOLIDÉS
Note 6 : IMPÔTS SUR LES BÉNÉFICES

	2 000	1999	Sanitech ltée 2006 (par comparaison)
Exigibles	50,2 $	40,9 $	– $
Futurs relatifs aux écarts temporaires	11,4	4,8	15
Effet de la variation du taux d'imposition sur les impôts futurs	(1,1)		
Charge d'impôts à l'état des résultats	60,5 $	45,7	15 $

Les impôts futurs reflètent l'incidence fiscale nette des écarts temporaires entre la valeur comptable et la valeur fiscale des actifs et des passifs. Les principales composantes des actifs et des passifs d'impôts futurs de la Société au 30 septembre 2000 s'établissent comme suit :

	Sanitech ltée 2006 (par comparaison)
Actifs d'impôts futurs	
Frais courus, provisions et autres réserves déductibles aux fins fiscales à leur décaissement seulement	9,4 $
Pertes fiscales reportées	7,8
	17,2
Passifs d'impôts futurs	
Quote-part des bénéfices cumulés des sociétés satellites	(2,9)
Excédent de la valeur comptable nette des immobilisations et des autres actifs sur leur valeur fiscale	(58,9)	(30,0)
	(61,8)	(30,0) $
	(44,6) $	

Cette note qui peut sembler complexe est typique. D'abord le premier tableau montre que le montant de la charge d'impôts à l'état des résultats (60,5 $) n'est pas entièrement exigible ; seul le montant de 50,2 $ est exigible alors que l'autre montant de 11,4 $ a donné lieu en contrepartie à l'inscription d'un passif d'impôts futurs. Le tableau qui suit indique la provenance des actifs ou des passifs d'impôts futurs. Nous avons vu plus haut que Sanitech ltée avait passé les écritures suivantes :

	2006		2005	
	Dt	Ct	Dt	Ct
Impôts (charge à l'état des résultats)	15 000		15 000	
Impôts exigibles (bilan)		0		0
Passif d'impôts futurs (bilan)		15 000		15 000

La note dans laquelle figure l'expression « Excédent de la valeur comptable nette des immobilisations... sur leur valeur fiscale » et qui a pour objet de concilier la provenance des passifs d'impôts futurs, a rapport au fait que, chez Sanitech ltée (comme chez Metro inc.), la valeur comptable nette qui reste à amortir aux livres est de 75 000 $ (coût de 125 000 $ moins amortissement cumulé de 50 000 $), alors qu'au point de vue fiscal le coût en capital non amorti est nul (coût de 125 000 $ moins les sommes déjà amorties fiscalement de 62 500 $ en 2005 et de 62 500 $ en 2006). L'excédent de la valeur comptable nette des immobilisations (75 000 $) sur leur valeur fiscale (0 $) multiplié par le taux d'imposition de 40 % correspond au passif en impôts futurs de 30 000 $. Rappelons que le passif d'impôts futurs résulte du fait que l'amortissement fiscal effectué sur deux ans (2005 et 2006) a amené une économie d'impôts qu'il faudra payer en 2007, 2008 et 2009, années où il ne reste plus rien à déduire fiscalement puisque la catégorie est vide. Le passif d'impôts futurs exigible est de 10 000 $, comme l'indiquait l'écriture de 2007 :

Date		Débit	Crédit
Année 2007	Impôts (charge à l'état des résultats)	15 000	
	Passif d'impôts futurs (bilan)	10 000	
	Impôts exigibles (bilan)		25 000

SOLUTIONS DES CAS D'ANALYSE ET DE RECHERCHE

CAR 4-2 L'effet des incertitudes quant à la mesure

Si un élément particulièrement visé fait l'objet d'une incertitude, il doit être mentionné de même que les montants afférents. S'il est impossible d'indiquer des montants précis, il faut expliquer pourquoi. On peut, par exemple, faire état de la fourchette de montants possibles, décrire les hypothèses employées, préciser les raisons de la sensibilité particulière aux changements.

Noranda

NOTES AFFÉRENTES AUX ÉTATS FINANCIERS

Amortissement des immobilisations, autre amortissement et restauration des lieux

Des provisions ont été constituées de façon systématique et rationnelle, pour les frais de fermeture et de restauration des lieux, déduction faite des recouvrements prévus, par imputations aux résultats sur la durée prévue des activités.

4

Boralex

NOTES AFFÉRENTES AUX ÉTATS FINANCIERS CONSOLIDÉS
Note 2: PRINCIPALES CONVENTIONS COMPTABLES

Utilisation d'estimations

La préparation des états financiers selon les principes comptables généralement reconnus du Canada requiert l'utilisation de certaines estimations ayant une incidence sur les actifs et les passifs inscrits et sur la divulgation des actifs et passifs éventuels en date du bilan ainsi que sur les produits et charges comptabilisés pour les périodes présentées. Les résultats réels pourraient être différents de ces estimations. Les estimations sont revues de façon périodique et si des ajustements sont nécessaires, ils sont portés aux résultats lorsqu'ils sont déterminés.

Hollinger inc.

NOTES AUX ÉTATS FINANCIERS CONSOLIDÉS [31 décembre 2000]

Conventions comptables particulièrement visées par des estimations (citées partiellement, traduction libre)

La Société détient des actifs incorporels importants. Certains journaux de l'entreprise s'attaquent à des marchés hautement compétitifs. La Société a estimé la vie utile des écarts d'acquisition et autres actifs incorporels de ces journaux et des autres journaux en tenant compte des tendances de l'industrie et de la pression de la concurrence. Une évolution défavorable des habitudes de lecture pourrait amener une réduction importante de la valeur de ces actifs incorporels.

ID Biomedical Corporation

n. Estimates [31 décembre 2000]

The preparation of financial statements in conformity with Canadian generally accepted accounting principles requires management to make estimates and assumptions that affect the reported amounts of assets and liabilities at the date of the financial statements and the reported amounts of revenue and expenses during the reporting period. Actual results could differ from those estimates. Significant areas requiring the use of management estimates relate to the determination of the valuation of investments, patents and medical technology, the useful lives of assets for depreciation and amortization and the amounts recorded as accrued liabilities.

CAR 4-4   La mesure des résultats et des frais reportés

Les frais de démarrage

CAE

BILANS CONSOLIDÉS
Au 31 mars (en millions de dollars)

Note 5: AUTRES ÉLÉMENTS D'ACTIF (citée partiellement)	2001	2000
Crédits d'impôt à l'investissement	25,4 $	14,8 $
Participation dans CVS Leasing Ltd. et avances à celle-ci	21,0	16,4
Frais reportés ii), iii)	13,7	10,4

→

Frais de développement reportés iv)	13,7	—
Autres	9,8	7,4
	83,6 $	49,0 $

ii) La Société était à la tête d'un consortium ayant décroché auprès du ministère de la Défense du Royaume-Uni un contrat visant la conception, la construction, la gestion, le financement et l'exploitation d'un centre de formation. [...] Les frais de démarrage se rapportant à ce contrat ont été reportés jusqu'au début de la formation au centre de formation le 1er avril 2000 et sont amortis sur la durée restante de la période initiale du contrat, soit 20 ans.

■ Source: www.cae.com

Parmi les frais reportés les plus fréquemment observés, on note dans l'actif à long terme les frais de développement.

CAE

Note 1 : SOMMAIRE DES PRINCIPALES CONVENTIONS COMPTABLES

Frais de recherche et de développement

Les frais de recherche sont imputés aux résultats de la période au cours de laquelle ils sont engagés. Les frais de développement sont également imputés à l'exercice à moins qu'ils ne répondent aux critères de capitalisation. L'aide gouvernementale liée aux frais de recherche et de développement est soustraite des frais s'y rapportant. L'amortissement des frais de développement reportés à des périodes ultérieures débute au moment de la production commerciale du produit et est imputé aux résultats en fonction des ventes prévues du produit, sur un maximum de cinq ans.

Note 5 : AUTRES ÉLÉMENTS D'ACTIF (en millions de dollars) (citée partiellement)

	2001	2000
Crédits d'impôt à l'investissement i)	25,4 $	14,8 $
Participation dans CVS Leasing Ltd. et avances consenties à celle-ci ii)	21,0	16,4
Frais reportés ii), iii)	13,7	10,4
Frais de développement reportés iv)	13,7	—
Autres	9,8	7,4
	83,6 $	49,0 $

iv) Les frais de recherche et de développement ont totalisé 111,4 millions de dollars au cours de l'exercice (116,1 millions de dollars en 2000). La Société a reporté les frais engagés pour développer une nouvelle génération de simulateurs de vol.

■ Source: www.cae.com

Unibroue

BILANS CONSOLIDÉS Au 31 décembre	2000	1999
Autres éléments d'actif (note 8)	1 101 843 $	946 314 $

→

Note 3: CONVENTIONS COMPTABLES

Les frais de développement de marché sont évalués au moindre du coût et du montant que l'on est raisonnablement certain de récupérer. Ceux-ci sont amortis selon la méthode de l'amortissement linéaire sur une période de 5 ans.

Les frais de développement de nouveaux produits, dont la faisabilité est démontrée et dont la fabrication et la commercialisation sont décidées par les administrateurs, sont évalués au moindre du coût et du montant que l'on est raisonnablement certain de récupérer. Ceux-ci sont amortis selon la méthode de l'amortissement linéaire sur une période de 5 ans.

Note 8: AUTRES ÉLÉMENTS D'ACTIF

Frais de développement de marché	630 711 $	534 104 $
Frais de développement de nouveaux produits	471 132	412 210
	1 101 843 $	946 314 $

■ Source: www.unibroue.com

CAR 4-6   La provision pour créances douteuses à la Banque Royale

L'état des flux de trésorerie et l'état des résultats de la Banque Royale indiquent que celle-ci a passé 1,119 G$ aux créances douteuses en 2001 sur un revenu d'intérêts de 17,307 G$. La Banque Royale prend donc soin de déduire de ses revenus courants les pertes estimatives occasionnées par ces derniers. Elle se trouve ainsi à appliquer le principe comptable du rapprochement des produits et des charges. Quand on montre les revenus, il importe de faire état des charges qui en découleront, même si celles-ci ne sont pas encore matérialisées. Dans le bilan de la Banque Royale, la provision pour créances douteuses sur prêts était de 2,278 G$ sur des prêts totaux de 207,258 G$, ce qui laissait un montant net à recevoir de 204,980 G$.

Chapitre 5

L'ENTREPRISE COMMERCIALE:
LES ACHATS ET LES VENTES DE MARCHANDISES, LE CONTRÔLE ET L'ÉVALUATION DES STOCKS, LES TAXES DE VENTE

RÉPONSES AUX QUESTIONS

2. Les coûts de transport sont alors traités comme des coûts de période au lieu d'être reportés comme actif par le moyen du stock. Il en résulte que le calcul du bénéfice brut et du bénéfice net à l'état des résultats et celui du montant des stocks, de l'actif total, des bénéfices non répartis au bilan sont faussés. Les stocks du début, le montant des achats de marchandises et les stocks de la fin sont toujours sous-évalués, tandis que les frais d'administration sont toujours surévalués à l'état des résultats.

4. Dans tous les exemples précédents, nous avons viré le coût du stock de marchandises au début au coût des marchandises vendues au cours de l'année courante, sans nous demander si une partie de ce stock pouvait encore faire partie du stock en fin de période. La raison pour laquelle nous avons procédé de la sorte est que, si le cas se présentait, le stock au début non encore vendu ferait partie du stock à la fin et ne serait pas, de toute façon, intégré au coût courant des marchandises vendues. Dans notre exemple, au début de l'année 2001, le stock de marchandises s'élevait à 105 000 $. Au cours de l'année 2001, les achats ont été de 500 000 $; il reste 125 000 $ de marchandises en stock au 31 décembre 2001, dont 25 000 $ proviennent du stock au début.

- **Première hypothèse:** nous suivons le procédé habituel.

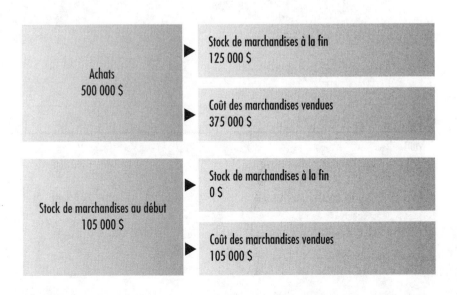

Écritures de régularisation :

Date		Débit	Crédit
2001 12-31	Coût des marchandises vendues	105 000	
	Stock de marchandises (au début)		105 000
	Coût des marchandises vendues	375 000	
	Achats		375 000
	Stock de marchandises (à la fin)	125 000	
	Achats		125 000

• **Deuxième hypothèse :** nous tenons compte du fait qu'une partie du stock de marchandises au début (25 000 $) n'a pas été écoulée pendant l'année.

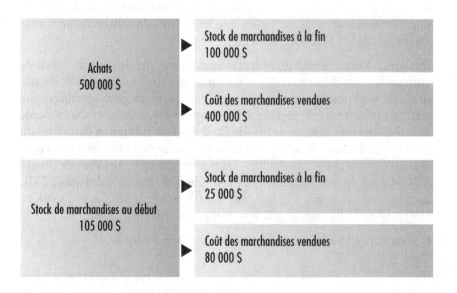

Écritures de régularisation :

Date		Débit	Crédit
2001 12-31	Coût des marchandises vendues	80 000	
	Stock de marchandises (au début)		80 000
	Coût des marchandises vendues	400 000	
	Achats		400 000
	Stock de marchandises (à la fin)	100 000	
	Achats		100 000

Les résultats sont évidemment les mêmes : le coût des marchandises vendues est de 480 000 $, et celui du stock de marchandises à la fin, de 125 000 $.

SOLUTIONS DES EXERCICES

E 5-2   L'effet d'une erreur sur le bénéfice net

Pour l'année courante terminée le 31 décembre 2004, cette erreur entraîne une surévaluation artificielle du compte stock de la fin en 2004, une diminution du coût des marchandises vendues de 2004 et, par conséquent, une augmentation du bénéfice brut et du bénéfice net de 2004. L'actif stocks, l'actif total et les bénéfices non répartis sont aussi surévalués au bilan du 31 décembre 2004.

En 2005, cette erreur a entraîné la sous-évaluation du bénéfice brut et du bénéfice net, car on a absorbé 30 000 $ de coût en trop, du fait de la surévaluation des stocks du début, ce qui a augmenté artificiellement le coût des marchandises vendues au cours de l'année 2005. Au bilan du 31 décembre 2005, l'actif total et les bénéfices non répartis sont présentés correctement, car l'erreur de 2004 s'est rectifiée d'elle-même après deux ans. Cependant, cette erreur comptable a faussé les résultats d'exploitation de 2004 et de 2005 ainsi que le bilan au 31 décembre 2004. On a mal évalué les coûts qui représentaient des avantages futurs (actifs). Mais les avantages futurs deviennent tôt ou tard des avantages passés (charges).

E 5-4   Les écritures relatives au coût des marchandises vendues

a)   Écritures de régularisation

Date		Débit	Crédit
2006 12-31	Coût des marchandises vendues	50 000	
	Stock de marchandises		50 000
	(Pour absorber le coût des marchandises en stock au 31 décembre 2005. En réalité, le stock du début était de 45 000 $; la correction sera faite plus loin.)		
12-31	Stock de marchandises	63 000	
	Achats de marchandises		63 000
	(Pour reporter à une année future le coût des marchandises achetées en 2006 et non vendues en 2006 ; coût représentant des avantages futurs.)		
12-31	Coût des marchandises vendues	774 000	
	Rendus et rabais sur achats	35 000	
	Transport sur achats		22 000
	Achats de marchandises		787 000
	(Pour virer au coût des marchandises vendues de 2006 le coût net des marchandises achetées et vendues en 2006.)		

5

Notons que les escomptes sur achats sont des produits divers d'ordre financier. Ils n'entrent pas dans le calcul du bénéfice brut. Les modalités de paiement ne changent pas le rapport entre le prix de vente et le coût des marchandises.

Date		Débit	Crédit
2006 12-31	Bénéfices non répartis Coût des marchandises vendues (Pour retrancher du coût des marchandises vendues de 2006 le coût des marchandises dénombrées deux fois à la fin de 2005 et redresser les bénéfices non répartis au début afin d'évaluer correctement l'effet du bénéfice net de 2005 sur les bénéfices non répartis.)	5 000	5 000

On aurait pu également procéder de la façon suivante:

Date		Débit	Crédit
12-31	Bénéfices non répartis Stock de marchandises (au début)	5 000	5 000

À cela s'ajoute, lors du virement du coût des stocks d'ouverture au coût courant des marchandises vendues:

Date		Débit	Crédit
12-31	Coût des marchandises vendues Stock de marchandises (au début)	45 000	45 000

b) La détermination du coût des marchandises vendues constitue une régularisation de répartition.

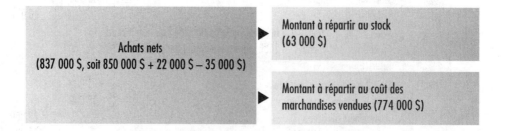

Tout d'abord, il est impossible de dresser l'état des résultats si on ne connaît pas le montant régularisé des comptes. C'est pourquoi, dans le cycle comptable, les écritures de régularisation précèdent l'établissement de l'état des résultats. En déterminant le coût des marchandises vendues au moment de la passation des écritures de fermeture, on irait à l'encontre de cette logique.

Par exemple, on conviendra que le fait de répartir un montant quelconque de charge entre un compte d'actif (frais payés d'avance) et un compte de charge constitue une régularisation. Comme les achats se répartissent de la même façon, on a alors également affaire à une régularisation. Voici une comparaison des achats avec une prime d'assurance de trois ans payée au début de l'année courante :

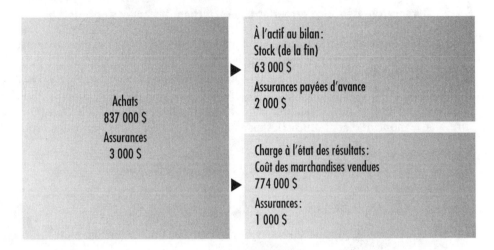

On serait tenté de croire que, puisque le compte achats est soldé à 0 $, il s'agit d'une fermeture dans les régularisations. Ce n'est pas du tout le cas puisque le coût des achats qui ont donné lieu à des ventes se trouve à la rubrique du coût des marchandises vendues. Le solde du compte achats est nul, mais le montant qui représente une véritable charge se trouve dans le compte de résultats coût des marchandises vendues. Il y a eu non pas fermeture, mais transfert dans un compte de résultats plus en rapport avec le caractère de la charge. Le compte en question est le compte coût des marchandises vendues.

Régularisation :

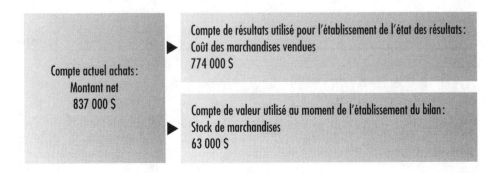

Fermeture des comptes de résultats après l'établissement de l'état des résultats :

Date		Débit	Crédit
	Bénéfices non répartis	824 000	
	Coût des marchandises vendues		824 000

E 5-6   Bureaucrate ltée : une erreur et une correction des années antérieures

Si on a oublié de décompter des stocks en fin de période, on sous-évaluera l'actif au bilan et on surévaluera la charge constituée par le coût des marchandises vendues à l'état des résultats de 2004. Il faut se rappeler que les coûts sont soit des actifs s'ils sont utiles au futur (stock de fin 2004), soit des charges s'ils sont utiles dans la période en cours (coût des marchandises vendues de 2004). Donc le bénéfice sera sous-évalué de 50 000 $, car on aura surévalué le montant d'actif utilisé (les marchandises écoulées) pour gagner les produits.

VENTILATION ENTRE UN ACTIF ET UNE CHARGE

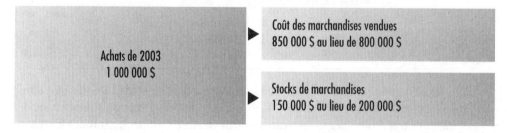

Il est permis de rectifier les erreurs commises dans les années antérieures. Si nous nous apercevons en 2005 qu'une erreur a été commise en 2004, il faut redresser les résultats de 2004. Comme les résultats de 2004 ont été fermés à bénéfices non répartis, il faut redresser bénéfices non répartis. Il est à noter que le coût des marchandises vendues de 2005 excédera de 50 000 $ le montant qui aurait été retenu si l'erreur commise en 2004 n'avait pas été découverte ; le stock d'ouverture sera donc plus élevé de 50 000 $.

Date		Débit	Crédit
2005 12-31	Stocks de marchandises (début)	50 000	
	Bénéfices non répartis		50 000
	(On redresse le CMV de 2004 en modifiant le BNR, car le CMV de 2004 a été fermé à BNR le 31 décembre 2004.)		

SOLUTIONS DES CAS D'APPROFONDISSEMENT DE LA MATIÈRE

CAM 5-2 Ameublement Audet ltée : les régularisations (y compris celles qui sont relatives aux stocks) et les états financiers

a) Écritures de régularisation

Date		Débit	Crédit
2006			
12-31	Amortissement — bâtiment	4 000	
	Amortissement — mobilier	5 000	
	Amortissement cumulé — bâtiment		4 000
	((220 000 $ – 20 000 $) / 50 ans)		
	Amortissement cumulé — mobilier		5 000
	(50 000 $/10 ans)		
12-31	Assurances	700	
	Assurances payées d'avance		700
	(1 400 $ × $^{12}/_{24}$ mois)		
12-31	Créances irrécouvrables	1 300	
	Provision pour créances irrécouvrables		1 300
	(100 000 $ × 5 %) 5 000 $		
	Provision aux livres (3 700)		
	1 300 $		
12-31	Intérêts sur emprunt bancaire	300	
	Intérêts courus à payer		300
	(30 000 $ × 12 % × $^1/_{12}$ mois)		
12-31	Coût des marchandises vendues	400 000	
	Achats		400 000
12-31	Stock de marchandises (à la fin)	100 000	
	Achats		100 000
12-31	Coût des marchandises vendues	150 000	
	Stock de marchandises (au début)		150 000
12-31	Impôts sur le revenu	14 880	
	Impôts sur le revenu à payer		14 880
	(74 400 $ × 20 % = 14 880 $)		

5

b) États financiers de l'exercice financier 2006

Ameublement Audet ltée

ÉTAT DES RÉSULTATS
Pour l'exercice terminé le 31 décembre 2006

Ventes		700 000 $
Coût des marchandises vendues		
Stock au début de l'année	150 000 $	
Plus : achats	500 000	
Marchandises destinées à la vente	650 000	
Moins : stock à la fin de l'année	100 000	550 000
Bénéfice brut		150 000
Charges d'exploitation		
Assurances	700	
Électricité et chauffage	6 000	
Intérêts sur emprunt bancaire (3 300 $ + 300 $)	3 600	
Salaires	50 000	
Taxe et permis	4 000	
Fournitures de bureau	1 000	
Créances irrécouvrables	1 300	
Amortissement — bâtiment	4 000	
Amortissement — mobilier	5 000	75 600
Bénéfice avant impôts		74 400
Impôts sur le revenu		14 880
Bénéfice net		59 520 $

Ameublement Audet ltée

ÉTAT DES BÉNÉFICES NON RÉPARTIS
Pour l'exercice terminé le 31 décembre 2006

Solde au 1er janvier 2006	70 000 $
Plus : bénéfice net	59 520
	129 520
Moins : dividendes	5 000
Solde au 31 décembre 2006	124 520 $

Ameublement Audet ltée

BILAN
Au 31 décembre 2006

ACTIF

Actif à court terme

Caisse		20 000 $	
Comptes clients	100 000 $		
Moins : provision pour créances irrécouvrables (3 700 $ + 1 300 $)	5 000	95 000	
Stock de marchandises, au coût à l'acquisition		100 000	
Assurances payées d'avance (1 400 $ - 700 $)		700	215 700 $

Immobilisations

Terrain		20 000	
Bâtiment	220 000		
Moins : amortissement cumulé (40 000 $ + 4 000 $)	44 000	176 000	
Mobilier	50 000		
Moins : amortissement cumulé (20 000 $ + 5 000 $)	25 000	25 000	221 000
			436 700 $

PASSIF

Dettes à court terme

Emprunt bancaire sur demande	30 000 $	
Comptes fournisseurs	117 000	
Intérêts courus à payer	300	
Impôts sur le revenu à payer	14 880	162 180 $

AVOIR DES ACTIONNAIRES

Capital-actions ordinaires	150 000	
Bénéfices non répartis	124 520	274 520
		436 700 $

c) Écritures de fermeture

Date		Débit	Crédit
2006 12-31	Ventes	700 000	
	Bénéfices non répartis		700 000
			→

		Débit	Crédit
12-31	Bénéfices non répartis	640 480	
	Coût des marchandises vendues		550 000
	Assurances		700
	Électricité et chauffage		6 000
	Intérêts sur emprunt bancaire		3 600
	Salaires		50 000
	Taxe et permis		4 000
	Fournitures de bureau		1 000
	Créances irrécouvrables		1 300
	Amortissement — bâtiment		4 000
	Amortissement — mobilier		5 000
	Impôts sur le revenu		14 880
12-31	Bénéfices non répartis	5 000	
	Dividendes		5 000

CAM 5-4   Distribution éclair ltée : les régularisations (y compris celles qui sont relatives aux stocks) et les états financiers

a)   Écritures de régularisation au 30 avril 2005

Date		Débit	Crédit
2005			
04-30	Coût des marchandises vendues	17 900	
	Achats		17 900
	(Pour regrouper sous le coût des marchandises vendues la portion des achats qui a été vendue.)		
04-30	Stock (à la fin)	3 000	
	Achats		3 000
	(Pour reporter le coût des achats de marchandises encore en stock à la fin.)		
04-30	Amortissement — équipement	1 600	
	Amortissement cumulé — équipement		1 600
	([10 000 $ − 2 000 $] / 5)		
04-30	Amortissement — camions	3 500	
	Amortissement cumulé — camions		3 500
	([18 000 $ − 4 000 $] / 160 000 km × 40 000 km)		
04-30	Créances irrécouvrables	1 150	
	Provision pour créances irrécouvrables		1 150
	(23 000 $ × 0,05)		
04-30	Dividendes	100	
	Dividendes à payer		100
			→

04-30	Loyer payé d'avance	300	
	Loyer		300
04-30	Assurances payées d'avance	1 250	
	Assurances		1 250
	$(1\ 500\ \$ \times {}^6/_{36} = 250\ \$)$		
04-30	Perte due au vol	200	
	Coût des marchandises vendues (note 1)		200
04-30	Intérêts	2 000	
	Intérêts courus à payer		2 000
04-30	Emprunt bancaire	5 000	
	Versement exigible sur emprunt bancaire		5 000
	(Écriture facultative.)		
04-30	Salaires, administration	100	
	Salaires des vendeurs	320	
	Salaires courus à payer		420
04-30	Comptes fournisseurs	270	
	Caisse		270
	$(410\ \$ - 140\ \$)$		
04-30	Impôts sur le revenu	38 894	
	Impôt sur le revenu à payer		38 894
	$(77\ 788\ \$ \times 50\ \%)$		
	Note 1 : Comme les marchandises ne figurent pas dans le stock de la fin, les achats les concernant ont été virés au coût des marchandises vendues et il faut reclasser la charge.		

b) États financiers pour l'année financière terminée le 30 avril 2005

Distribution éclair ltée

ÉTAT DES RÉSULTATS
Pour l'exercice terminé le 30 avril 2005

Ventes			170 000 $
Rendus et rabais sur ventes		1 000 $	
Escomptes sur ventes		800	1 800
Ventes nettes			168 200
Coût des marchandises vendues			
Stock au début		–	
Plus : achats de marchandises		20 900	
Stock destiné à la vente		20 900	
Moins : perte due au vol	200 $		
Stock à la fin	3 000	3 200	17 700
Bénéfice brut			150 500

Charges d'exploitation		
Salaires des vendeurs (18 000 $ + 320 $)	18 320	
Perte due au vol	200	
Publicité	12 800	
Salaires, administration (15 000 $ + 100 $)	15 100	
Loyers (13 900 $ − 300 $)	13 600	
Assurances (1 500 $ − 1 250 $)	250	
Frais d'administration divers	992	
Téléphone et électricité	1 200	
Amortissement — camions	3 500	
Frais de camions	2 000	
Amortissement — équipement de magasin	1 600	
Créances irrécouvrables	1 150	
Intérêts	2 000	72 712
Bénéfice avant impôts		77 788
Impôts sur le revenu		38 894
Bénéfice net		38 894 $

Distribution éclair ltée

ÉTAT DES BÉNÉFICES NON RÉPARTIS
Pour l'exercice terminé le 30 avril 2005

Solde au début de l'exercice	− $
Bénéfice net	38 894
	38 894
Moins : dividendes	1 100
Solde en fin d'exercice	37 794 $

Distribution éclair ltée

BILAN
Au 30 avril 2005

ACTIF

Actif à court terme			
Caisse (81 830 $ − 270 $)		81 560 $	
Comptes clients	23 000 $		
Provision pour créances irrécouvrables	1 150	21 850	
Stock de marchandises		3 000	
Frais payés d'avance (300 $ + 1 250 $)		1 550	107 960 $

→

Immobilisations			
Camions	18 000		
Amortissement cumulé	3 500	14 500	
Équipement de magasin	10 000		
Amortissement cumulé	1 600	8 400	22 900
			130 860 $

PASSIF

Dettes à court terme			
Comptes fournisseurs (4 992 $ – 270 $)			4 722 $
Frais courus à payer (2 000 $ + 420 $)			2 420
Impôts sur le revenu à payer			38 894
Dividendes à payer			100
Portion exigible de l'emprunt bancaire			5 000
			51 136
Dettes à long terme			
Emprunt bancaire	18 000 $		
Moins : portion exigible	5 000	13 000	
			64 136

AVOIR DES ACTIONNAIRES

Capital-actions ordinaires	28 930		
Bénéfices non répartis	37 794	66 724	
			130 860 $

c) Écritures de fermeture au 30 avril 2005

Date		Débit	Crédit
2005 04-30	Ventes	170 000	
	Coût des marchandises vendues		17 700
	Escomptes sur ventes		800
	Rendus et rabais sur ventes		1 000
	Salaires des vendeurs		18 320
	Perte due au vol		200
	Publicité		12 800
	Salaires, administration		15 100
	Loyers		13 600
	Assurances		250
	Frais d'administration divers		992
	Téléphone et électricité		1 200
	Amortissement — camions		3 500
			→

5

	Frais de camion		2 000
	Amortissement — équipement de magasin		1 600
	Créances irrécouvrables		1 150
	Intérêts		2 000
	Impôts		38 894
	Bénéfices non répartis		38 894
04-30	Bénéfices non répartis	1 100	
	Dividendes		1 100

SOLUTIONS DES CAS D'ANALYSE FINANCIÈRE

CAF 5-2   Québéco ltée : la méthode de la marge de bénéfice brut et l'indemnisation

a)   Calcul de la marge de bénéfice brut à utiliser selon la moyenne des trois dernières années :

		2002	2003	2004
Rayon A				
Coût des marchandises vendues		510 000 $	600 000 $	650 000 $
Marge bénéficiaire brute		86 700	108 000	113 750
Ventes		596 700	708 000	763 750
CMV / Ventes		85,47 %	84,75 %	85,11 %
Moyenne	85,11 %			
Rayon B				
Coût des marchandises vendues		736 000 $	670 000 $	744 000 $
Marge bénéficiaire brute		184 000	180 900	193 440
Ventes		920 000	850 900	937 440
CMV / Ventes		80 %	78,74 %	79,37 %
Moyenne	79,37 %			

Calcul du coût des marchandises destinées à la vente au 20 août 2005 diminué du coût des marchandises vendues au 20 août 2005 pour chaque rayon = stock au 20 août 2005 :

	Rayon A	Rayon B	Total
Stock de marchandises au 1er janvier 2005	80 000 $	120 000 $	200 000 $
Achats à date en 2005	294 000	372 000	666 000
Transport sur achats	6 000	8 000	14 000
Rendus et rabais sur achats	(2 000)	(2 400)	(4 400)
Coût des marchandises destinées à la vente	378 000 $	497 600 $	875 600 $

→

Ventes à date 20/08/2005	400 000 $	500 000 $	900 000 $
Rendus et rabais sur ventes	(5 000)	(5 800)	(10 800)
Ventes nettes	395 000	494 200	889 200
Multiplié par le % moyen de CMV	0,8511	0,7937	
Coût des marchandises vendues 20/08/2005	336 185 $	392 247 $	728 432 $
Stock au 20 août 2005	41 815 $	105 353 $	147 168 $

Le montant de l'indemnisation serait de 147 168 $.

b) L'indemnisation au prix de détail

Rayon A : 41 815 $ = 0,8511 × Prix de détail	49 130 $
Rayon B : 105 353 $ = 0,7937 × Prix de détail	132 737
	181 867 $

c) L'état des résultats pour la période terminée le 20 août 2005

Québéco ltée

ÉTAT DES RÉSULTATS
Pour la période allant du 1er janvier au 20 août 2005

Ventes		900 000 $
Moins : rendus sur ventes		(10 800)
Ventes nettes		889 200
Coût des marchandises vendues		
Stock au 1er janvier 2005	200 000 $	
Achats	666 000	
Transport sur achats	14 000	
Rendus et rabais sur achats	(4 400)	
Marchandises destinées à la vente	875 600	
Stock au 20 août 2005 (estimation)	(147 168)	728 432
Bénéfice brut		160 768 $

CAF 5-4   Cascades, Domtar et Tembec : la rotation, la période d'aliénation des stocks et la marge de bénéfice brut

a)   Marges de bénéfice brut (en millions de dollars)

	2001	2000	1999
Cascades inc.			
Ventes	3 217 $	3 031 $	2 776 $
Coût des produits vendus	2 325	2 245	2 036
Bénéfice brut	892 $	786 $	740 $
Marge de bénéfice brut	27,7 %	25,9 %	26,7 %
Domtar inc.			
Ventes	4 377 $	3 598 $	3 067 $
Coût des produits vendus	3 514	2 703	2 297
Bénéfice brut	863 $	895 $	770 $
Marge de bénéfice brut	19,7 %	24,9 %	25,1 %
Tembec inc.			
Ventes	2 657 $	2 321 $	1 673 $
Coût des produits vendus	2 048	1 652	1 198
Bénéfice brut	609 $	669 $	475 $
Marge de bénéfice brut	22,9 %	28,8 %	28,4 %

b)   Taux de rotation des stocks pour les années 2000 et 2001

Cascades inc.

$$\frac{\text{Coût des ventes}}{\text{Stocks moyens}} = \frac{2\ 325\ \$}{(438\ \$ + 418\ \$) \div 2} = 5,4 \text{ fois} = 5,8 \text{ fois}$$

2001   2000

Domtar inc.

$$\frac{\text{Coût des ventes}}{\text{Stocks moyens}} = \frac{3\ 514\ \$}{(779\ \$ + 546\ \$) \div 2} = 5,3 \text{ fois} = 5,5 \text{ fois}$$

2001   2000

Tembec inc.

$$\frac{\text{Coût des ventes}}{\text{Stocks moyens}} = \frac{2\ 048\ \$}{(525\ \$ + 356\ \$) \div 2} = 4,6 \text{ fois} = 5,0 \text{ fois}$$

2001   2000

c) Période d'aliénation des stocks

Cascades inc.

	2001	2000

$$\frac{365 \text{ jours}}{\text{Taux de rotation des stocks}} = \frac{365 \text{ jours}}{5,4 \text{ fois}} = 68 \text{ jours} \qquad \frac{365 \text{ jours}}{5,8 \text{ fois}} = 63 \text{ jours}$$

Domtar inc.

	2001	2000

$$\frac{365 \text{ jours}}{\text{Taux de rotation des stocks}} = \frac{365 \text{ jours}}{5,3 \text{ fois}} = 69 \text{ jours} \qquad \frac{365 \text{ jours}}{5,5 \text{ fois}} = 66 \text{ jours}$$

Tembec inc.

	2001	2000

$$\frac{365 \text{ jours}}{\text{Taux de rotation des stocks}} = \frac{365 \text{ jours}}{4,6 \text{ fois}} = 79 \text{ jours} \qquad \frac{365 \text{ jours}}{5,0 \text{ fois}} = 73 \text{ jours}$$

d) **Brève explication de l'évolution du bénéfice net des trois entreprises étudiées pour 2001**

Les trois sociétés appartiennent au même secteur d'activité, mais elles occupent des créneaux différents. Les produits d'emballage représentent le principal champ d'activité de Cascades, tandis que Domtar et Tembec réalisent le gros de leur chiffre d'affaires dans le bois d'œuvre et dans les pâtes et papiers. En 2001, le prix des produits d'emballage s'est maintenu, mais il y a eu affaissement des marchés des pâtes et du bois d'oeuvre. L'étudiant pourra poursuivre son exploration sur le site Internet de ces trois entreprises.

CAF 5-6 Boutiques San Francisco, Reitmans, Suzy Shier, Le Château, Pantorama et les Magasins Hart : l'importance des stocks, la rotation et la période d'aliénation des stocks

a) Importance des stocks en pourcentage de l'actif total

	2002	2001	2000
Boutiques San Francisco	28,6	30,2	28,6
Reitmans	14,0	15,6	12,5
Suzy Shier	19,9	18,5	21,1
Le Château	30,0	32,4	29,0
Pantorama	62,3	55,8	55,1
Magasins Hart	78,4	81,6	26,7

b) Coefficient de rotation des stocks

Généralement, pour le calcul du coefficient de rotation des stocks, on prend au numérateur le coût des marchandises vendues et au dénominateur les stocks moyens de l'année. On compare alors deux données reposant sur les mêmes bases d'évaluation du coût d'origine. Si le coût des marchandises vendues ne figure pas à l'état des résultats, on doit alors, faute de mieux, prendre les ventes au numérateur, ce qui fausse le calcul du ratio puisque le poste au numérateur est évalué au prix de vente et que les stocks au dénominateur sont fondés sur le coût d'acquisition. On gonfle artificiellement le taux de rotation des stocks.

$$\frac{\text{Ventes}}{\text{Stocks moyens de l'année: stocks au début et à la fin divisés par deux}}$$

	2002	2001
Boutiques San Francisco	6,2 fois	6,7 fois
Reitmans	7,1 fois	7,0 fois
Suzy Shier	5,4 fois	5,0 fois
Le Château	8,5 fois	7,7 fois
Pantorama	4,1 fois	4,7 fois
Magasins Hart	3,7 fois	3,4 fois

c) Période d'aliénation des stocks

$$\frac{\text{365 jours}}{\text{Coefficient de rotation des stocks}}$$

	2002	2001
Boutiques San Francisco	59 jours	54 jours
Reitmans	51 jours	52 jours
Suzy Shier	68 jours	73 jours
Le Château	43 jours	47 jours
Pantorama	89 jours	78 jours
Magasins Hart	99 jours	107 jours

d) Impossibilité de déterminer le bénéfice brut à l'état des résultats

Il est malheureusement impossible de calculer le bénéfice brut de ces six entreprises, puisque le normalisateur canadien ne les oblige pas à montrer séparément le coût des marchandises vendues à l'état des résultats.

SOLUTIONS DES CAS D'ANALYSE ET DE RECHERCHE

CAR 5-2 Corporation Ced-Or : le bénéfice brut, la rotation des stocks et la continuité de l'exploitation

a) Bénéfice (perte) brut(e)

	2001	2000
Ventes de bois d'œuvre	10 829 $	80 888 $
Coût des marchandises vendues	8 880	91 730
Bénéfice (perte) brut(e)	1 949 $	(10 842) $
Marge brute en pourcentage	18 %	(13) %

b) Rotation des stocks et période d'aliénation

Rotation des stocks :

$$\frac{\text{Coût des ventes}}{\text{Stocks moyens}} = \frac{8\,880\ \$}{(172\,410\ \$ + 276\,553\ \$) \div 2} = \frac{8\,880\ \$}{224\,482\ \$} = 0,04 \text{ fois}$$

Période de renouvellement des stocks :

$$\frac{365 \text{ jours}}{\text{Taux de rotation des stocks}} = \frac{365 \text{ jours}}{0,04 \text{ fois}} = 9\,125 \text{ jours ou } 25 \text{ ans}$$

c) Réserves quant à la survie ou la continuité de l'exploitation de la société

Plusieurs éléments nous font douter de la capacité de l'entreprise à assurer la continuité de l'exploitation :

- les pertes importantes subies en 2000 et 2001 ;
- l'entreprise a subi une perte brute en 2000 et réalisé un bénéfice brut insignifiant en 2001 ;
- selon la note 1 afférente aux états financiers, la société a suspendu temporairement les activités de la scierie en juin 1999 ;
- les énormes stocks qui demeurent invendus risquent de se déprécier ;
- au 31 août 2001, les dettes à court terme se chiffraient à 3 312 723 $ alors que les actifs à court terme totalisaient seulement 670 444 $;
- au 31 août 2001, la société avait des dettes totales de 7 293 779 $ et plusieurs actifs qui auraient peu de valeur en cas de liquidation forcée.

d) Conséquences sur les états financiers de l'abandon du postulat comptable de la continuité de l'exploitation de l'entreprise

Si on abandonne le postulat comptable de la continuité de l'exploitation de l'entreprise, les principes et les pratiques comptables qui en découlent ne peuvent plus

5

s'appliquer. Ainsi, comme le principe du coût d'origine ne repose plus sur rien, les actifs et les passifs devront être inscrits à leur valeur de liquidation forcée. Les principes comptables de la constatation des produits d'exploitation, du rapprochement des produits et des charges, de l'indépendance des exercices, etc., perdent également leur raison d'être. On pense alors à un bilan présenté dans un contexte de liquidation.

LES ACTIVITÉS DE FINANCEMENT ET D'INVESTISSEMENT :

L'ÉTAT DES FLUX DE TRÉSORERIE

Chapitre 6

RÉPONSES AUX QUESTIONS

2. Les principales rubriques de l'état des flux de trésorerie sont les suivantes :

a) Les entrées de trésorerie provenant de l'exploitation. Cette rubrique décrit la capacité de l'entreprise à générer des fonds par elle-même.

b) Les investissements moins les entrées dues aux dispositions. Cette rubrique décrit les projets mis en œuvre par les gestionnaires, la capacité d'expansion, le dynamisme dans la réalisation de projets tels que l'acquisition de placements et d'immobilisations.

c) Les financements moins les remboursements. Cette rubrique décrit la capacité d'utiliser les capitaux extérieurs provenant des créanciers et des actionnaires. Elle rend compte aussi des fonds consacrés aux dividendes et aux rachats d'actions et à la trésorerie provenant de la liquidation d'immobilisations et de placements.

d) La dernière rubrique concilie de la trésorerie du début et de la fin de l'exercice en tenant compte des entrées ou des sorties nettes de fonds. Les fonds versés en intérêts et en impôts sont aussi indiqués au bas de l'état.

4. Il faut inscrire l'émission d'actions dans la rubrique des financements et le remboursement de la dette en diminution dans cette même rubrique. Sinon, l'émission de 50 M\$ d'actions servant à rembourser 40 M\$ de dettes risquerait d'être présentée au net comme une simple émission d'actions de 10 M\$, ce qui ne constituerait pas une bonne reddition des comptes, une bonne description des actes administratifs distincts.

6. Dans l'enquête de *Financial Reporting in Canada* portant sur un échantillon de 200 entreprises, les opérations de financement les plus souvent mentionnées étaient les suivantes[1] :

	1999	2000
Le produit de l'émission ou les sorties dues au rachat d'actions	174	187
Le produit de l'émission ou du remboursement de dettes	189	184
La diminution du solde de l'obligation relative à un contrat de location-acquisition	19	16
Les transactions relatives à des instruments financiers	n/d	21

1. Clarence Byrd, Ida Chen et Heather Chapman, *Financial Reporting in Canada*, 26e édition, The Canadian Institute of Chartered Accountants, 2001, p. 119.

6

Voici des exemples récents tirés de l'état des flux de trésorerie de quelques entreprises :

Sociétés	Activités de financement	Montant
Astral Média	Augmentation du capital-actions	189 316 000 $
	Dividendes	(6 940 000) $
	Diminution de la dette à long terme	(100 934 000) $
Domtar	Émission d'actions	78 M$
	Dividendes versés	(28) M$
Alcan	Produit de l'émission de la dette à long terme	1 425,3 M$
	Remboursement de la dette à long terme	(220,2) M$
	Dividendes versés	(202,8) M$
	Rachat d'actions	(303,8) M$

8. Notons d'abord que la différence ne concerne que les fonds autogénérés dans la première section. Du point de vue de la présentation à l'état des flux de trésorerie des fonds provenant de l'exploitation, la *méthode directe* consiste à présenter directement l'entrée de trésorerie provenant des ventes ou la sortie engendrée par les grands postes de charges. Mais les entreprises préfèrent largement la méthode indirecte, laquelle consiste à redresser le bénéfice net pour les montants qui n'ont pas fait entrer de trésorerie.

MÉTHODE DIRECTE	**MÉTHODE INDIRECTE**
Ventes 100 $	Présenté en deux montants
Moins : variation d'un élément hors caisse :	Bénéfice net (incluant les ventes de 100 $) 40 $
Augmentation des comptes clients (10)	Moins : variation d'un élément hors caisse :
Montant entrant dans le calcul	Augmentation des comptes clients (10)
de la trésorerie présenté à l'état 90 $	
	Total redressé incluant uniquement le montant de 90 $.

Les deux méthodes donnent évidemment le même montant. Dans le cas qui nous occupe, comme les ventes ont fait partie du calcul du bénéfice net de 40 $ dans une proportion de +100 $, le fait de soustraire 10 $ du bénéfice net pour l'augmentation des comptes clients équivaut à l'addition de seulement 90 $ (100 $ – 10 $). Le résultat est le même selon les deux méthodes : une entrée de trésorerie de 90 $.

SOLUTIONS DES EXERCICES

E 6-2   Le remboursement des fournisseurs

Coût des marchandises vendues	300 000 $
Plus : constitution d'un stock à la fin de 2005	80 000
Moins : stocks déjà présents au début	(100 000)
Achats de 2005	280 000
Moins : achats non payés en 2005 ; comptes fournisseurs à la fin	(40 000)
Plus : achats de 2004 payés en 2005 ; comptes fournisseurs au début	30 000
Sortie de trésorerie en 2005	270 000 $

E 6-4   Le remboursement de la dette à terme

Flux de trésorerie liés aux activités d'exploitation	
Bénéfice net	
Éléments de l'exploitation qui ont affecté des postes hors trésorerie	
Diminution des comptes fournisseurs	(10 000) $
Activités de financement	
Emprunt à long terme (note 1)	50 000
Remboursement de la dette	(40 000)
Note 1 : NOUVEL EMPRUNT EN 2001	
Solde de la dette totale au début (40 000 $ exigible + 260 000 $)	300 000 $
Remboursement en 2001 de la portion exigible à la fin de 2000	(40 000)
Solde postulé sans nouvel emprunt	260 000
Solde réel de la dette fin 2001 (50 000 $ exigible + 260 000 $)	310 000
Nouvel emprunt en 2001	50 000 $

E 6-6   La structure de l'état des flux de trésorerie

Flux de trésorerie liés aux activités d'exploitation	
Bénéfice net	
Moins : gain sur aliénation d'immobilisations (note 1)	(5 000) $
Plus : amortissement (donné)	20 000
	→

Activité d'investissement			
Acquisition d'immobilisation (note 2)			(40 000)
Produit de disposition			25 000
Note 1 : GAIN SUR ALIÉNATION			
Considération reçue			25 000 $
Considération cédée			
Coût d'acquisition de l'immobilisation		30 000 $	
Moins : amortissement cumulé sur ce bien			
Amortissement cumulé au début	30 000 $		
Amortissement de 2005	20 000		
Solde théorique	50 000		
Solde réel	40 000		
Amortissement cumulé radié relatif au bien cédé		10 000	20 000
Gain sur aliénation			5 000 $
Note 2 : ACHATS D'IMMOBILISATIONS			
Solde au début			100 000 $
Radiation en 2005			(30 000)
Solde théorique au 31 décembre 2005			70 000
Solde réel			110 000
Acquisition			40 000 $

E 6-8   La méthode indirecte

Fonds liés à l'exploitation	
Bénéfice net ou perte nette	x $
Éléments sans incidence sur la trésorerie	
Amortissement	11 590
Éléments de l'exploitation qui ont affecté des postes hors trésorerie	
Diminution des comptes clients	35 400
Diminution des stocks	40 800
Augmentation des comptes fournisseurs	96 360
Augmentation des salaires à payer	6 670
Entrée de trésorerie	190 820 $

190 820 $ + x = 87 630 $
x = −103 190 $ (perte)

E 6-10   L'état de flux de trésorerie

a)

Amortissement cumulé au début (donné dans les renseignements supplémentaires — n° 2)	(60 000) $
Amortissement en 2005 (donné dans l'état)	(70 000)
Amortissement cumulé à la fin, solde postulé	(130 000)
Solde réel fin 2005 (donné dans les renseignements supplémentaires — n° 2)	(100 000)
Montant débité lors de l'aliénation	30 000 $

b)

Montant reçu lors de la cession (dans l'état)		60 000 $
Contrepartie cédée		
Coût d'acquisition	x	
Moins : amortissement cumulé (voir a)	(30 000)	$-(x-30\,000)$
Gain sur aliénation (donné dans l'état)		10 000 $

$x = 80\,000$ $, coût d'acquisition de l'immobilisation cédée

c)

Capitaux propres au début (Capital-actions + Bénéfices non répartis)	270 000 $
Bénéfice net 2005 (donné dans l'état)	50 000
Dividendes (payés dans l'état et donnés dans les renseignements supplémentaires — n° 5 ; les dividendes payés et les dividendes déclarés sont les mêmes.)	(70 000)
Émission d'actions en 2005 (dans l'état)	10 000
Capitaux propres à la fin	260 000
Dettes et capitaux propres à la fin (donnés dans les renseignements supplémentaires — n° 3)	600 000
Solde de la dette au 31 décembre 2005	340 000 $

Autrement :

Dette à long terme au début (donnée dans les renseignements supplémentaires — n° 6)	240 000 $
Versement exigible au début (donné dans les renseignements supplémentaires — n° 6)	40 000
Emprunt en 2005 (dans l'état)	100 000
Remboursement de la portion exigible (dans l'état)	(40 000)
Dette totale à la fin	340 000 $

d)

Dettes et capitaux propres	600 000 $
Moins : dettes totales	(340 000)
Capitaux propres	260 000 $

Autrement :

Bénéfices non répartis au début (donnés dans les renseignements supplémentaires — nᵒ 5)	120 000 $
Plus : bénéfice net (dans l'état)	50 000
Moins : dividendes (dans l'état et donnés dans les renseignements supplémentaires — nᵒ 5)	(70 000)
Solde à la fin	100 000
Capital-actions au début (donné dans les renseignements supplémentaires — nᵒ 5)	150 000
Plus : émission d'actions (dans l'état)	10 000
Solde de l'avoir des actionnaires à la fin	260 000 $

E 6-12   La présentation des divers éléments à l'état des flux de trésorerie

a) L'émission d'actions figure dans la section de la trésorerie provenant des activités de financement. Elle sera présentée en augmentation. (Voir l'état consolidé des flux de trésorerie de BCE pour 2000 à la page suivante : 36 M$ moins un rachat de 384 M$.)

b) L'achat d'immobilisations figure dans la section des investissements. Elle sera présentée en diminution de la trésorerie de 4 832 M$. On retranche de cette diminution les fonds issus de la cession d'immobilisations (1 638 M$). (Voir l'état consolidé des flux de trésorerie de BCE pour 2000.)

c) L'augmentation des stocks vient réduire les flux de trésorerie provenant de l'exploitation. Cet élément figure dans la variation des éléments hors trésorerie liée à l'exploitation.

d) Le rachat d'actions est présenté en diminution dans la section des financements. (Voir l'état consolidé des flux de trésorerie de BCE pour 2000 : moins 295 M$ pour le rachat d'actions privilégiées par des filiales.)

e) Le remboursement d'emprunt bancaire est présenté en diminution dans la section des financements. De nouvelles émissions de titres de dettes ou de nouveaux emprunts seront présentés en augmentation dans la même section. Par exemple, en 2001, BCE montrait ce qui suit :

	2001
Flux de trésorerie liés aux activités de financement	
Augmentation (diminution) des effets à payer	(2 744) $
Émission de titres d'emprunt à long terme	2 443
Remboursement de titres d'emprunt à long terme	(1 221)

f) Les dividendes versés sont présentés en diminution dans la section des financements (en diminution des émissions d'actions, le cas échéant). BCE montrait ce qui suit en 2001.

	2001
Flux de trésorerie liés aux activités de financement	
Dividendes versés sur actions ordinaires et privilégiées	(191) $
Émission d'actions ordinaires, d'actions privilégiées, de débentures convertibles et d'effets	
pouvant être réglés en actions par des filiales aux actionnaires sans contrôle	1 459
Rachat d'actions privilégiées par des filiales	(347)

g) L'augmentation des fournisseurs a pour effet d'accroître les fonds provenant de l'exploitation en redressement du bénéfice net, car le coût des marchandises vendues a été déduit en totalité dans le calcul de ce dernier. On ajoute l'augmentation des comptes fournisseurs dans la section des activités d'exploitation à la ligne de la variation des éléments hors trésorerie liée à l'exploitation.

BCE inc.

ÉTAT CONSOLIDÉ DES FLUX DE TRÉSORERIE Exercices terminés le 31 décembre (en millions de dollars)	2000	1999
Flux de trésorerie liés aux activités d'exploitation		
[non montré ici]		
Flux de trésorerie liés aux activités d'investissement		
Dépenses en immobilisations	(4 832) $	(3 588) $
Placements	(4 753)	(2 729)
Cessions	1 638	6 412
Autres éléments	(222)	(127)
	(8 169)	(32)
Flux de trésorerie liés aux activités de financement		
Dividendes versés sur actions privilégiées et ordinaires	(928)	(968)
Dividendes versés par des filiales aux actionnaires sans contrôle	(260)	(163)
Augmentation (diminution) des effets à payer et des avances bancaires	3 538	(191)
Émission de titres d'emprunt à long terme	3 219	2 139
Remboursement de titres d'emprunt à long terme	(1 848)	(2 346)
Rachat d'actions privilégiées par des filiales	(295)	—
Émission d'actions ordinaires	36	152
Achat d'actions ordinaires à des fins d'annulation	(384)	—
Émission d'actions ordinaires, d'actions privilégiées, de débentures convertibles et d'effets pouvant être réglés en actions par des filiales sans contrôle	544	771
Autres éléments	87	57
	3 709 $	(549) $

SOLUTIONS DES CAS D'APPROFONDISSEMENT DE LA MATIÈRE

CAM 6-2   Le Convivial ltée : l'établissement de l'état des flux de trésorerie d'une entreprise récemment mise en marche

Le Convivial ltée

ÉTAT DES FLUX DE TRÉSORERIE
Pour avril 2001

Flux de trésorerie liés aux activités d'exploitation			
Augmentation des stocks de marchandises	(10 000) $		
Moins : augmentation des comptes fournisseurs	9 000	(1 000) $	
Publicité payée d'avance		(2 000)	
Dépôt sur marchandises		(19 000)	(22 000) $
Flux de trésorerie liés aux activités d'investissement			
Acquisition d'une franchise		(78 000)	
Acquisition de terrains		(10 000)	
Acquisition de bâtiments		(90 000)	
Acquisition de matériel de cuisine		(20 000)	
Acquisition de mobilier de restaurant		(25 000)	(223 000)
Flux de trésorerie liés aux activités de financement			
Apport de capital par la propriétaire		100 000	
Produit d'un effet à payer		80 000	
Produit d'un emprunt hypothécaire		90 000	270 000
Augmentation des espèces et des quasi-espèces			25 000
Espèces et quasi-espèces au début			–
Espèces et quasi-espèces à la fin			25 000 $

CAM 6-4   Van Houtte inc. : la comptabilisation des activités d'investissement et de financement

Van Houtte inc.

ÉTAT DES FLUX DE TRÉSORERIE (cité partiellement) (en milliers de dollars) Pour les exercices terminés le 31 mars 2001 et le 1er avril 2000	2001	2000
Flux de trésorerie liés aux activités d'exploitation	52 543 $	41 164 $
Flux de trésorerie liés aux activités d'investissement		
Acquisitions d'entreprises	(49 495)	(23 398)
Acquisitions d'immobilisations	(33 742)	(22 713)
Acquisitions de placements	(458)	–
[...]		➝

Flux de trésorerie liés aux activités de financement		
Émission d'actions à droit de vote subalternes	6 254	1 142
Rachat d'actions à droit de vote subalternes aux fins d'annulation	(6 044)	(3 984)
Augmentation de la dette à long terme	36 348	15 621

CAM 6-6   Vantapression ltée : l'état des flux de trésorerie selon les méthodes directe et indirecte

6

Vantapression ltée

ÉTAT DES FLUX DE TRÉSORERIE
Pour l'année terminée le 31 décembre 2005 (en milliers de dollars)
(méthode directe)

Flux de trésorerie liés aux activités d'exploitation		
Rentrées de trésorerie dues aux ventes (note 1)		3 520 $
Sorties de trésorerie		
Fournisseurs de marchandises (note 2)		(1 180)
Salaires et charges sociales		(725)
Électricité		(75)
Impôts fonciers		(18)
Intérêts débiteurs		(30)
Charges diverses		(10)
Impôts sur les bénéfices (note 3)		(829)
		2 867
Rentrée nette de trésorerie en 2005 due aux activités d'exploitation		653
Flux de trésorerie liés aux activités d'investissement		
Achat de terrains		(80)
Achat de bâtiments et de matériel		(340)
Sortie de trésorerie due aux activités d'investissement		(420)
Flux de trésorerie liés aux activités de financement		
Nouvel emprunt sur effet (note 4)	620 $	
Moins : remboursement d'effets	(320)	300
Émission d'actions	300	
Moins : dividendes payés	(600)	(300)
Rentrées attribuables aux activités de financement		0
Rentrée nette d'espèces et de quasi-espèces		233
Espèces et quasi-espèces au début		150
Espèces et quasi-espèces à la fin		383 $

Au moment de l'établissement de l'état des flux de trésorerie, on commence d'abord par la section qui décrit la trésorerie provenant de l'exploitation. On examine successivement les postes de l'état des résultats et on les convertit en entrées et en sorties de trésorerie.

Note 1: Rentrées dues aux ventes

Ventes de 2005	3 760 $
Moins : ventes de 2005 non encore encaissées (comptes clients de la fin)	(740)
Plus : ventes de 2004 encaissées en 2005 (comptes clients au début)	500
Rentrée de trésorerie	3 520 $

Note 2: Fournisseurs de marchandises

Coût des marchandises vendues	1 100 $
Plus : constitution d'un stock à la fin de 2005	720
Moins : stocks déjà présents au début	(560)
Achats de 2005	1 260
Moins : achats non payés en 2005 (comptes fournisseurs à la fin)	(420)
Plus : achats de 2004 payés en 2005 (comptes fournisseurs au début)	340
Sortie de trésorerie en 2005	1 180 $

D'abord, on note que ce n'est pas le coût des marchandises vendues qui occasionne une sortie de trésorerie, mais bel et bien les achats. En effet, ce sont les factures d'achat que l'on paie. Donc, il faut en premier lieu partir du coût des marchandises vendues de 2005 pour trouver les achats de 2005. On considère que le coût des marchandises vendues correspond aux marchandises qu'on a achetées et que les clients ont utilisées en 2005. On inscrit donc 1 100 $. Mais on a acheté davantage puisqu'on n'a pas seulement enregistré ce que les clients ont utilisé en 2005 ; on a aussi accumulé un stock de 720 $ à la fin de l'exercice de 2005. Il a bien fallu acheter ces marchandises en 2005 puisqu'elles sont sur les rayons ou en entrepôt à la fin de l'année 2005. Donc, on ajoute 720 $ au 1 100 $, ce qui fait 1 820 $ d'achats pour 2005. Mais, il n'a pas été nécessaire d'acheter pour 1 820 $ en 2005, car on avait déjà un stock au début de 2005 provenant des achats de 2004. En effet, il y avait déjà 560 $ provenant des achats de 2004 pour nous aider à supporter le coût des marchandises vendues de 2005, c'est-à-dire les marchandises que les clients ont utilisées. On retranche donc 560 $. Le calcul est donc le suivant : 1 100 $ + 720 $ – 560 $ = 1260 $. On a acheté 1 260 $ de marchandises en 2005.

Mais a-t-on payé en 2005 tous ces achats totalisant 1 260 $? Rappelons-le : on cherche à mesurer la sortie de trésorerie. Non, on n'a pas payé les achats de 2005 au complet en 2005, car il reste pour 420 $ de comptes à payer aux fournisseurs à la fin de 2005.

On déduit donc des achats de 1 260 $ les comptes fournisseurs de la fin (420 $), ce qui donne une sortie de trésorerie de 840 $ (1 260 $ – 420 $). Toutefois, on n'a pas seulement

6

payé une partie des achats de 2005 ; on a aussi payé une certaine portion des achats de 2004 qui ne sont pas compris dans le montant de 1 260 $, lequel se rapporte aux achats de 2005. En effet, on a payé 340 $ des achats de 2004, soit les comptes fournisseurs du début. La sortie de trésorerie pour 2005 en ce qui concerne les achats s'élève à 1 180 $.

Note 3 : Impôts sur les bénéfices

Charge à l'état des résultats	849 $
Moins : impôts non payés en 2005 (impôts à payer à la fin)	(40)
Plus : impôts de 2004 payés en 2005 (impôts à payer au début)	20
Sortie de trésorerie en 2005	829 $

Note 4 : Effets à payer

Solde au début	520 $
Moins : effets remboursés	(320)
Solde sans nouvel emprunt	200
Solde réel au 31 décembre 2005	820
Nouveaux emprunts en 2005	620 $

Vantapression ltée

ÉTAT DES FLUX DE TRÉSORERIE
Pour l'année terminée le 31 décembre 2005 (en milliers de dollars)
(méthode indirecte)

Flux de trésorerie liés aux activités d'exploitation	
Bénéfice net	848 $
Éléments de l'état des résultats sans incidence sur la trésorerie	
Amortissement des immobilisations corporelles	80
Amortissement d'un brevet	25
Éléments de l'état des résultats qui ont eu un effet sur des postes hors trésorerie	
Augmentation des comptes clients	(240)
Augmentation des stocks	(160)
Augmentation des comptes fournisseurs	80
Augmentation des impôts sur les bénéfices à payer	20
Entrée nette de trésorerie provenant de l'exploitation	653 $

La suite est la même dans les deux méthodes.

6

L'exemple fourni par Vantapression ltée montre combien la notion de charges présentée à l'état des résultats pour mesurer la rentabilité peut différer de la notion de sortie de fonds utilisée à l'état des flux de trésorerie pour étudier la solvabilité, la provenance et l'usage judicieux de la trésorerie. Toutefois, tôt ou tard, la charge occasionne nécessairement une sortie de fonds. Le fait que la charge et la sortie de trésorerie ne se présentent pas au cours du même exercice crée un problème de mesure.

CAM 6-8   Merlin Électronique inc. : l'état des flux de trésorerie

Merlin Électronique inc.

ÉTAT DES FLUX DE TRÉSORERIE
Pour l'exercice terminé le 31 décembre 2004 (en milliers de dollars)
(méthode directe)

Flux de trésorerie liés aux activités d'exploitation

Rentrées de trésorerie provenant des clients (note 1)	1 965 $	
Sorties de trésorerie pour régler les fournisseurs (note 2)	(1 414)	
Amortissement (note 3)	–	
Créances douteuses (note 4)	–	
Intérêts (note 5)	(40)	
Perte sur aliénation d'immobilisations (note 6)	–	
Salaires (note 7)	(225)	
Autres frais de vente et d'administration (note 8)	(141)	
Impôts sur les bénéfices (note 9)	(87)	58 $

Flux de trésorerie liés aux activités d'investissement

Acquisition de brevets (note 10)	(16)	
Acquisition d'immobilisations (note 11)	(75)	
Aliénation d'immobilisations (note 6)	6	(85)

Flux de trésorerie liés aux activités de financement

Emprunt obligataire (note 14)	90 $	
Remboursements sur l'emprunt obligataire (note 14)	(50)	40
Émission d'actions ordinaires (note 15)	10	
Dividendes versés (note 12)	(40)	(30)
Emprunt bancaire (note 13)	8	
Remboursement de l'emprunt bancaire (note 13)	(28)	(20)	(10)
Diminution des espèces et des quasi-espèces		(37)
Espèces et quasi-espèces au début		74
Espèces et quasi-espèces à la fin		37 $

Merlin Électronique inc.

ÉTAT DES FLUX DE TRÉSORERIE
Pour l'exercice terminé le 31 décembre 2004 (en milliers de dollars)
(méthode indirecte)

Flux de trésorerie liés aux activités d'exploitation		
Bénéfice net		25 $
Éléments de l'exploitation sans incidence sur la trésorerie		
Amortissement des immobilisations (note 3)	29 $	
Créances douteuses (note 4)	12	
Perte sur aliénation d'immobilisations (note 6)	1	42
Éléments de l'exploitation affectant des postes hors trésorerie		
Augmentation des comptes clients (note 1)	(5)	
Diminution des stocks (note 2)	35	
Diminution des frais payés d'avance (note 8)	2	
Augmentation des comptes fournisseurs	31	
Réduction des impôts à payer (note 9)	(72)	(9)
Flux de trésorerie liés aux activités d'exploitation		58 $

6

Note 1 : Trésorerie provenant des ventes

Ventes		1 970 $
Moins : augmentation des comptes clients		
Comptes clients du début	69 $	
Comptes clients de la fin	(74)	(5)
		1 965 $

Encaisse + Comptes clients	=	Passif	+	Avoir des actionnaires	+	Ventes	−	Charges		
Encaisse +1 965 $	=	Passif	+	Avoir des actionnaires	+	Ventes 1 970 $	−	Charges	−	Comptes clients (+ 5 $)

Note 2 : Montants versés aux fournisseurs

Coût des marchandises vendues		(1 480) $
Plus : achats pour constituer les stocks de la fin	(277) $	
Moins : stock du début	312	
Diminution des stocks		35
Achats de 2004		(1 445)

Moins : comptes fournisseurs de la fin	79	
Plus : comptes fournisseurs du début	(48)	
Augmentation des comptes fournisseurs	31	
Sorties de trésorerie liées au règlement des fournisseurs	(1 414) $	

Encaisse + Stocks	=	Fournisseurs	+	Capital-actions	+	BNR	+	Ventes	−	CMV		
Encaisse −1 414 $	=	Fournisseurs + 31 $	+	Capital-actions	+	BNR	+	Ventes	−	CMV − 1 480 $	−	Stocks − (− 35 $)

Note 3 : Amortissement — immobilisations

MÉTHODE DIRECTE

Aucune soustraction dans la trésorerie, car l'amortissement n'a pas exigé de sortie de trésorerie.

MÉTHODE INDIRECTE

Bénéfice net (incluant − 23 $ − 6 $)	25 $
Plus : amortissement — immobilisations	23
Plus : amortissement — brevets	6

Comme le montant de l'amortissement de 29 $ a été déduit pour parvenir au bénéfice net de 25 $, alors que la sortie de trésorerie a été nulle, il faut redresser en ajoutant 29 $.

	Dt	Ct
Amortissement — immobilisations	23	
Amortissement — brevets	6	
Amortissement cumulé — immobilisations		23
Amortissement cumulé — brevets		6
Caisse		0

(L'amortissement n'a pas eu d'incidence sur la trésorerie, crédit à caisse 0.)

Note 4 : Créances douteuses ou irrécouvrables

Date		Débit	Crédit
2004 12-31	Créances douteuses	12	
	Provision pour créances douteuses		12
	Caisse		0
	(Les charges de créances douteuses n'exigent pas de sorties de trésorerie. Elles ont été retranchées du bénéfice net ; il faut les ajouter au bénéfice net pour reconstituer l'entrée de trésorerie.)		

Note 5 : Sorties de trésorerie pour les intérêts

Les charges sont égales aux sorties de fonds du fait qu'il n'y avait pas d'intérêts à payer au début et à la fin.

Note 6 : Perte sur aliénation de l'équipement et produit de disposition

Montant encaissé lors de la disposition (renseignements supplémentaires)		6 $
Valeur nette cédée		
Coût aux livres	15 $	
Moins : amortissement cumulé (a)	(8)	7
Perte sur disposition		(1) $

À placer en diminution dans la section des investissements.

(a) L'amortissement cumulé radié a été calculé comme suit :

Solde de l'amortissement cumulé au début	(105) $
Plus : amortissement de 2004	(23)
Solde théorique à la fin de 2004	(128)
Solde réel à la fin de 2004	(120)
Amortissement cumulé radié lors de la disposition	8 $

Note 7 : Sorties de trésorerie pour les salaires

Les charges sont égales aux sorties de fonds du fait qu'il n'y avait pas de salaires à payer au début et à la fin.

Note 8 : Sortie de trésorerie pour les autres frais de vente et d'administration

Charges	(143) $
Plus : payé d'avance à la fin	(4)
Moins : payé d'avance au début	6
	(141) $

Note 9 : Impôts sur les bénéfices

Charge à l'état des résultats	(15) $
Moins : impôts non payés en 2004 ; impôts à payer à la fin	17
Plus : impôts de 2003 payés en 2004 ; impôts à payer au début	(89)
Sortie de trésorerie en 2004	87 $

Note 10 : Acquisition de brevets

Solde au début	55 $
Moins : amortissement cumulé crédité directement en 2004	(6)
Solde postulé	49
Solde réel au bilan 31 décembre 2004	65
Acquisition par déduction	16 $

Note 11 : Acquisition d'immobilisations

Solde au début	420 $
Moins : radiation en 2004 (voir renseignements supplémentaires)	(15)
Solde postulé	405
Solde réel au bilan 31 décembre 2004	480
Acquisition par déduction	75 $

Note 12 : Sortie de trésorerie pour les dividendes

Dividendes déclarés en 2004 (état des bénéfices non répartis)	(45) $
Moins : dividendes à payer à la fin	15
Plus : dividendes à payer au début	(10)
	(40) $

Note 13 : Remboursement de l'emprunt bancaire

L'emprunt bancaire de 28 $ du début a été remboursé en 2004. Il faudra montrer le remboursement dans les activités de financement et noter le nouvel emprunt de 8 $ dans la même section.

Note 14 : Entrée de trésorerie relative à l'emprunt obligataire

Solde au début (170 000 $ + 50 000 $)	220 $
Paiement en 2004	(50)
Solde anticipé	170
Solde réel (190 000 $ + 70 000 $)	260
Nouvel emprunt en 2004	90 $

Il faut inscrire le paiement du versement exigible du début (50 $) en diminution dans la section des financements.

Note 15: Entrée de trésorerie due à l'émission d'actions

Solde au début	250 $
Solde à la fin	260
Émission en 2004 (aucun rachat)	10 $

SOLUTIONS DES CAS D'ANALYSE FINANCIÈRE

CAF 6-2 Distribution Éclair ltée: l'état des flux de trésorerie et la compensation du caractère photographique du bilan

Distribution Éclair ltée

ÉTAT DES FLUX DE TRÉSORERIE
Pour l'année terminée le 31 mai 2001
(méthode indirecte)

Flux de trésorerie liés aux activités d'exploitation		
Bénéfice net		150 000 $
Éléments sans incidence sur la trésorerie		
Amortissement du bâtiment	60 000 $	
Amortissement du matériel roulant	30 000	90 000
Variations des éléments hors trésorerie liés à l'exploitation		
Augmentation des stocks de marchandises	(120 000) $	
Augmentation des comptes fournisseurs	5 000	(115 000)
		125 000
Flux de trésorerie liés aux activités d'investissement		
Acquisition de terrains	(40 000)	
Acquisition de bâtiments	(200 000)	
Acquisition de matériel roulant	(50 000)	(290 000)
Flux de trésorerie liés aux activités de financement		
Produit d'un emprunt bancaire	35 000	
Produit d'un emprunt hypothécaire	150 000	
Produit de l'émission d'actions	160 000	
Versement de dividendes	(50 000)	295 000
Augmentation des espèces et des quasi-espèces		130 000
Espèces et quasi-espèces au début		50 000
Espèces et quasi-espèces à la fin		180 000 $

Tout d'abord, observons que l'en-tête de l'état des flux de trésorerie fait référence à une période, qu'il décrit des événements survenus dans « l'année terminée le 31 décembre 2001 ». Cet état est donc comparable à un film. L'en-tête du bilan, du fait qu'il se réfère à la situation de l'entreprise « au 31 décembre 2001 » évoque, quant à lui, une photo. La section des flux de trésorerie liés aux activités d'investissement, retrace le film des événements qui ont fait varier le poste terrain pendant l'année 2001 ; il s'agit ici uniquement d'acquisitions. De même, pour les variations des postes bâtiments et matériel roulant.

La section des flux de trésorerie liés aux activités de financement fournit au lecteur des données sur les opérations qui concilient les postes du bilan sous le rapport des dettes et de l'avoir des actionnaires. Dans le cas qui nous intéresse, nous pouvons observer que les acquisitions ont été financées par des emprunts bancaires et hypothécaires et par l'émission d'actions. Comme les financements (295 000 $) ont excédé les investissements (290 000 $) et que l'exploitation a rapporté 125 000 $, l'état des flux de trésorerie indique que les espèces et les quasi-espèces ont augmenté de 130 000 $. Étant donné que le solde de celles-ci était de 50 000 $ au bilan du 31 mai 2000, l'augmentation de 150 000 $ explique le solde de 180 000 $ au poste des espèces et quasi-espèces au 31 mai 2001.

CAF 6-4   Secteur du transport ferroviaire : le CN et son fonds de roulement

Un fonds de roulement bas

On remarque d'abord que la trésorerie a été ramenée de 307 M$ à 19 M$ en 2000. En 2000, le fonds de roulement était négatif pour 778 M$. L'exploitation a rapporté la jolie somme de 1,128 G$. En 1999, le fonds de roulement était négatif de 250 M$. À la fin de 2000, le coefficient du fonds de roulement était de 1 125 / 1 903 = 0,59, c'est-à-dire que la société ne disposait que de 0,59 $ réalisables à l'intérieur d'un an pour 1 $ de dettes à rembourser. Par exemple, les débiteurs sont de 737 M$ alors que les comptes fournisseurs se chiffrent à 1 393 M$. Le fonds de roulement est bas, mais le CN a des facilités de crédit de 1 000 M$ US. Et, en 2000, le CN n'avait pas utilisé ces facilités de crédit (note 8 du rapport annuel). Le rapport mentionnait aussi que des éléments de la dette à long terme venaient à échéance et étaient renouvelés :

> En 1998, la Compagnie a amorcé un programme de papier commercial, garanti par la facilité de crédit renouvelable du CN. En vertu de ce programme, la Compagnie peut émettre du papier commercial jusqu'à concurrence de 600 M$ sur le principal, ou l'équivalent en dollars US. Le papier commercial vient à échéance au cours de la prochaine année mais a été classé comme dette à long terme, ce qui tient compte de l'intention et de la capacité de la Compagnie de refinancer l'emprunt à court terme par des émissions subséquentes de papier commercial ou par un prélèvement sur les facilités de crédit renouvelables.

Pourquoi racheter ses actions ?

Sans provoquer de dilution pour le reste des actionnaires, une compagnie peut racheter ses actions pour appliquer un programme d'achat d'actions destiné au personnel ou un régime d'options d'achats d'actions conçu pour la direction. L'entreprise a remboursé plus d'un milliard de dettes et a, en même temps, racheté 13 millions d'actions ordinaires au prix moyen de 40,70 $ pour une somme totale de 529 M$. La direction a d'ailleurs fait part de son intention de racheter 10 autres millions d'actions avant le 30 janvier 2002.

Pour avoir un meilleur fonds de roulement

Pour maintenir son fonds de roulement, elle aurait pu renoncer aux dividendes ou remettre à plus tard la réalisation de certains projets d'expansion. D'énormes liquidités (586 M$) ont été consacrées au programme d'immobilisations, et en particulier au remplacement des voies et du matériel roulant. Il est à noter que, malgré la baisse des liquidités, la société a versé pour 149 M$ de dividendes. Toutefois, un emprunt de 860 M$ a contribué au financement.

CAF 6-6   Mines Dubuc ltée : l'effet sur la trésorerie de l'aliénation d'immobilisations, d'une provision pour restauration des lieux et d'un passif d'impôts futurs dû à l'amortissement

Mines Dubuc ltée

BILAN (partiel) Au 31 décembre		2003		2002
ACTIF				
Espèces et quasi-espèces		193 400 $		20 000 $
Équipement	300 000 $		200 000 $	
Amortissement cumulé	(150 000)	150 000	(135 000)	65 000
Autres		75 000		75 000
		418 400 $		160 000 $
PASSIF				
Provision pour restauration des lieux (j)		31 000 $		22 500 $
Passif d'impôts futurs (k)		96 000		30 000
Capital-actions		51 400		40 000
Bénéfices non répartis		240 000		67 500
		418 400 $		160 000 $

Mines Dubuc ltée

ÉTAT DES FLUX DE TRÉSORERIE Pour 2003	
Flux de trésorerie liés aux activités d'exploitation	
Bénéfice net	191 900 $
Éléments sans incidence sur la trésorerie	
Amortissement — équipement (a)	35 000
Frais de restauration des lieux (b)	8 500
Gain sur aliénation d'équipement (c)	(8 000)

➡

Éléments de l'exploitation appliqués à des postes hors trésorerie	
Augmentation du passif d'impôts futurs (d)	66 000
	293 400
Flux de trésorerie liés aux activités d'investissement	
Acquisition d'équipements (e)	(150 000)
Produit de disposition d'équipement (note f)	38 000
Flux de trésorerie liés aux activités de financement	
Émission d'actions (g)	11 400
Dividendes (h)	(19 400)
Augmentation des espèces et quasi-espèces	173 400
Espèces et quasi-espèces au début	20 000
Espèces et quasi-espèces à la fin (i)	193 400 $

a) L'amortissement de l'équipement (35 000 $) n'a pas d'incidence sur la trésorerie.

Date		Débit	Crédit
	Amortissement équipement	35 000	
	Amortissement cumulé		35 000
	Caisse		0

b) Les frais de restauration des lieux n'ont pas d'incidence sur la trésorerie.

Date		Débit	Crédit
	Frais de restauration des lieux	8 500	
	Provision pour restauration des lieux		8 500
	Caisse		0
	(Les sorties auront lieu lorsqu'on amorcera les travaux.)		

c) Voir f. On inscrira l'entrée de fonds en diminution dans les activités d'investissement.

d) Augmentation du passif d'impôts futurs

Date		Débit	Crédit
	Charge d'impôt (état des résultats)	122 600	
	Passif d'impôt futurs		x
	Caisse (donnée)		56 600
	$x = 66\ 000$ $		

Il faut traiter cette augmentation du passif d'impôts futurs comme une charge qui n'a pas exigé de sortie de fonds, car le plein montant de 122 600 $ a été déduit du bénéfice net.

e)   Acquisition d'équipement

Solde au début	200 000 $
Équipement cédé au coût (donné)	50 000
Solde postulé	150 000
Solde réel au bilan au 31 décembre 2003	300 000
Acquisition en 2003	150 000 $

f)   Montant encaissé lors de la disposition d'équipement

Date		Débit	Crédit
	Caisse	x	
	Amortissement cumulé (135 000 $ + 35 000 $ – 150 000 $)	20 000	
	Équipements		50 000
	Gain sur aliénation		8 000
	$x = 38\ 000\ \$$		

g)   Voir la différence entre les capital-actions (51 400 $ – 40 000 $).

h)   Dividendes

Bénéfices non répartis au début	67 500 $
Bénéfice net	191 900
Dividendes	(x)
Bénéfices non répartis à la fin	240 000 $
$x = 19\ 400\ \$$	

Comme il n'y a pas de dividendes à payer au bilan, les dividendes déclarés de 19 400 $ ont déjà été payés.

i)   Les espèces et les quasi-espèces à la fin se trouvent par différence à l'état des flux de trésorerie (193 400 $).

j)   Provision pour restauration des lieux

Solde au début	22 500 $
Frais provisionnés en 2003 (voir b)	8 500
Solde au 31 décembre 2003	31 000 $

k)   Passif d'impôts futurs

Solde au début	30 000 $
Montant crédité en 2003 (voir d)	66 000
Solde à la fin	96 000 $

CAF 6-8   Solidex ltée : l'état des flux de trésorerie et le financement

a)   État des flux de trésorerie selon les méthodes indirecte et directe

Distribution Solidex ltée

ÉTAT DES FLUX DE TRÉSORERIE
Pour l'année terminée le 31 décembre 2003
(méthode indirecte)

Flux de trésorerie liés aux activités d'exploitation		
Bénéfice net		85 450 $
Éléments de l'exploitation sans incidence sur la trésorerie		
Perte sur désuétude des stocks (note 3)	9 000 $	
Amortissement — matériel roulant (note 4)	5 000	
Amortissement — bâtiments (note 4)	5 000	
Amortissement — équipement (note 4)	23 500	
Créances douteuses (note 5)	7 900	50 400
		135 850
Éléments de l'exploitation qui ont affecté des postes hors trésorerie		
Augmentation des comptes clients (note 1)	(109 700)	
Augmentation des stocks (note 2)	(116 200)	(225 900)
		(90 050)
Diminution des comptes fournisseurs (note 2)	(11 500)	
Augmentation des impôts à payer (80 000 $ – 75 000 $)	5 000	(6 500)
Sortie nette de trésorerie attribuable à l'exploitation		(96 550) $

→

Flux de trésorerie liés aux activités d'investissement (note 7)

Achat d'un terrain		(50 000)	
Achat d'un bâtiment		(150 000)	
Achat de matériel roulant		(100 000)	
Achat d'un nouvel équipement	(258 500) $		
Produit de disposition de l'ancien équipement	125 000	(133 500)	(433 500)

Flux de trésorerie liés aux activités de financement

Effet sur l'achat d'équipement et du matériel roulant	213 500	
Emprunt bancaire	100 000	
Emprunt hypothécaire	50 000	
Émission d'actions	100 000	
Dividendes	(30 000)	433 500

Diminution des espèces et quasi-espèces	(96 550)
Espèces et quasi-espèces au début	25 300
Espèces et quasi-espèces à la fin	(71 250) $

6

Distribution Solidex ltée

ÉTAT DES FLUX DE TRÉSORERIE
Pour l'année terminée le 31 décembre 2003
(méthode directe)

Flux de trésorerie liés aux activités d'exploitation

Montants encaissés des clients (note 1)		1 438 300 $
Montants cédés aux fournisseurs (note 2)	1 001 060 $	
Salaires des vendeurs	174 000	
Salaires administration	102 000	
Intérêts sur l'emprunt bancaire	14 000	
Charges générales d'administration	83 340	
Publicité	80 000	
Impôts (note 6)	80 450	1 534 850
Sortie nette de trésorerie attribuable à l'exploitation		(96 550) $

Note 1 : Montants encaissés des clients

Ventes		1 548 000 $
Moins : augmentation des comptes clients		
Comptes clients de la fin	(280 200) $	
Comptes clients du début	170 500	(109 700)
		1 438 300 $

Note 2 : Montants payés aux fournisseurs

Coût des marchandises vendues		(873 360) $
Plus : achats pour constituer les stocks de la fin	(335 200) $	
Moins : stock du début	219 000	
Augmentation des stocks		(116 200)
Achats de 2003		(989 560)
Moins : comptes fournisseurs de la fin	96 500	
Plus : comptes fournisseurs du début	(108 000)	
Diminution des comptes fournisseurs		(11 500)
Sorties de trésorerie liées au règlement des fournisseurs		(1 001 060) $

Note 3 : Perte sur désuétude des stocks

Date		Débit	Crédit
2003 12-31	Perte sur désuétude des stocks	9 000	
	Provision pour désuétude des stocks		9 000

Note 4 : Amortissements

Date		Débit	Crédit
2003 12-31	Amortissement — matériel roulant	5 000	
	Amortissement — bâtiment	5 000	
	Amortissement — équipement	23 500	
	Amortissement cumulé — matériel roulant		5 000
	Amortissement cumulé — bâtiment		5 000
	Amortissement cumulé — équipement		23 500
	Caisse		0
	(Les charges d'amortissement n'exigent pas de sorties de trésorerie.)		

Note 5 : Créances douteuses

Date		Débit	Crédit
2003 12-31	Créances douteuses	7 900	
	Provision pour créances douteuses		7 900
	Caisse		0
	(Les charges de créances douteuses n'exigent pas de sorties de trésorerie.)		

Note 6 : Impôts

Charges d'impôts	85 450 $
Moins : impôts à payer à la fin	(80 000)
Plus : impôts à payer au début	75 000
Sorties de trésorerie	80 450 $

Note 7 : Activités d'investissement en immobilisations

On concilie les soldes des bilans comparatifs :

	Terrain	Bâtiments	Équipement
Solde au début, bilan au 31 décembre 2002	10 000 $	120 000 $	157 500 $
Moins : disposition en 2003	—	—	(157 500)
Plus : acquisition en 2003 (par déduction)	50 000	150 000	258 500
Solde à la fin, bilan au 31 décembre 2003	60 000 $	270 000 $	258 500 $

Détails concernant la disposition d'équipement :

	Équipement	Amortissement cumulé
Solde au bilan du 31 décembre 2002	157 500 $	32 500 $
Disposition d'équipement en 2003	(157 500)	(32 500)
Acquisition en 2003	258 500	
Amortissement en 2003 (état des résultats)		23 500
Solde au 31 décembre 2003	258 500 $	23 500 $

Écriture pour enregistrer la disposition d'équipement

Date		Débit	Crédit
	Encaisse (donné)	125 000	
	Amortissement cumulé	32 500	
	Équipement		157 500

Pourquoi l'exploitation rentable a-t-elle occasionné une sortie de fonds ?

L'exploitation aurait généré 135 850 $, mais on a laissé augmenter les comptes clients et les stocks, ce qui a ramené la trésorerie à 90 050 $. L'augmentation des stocks

(116 200 $) n'a pas été accompagnée d'une hausse du même ordre dans le finance-
ment des fournisseurs. Au contraire, ceux-ci ont baissé de 11 500 $. Les ventes ont
augmenté de 200 000 $, mais une partie importante de ces ventes n'a pas été encaissée
et est allée grossir les comptes clients de 109 700 $. Les créances irrécouvrables de
7 900 $ montrent que la politique consistant à gagner de nouveaux clients en accor-
dant des délais de paiement plus longs fait problème.

b)   Les immobilisations ont-elles été financées adéquatement ?

Les sections financement et investissement montrent que les acquisitions ont été
complètement financées par un emprunt à court terme. En ce qui concerne l'architecture financière, le directeur des ventes a raison d'affirmer que le financement est à
trop court terme, car il aurait fallu 283 500 $ d'emprunt à long terme de plus pour
financer les immobilisations. Les emprunts à court terme ont financé les dividendes.
On aurait pu renoncer aux dividendes si on avait mieux suivi la trésorerie. Mais le
directeur des ventes aurait dû voir que le fait que les produits d'exploitation n'ont pas
été encaissés est aussi responsable du découvert bancaire.

Financement		
Financement à long terme		
Emprunt hypothécaire	50 000 $	
Émission d'actions	100 000	150 000 $
Investissement		
Achat d'un terrain	(50 000)	
Achat d'un bâtiment	(150 000)	
Achat de matériel roulant	(100 000)	
Achat de nouvel équipement	(133 500)	(433 500)
Déficit dans le financement à long terme		(283 500)
Financement à court terme		
Effet sur achat d'équipement	213 500	
Emprunt bancaire	100 000	313 500
		30 000
Dividendes		(30 000)
Fonds utilisés pour répondre aux exigences de l'exploitation		(96 550)
Diminution de trésorerie pendant 2003 amputée à la trésorerie du début		(96 550) $

c)   Que faire pour rétablir la structure financière ?

Il faut s'efforcer de recouvrer les comptes clients et utiliser davantage le financement
par les fournisseurs. Il faut en outre renégocier l'échéance des billets et l'emprunt
bancaire. On pourrait augmenter l'emprunt hypothécaire, car le terrain et l'immeuble constituent une garantie, une possibilité de nantissement de 300 000 $, alors
que l'hypothèque actuelle n'est que de 140 000 $. On émettra de nouveau des actions

lorsque la situation économique se sera améliorée. Il y a lieu de surveiller le contrôle des votes dans l'élection du conseil d'administration.

SOLUTIONS DES CAS D'ANALYSE ET DE RECHERCHE

CAR 6-2   L'état des flux de trésorerie d'une grande entreprise

Le tableau qui suit résume la structure adoptée par Metro inc. pour la présentation de son état des flux de trésorerie, tel qu'il figure dans son rapport annuel 2001, offert dans son site (www.metro.ca).

Metro inc., structure de l'État des flux de trésorerie (en millions de dollars)

Activités	2001 52 semaines
Flux de trésorerie liés aux activités d'exploitation	146,2 $
Flux de trésorerie liés aux activités d'investissement	(109,1)
Flux de trésorerie liés aux activités de financement	(37,1)
Variations nettes des espèces et quasi-espèces et solde au début et à la fin	—

Le financement provient surtout de l'exploitation, mais un montant de 30 M$ est venu des emprunts bancaires. La dette à long terme a diminué. L'investissement principal a été l'acquisition d'immobilisations (106,7 M $).

CAR 6-4   Le fonds de roulement et le ratio du fonds de roulement

À la fin de 2000, Loblaw avait déjà pris des dispositions pour développer son programme d'effets commerciaux qui étaient cotés A-1 par Dominion Bond Rating Service et Standard & Poor's. La situation était donc meilleure au 16 juin 2001. Du 30 décembre 2000 au 16 juin 2001, elle a emprunté 1,040 G$ à long terme et a investi seulement 375 M$ en immobilisations, rétablissant ainsi son fonds de roulement. Voici la nouvelle structure au 16 juin 2001 :

ACT	+	ALT	=	DCT	+	DLT	+	AA
(ACT	−	DCT)	=	DLT	+	AA	−	ALT
3,253 G$	−	2,523 G$	=	3,801 G$	+	3,271 G$	−	6,342 G$

Fonds de roulement	=	Financement à long terme	−	Investissement à long terme
730 M$	=	7,072 G$	−	6,342 G$

Dans cette nouvelle structure, les créanciers à long terme et les actionnaires apportent une somme suffisante (7,072 G$) pour couvrir les investissements à long terme (6,342 G$) et assurer un excédent des actifs à court terme sur les dettes à long terme ou un fonds de roulement de 730 M$ qui fournit un coussin de sécurité aux créanciers à court terme. De plus, quand on analyse un fonds de roulement, il faut avoir égard à la qualité des éléments qui composent ce fonds de roulement. Dans l'alimentation, le stock roule rapidement, il est de bonne qualité et est peu susceptible d'être touché par les variations cyclique de l'économie. Par exemple, au 16 juin 2001, malgré le redressement de sa situation, Loblaw a un poste créditeur de 1,862 G$ pour un stock de 1, 361 G$. Metro inc. fait face à la même difficulté : les créditeurs sont de 427,6 M$ pour un stock de 221,8 M$ au 30 septembre 2000.

Dans le rapport du conseil d'administration de Loblaw aux actionnaires accompagnant les états financiers intermédiaires au 16 juin 2001, on pouvait lire :

> La situation financière de la société demeure solide. Le ratio de la dette totale sur les capitaux propres, soit 0,84:1 à la fin du trimestre de 2001, était comparable à celui de la même période de l'exercice 2000, alors qu'il s'établissait à 0,71:1 au 30 décembre 2000. Ce ratio est généralement supérieur au premier semestre de l'exercice en raison de l'investissement cyclique dans le fonds de roulement. Il devrait s'améliorer pendant le reste de l'exercice, conformément à la tendance habituelle.

Ainsi que l'a montré l'équation donnant le fonds de roulement au 16 juin 2001, Loblaw, pour rétablir son fonds de roulement, a dû mettre à contribution les créanciers à moyen terme.

CAR 6-6   Les postes de l'état des flux de trésorerie

a) La perte sur créances ou les charges de créances douteuses sont des types de charges qui n'exigent pas de sortie de fonds et qui réduisent le bénéfice net ; c'est pourquoi on les ajoute au bénéfice net pour retrouver leur effet neutre. En vue de créer une provision en 2001, on impute à l'année 2001 les frais relatifs aux créances irrécouvrables, car même si les comptes ne sont perdus qu'en 2002, la perte en question est liée à l'activité de 2001. Lorsque la créance est perdue, on débite la provision et on crédite le compte perdu (reprise de la provision).

Date		Débit	Crédit
2001	Créances irrécouvrables		
	Provision pour créances irrécouvrables		
2002	Provision pour créances irrécouvrables		
	Débiteurs		

b) On présente le produit de l'émission de la dette (3 881,9 M$) et le remboursement (1 000,7 M$) au lieu de montrer l'entrée nette de fonds de 2 881,2 M$, car il s'agit de rendre compte des deux actes administratifs. Le remboursement atteste la capacité de rembourser et le nouvel emprunt témoigne de la capacité d'emprunter.

c) Les dividendes ne peuvent faire partie de l'exploitation, car ce ne sont pas des charges qui ont permis de gagner des produits, et ce ne sont pas non plus des investissements comme le sont les investissements en immobilisations. On le présente en diminution dans les financements. Les émissions d'actions sont présentées dans les financements, et on présente la trésorerie retournée aux actionnaires en dividendes en diminution sous la rubrique des financements. Rappelons que les sorties de trésorerie occasionnées par les dividendes doivent être montrées séparément (*Manuel de l'ICCA*, chap. 1540, paragr. 48). À l'état des bénéfices non répartis, ce sont les dividendes déclarés qui sont montrés ; il faut donc faire une conciliation pour trouver la sortie de trésorerie due aux dividendes.

Dividendes déclarés à l'état des bénéfices non répartis	x \$
Plus : dividendes à payer au début	y
Moins : dividendes à payer à la fin	(z)
Sortie de trésorerie liée aux dividendes	w \$

6

Chapitre 7

L'ANALYSE ET L'INTERPRÉTATION DES ÉTATS FINANCIERS

RÉPONSES AUX QUESTIONS

2. Les *coefficients de liquidité et du fonds de roulement* permettent de juger de la capacité de l'entreprise à rembourser ses dettes à court terme. Dans l'exemple suivant, les créanciers à long terme et les propriétaires ont investi suffisamment (600 $) pour couvrir les investissements à long terme (575 $) et pour maintenir un fonds de roulement de 25 $. Ce fonds de roulement est un excédent permanent des actifs à court terme (100 $) sur les dettes à court terme (75 $).

ACT	+	ALT	=	DCT	+	DLT	+	Capitaux propres
(ACT	−	DCT)	=	DLT	+	Capitaux propres	−	ALT
100 $	−	75 $	=	300 $	+	300 $	−	575 $
Fonds de roulement			=	Capitaux à long terme			−	Investissement à long terme

Les *ratios relatifs à la structure financière* mesurent la contribution des propriétaires-actionnaires au financement total de l'entreprise par rapport à celle des créanciers et donnent ainsi un aperçu du risque lié à l'endettement. Si la part des actionnaires est minime, le risque est grand puisque le financement dépend des créanciers, à qui des intérêts fixes doivent être payés en sus du capital. Pour les créanciers, le montant investi par les actionnaires constitue une sorte de garantie. Les propriétaires espèrent bénéficier d'un effet de levier, c'est-à-dire obtenir des prêteurs un financement à un taux inférieur au taux de rendement des opérations, car cet effet de levier est susceptible d'accroître le rendement des actionnaires.

Les *ratios relatifs à l'activité* mesurent la capacité de l'entreprise à générer des ventes avec un montant donné investi dans les ressources (Ventes / Ressources engagées). Les ressources désignent les stocks, les actifs et les immobilisations. Ces ratios renseignent sur l'utilisation des ressources et aident à déceler le surstockage ou l'importance excessive des immobilisations par rapport au volume de ventes.

Les *coefficients de rentabilité,* tels que la marge de bénéfice net ou la marge de bénéfice brut sur les ventes, indiquent si les charges sont bien contrôlées, si l'entreprise vend à un prix compétitif, etc. Le ratio du taux de rendement sur l'actif (Bénéfice net / Actif moyen) mesure le rendement obtenu sur chaque dollar investi en actif. Si les ventes sont bonnes et si les charges sont bien gérées, il devrait être satisfaisant. Enfin, le taux de rendement sur les capitaux propres (Bénéfice net / Capitaux propres moyens) constitue le test ultime. Il permet d'apprécier le rendement obtenu sur le capital investi par rapport à des placements compétitifs. L'utilisation de la dette (ou de l'effet de levier) a généralement pour effet de donner un taux de rendement sur le capital investi plus élevé que le taux de rendement sur l'actif. Il est normal qu'il en soit ainsi, car les capitaux propres sont des capitaux de risque puisque, par exemple, lors d'une faillite, les propriétaires sont payés en dernier. Le risque est compensé par un rendement plus élevé.

4. Les ratios d'activité mettent en rapport les montants de produits obtenus par l'utilisation des ressources et le montant des ressources engagées :

$$\frac{\text{Indice du volume, de l'activité}}{\text{Indice des ressources engagées}} \qquad \frac{\text{Ventes}}{\text{Actif moyen}} \qquad \frac{\text{Ventes}}{\text{Immobilisations moyennes}}$$

$$\frac{\text{Coût des ventes}}{\text{Stocks moyens}}$$

La rotation des stocks permet de s'assurer que l'entreprise n'a pas d'excédents de stocks. Une rotation trop forte est aussi un mauvais signe ; elle signifie généralement que des ventes ont été perdues à la suite de rupture de stock.

La rotation des immobilisations ou des actifs permet de déceler les capacités inutilisées. Le nombre de dollars de ventes obtenu pour chaque dollar d'actif n'est pas le même chez Hydro-Québec (0,19 $) que chez Metro (4,53 $) ; toutefois, Metro ne devrait pas surinvestir par rapport à ses concurrents. Il est normal que la rotation chez Hydro-Québec soit plus faible parce que l'entreprise exige de gros investissements. Par contre, Hydro-Québec obtient une plus grande marge de profit sur chaque dollar de revenu.

	Ventes / Actif moyen	×	Bénéfice net / Ventes	=	Bénéfice net / Actif moyen
Hydro-Québec	0,197	×	0,094	=	0,0186
Metro	4,53	×	0,021	=	0,095

6. Plus le ratio du coefficient du fonds de roulement est élevé, plus les créanciers à court terme s'estiment bien protégés. Cependant, un ratio trop élevé peut être un signe de mauvaise gestion et signifier que certaines ressources restent inutilisées, comme dans le cas d'une accumulation excessive de stocks, qui accroît le risque de désuétude et qui entraîne, outre des frais de financement, des frais d'entreposage inutiles. Des comptes clients élevés peuvent être dus au peu de soin qui a été apporté aux comptes clients, ce qui risque d'entraîner des créances irrécouvrables et des frais de financement du fait du non-encaissement des liquidités.

8. L'émission de dettes à long terme comporte un certain nombre d'avantages :

- l'intérêt est une charge déductible fiscalement, contrairement aux dividendes, ce qui réduit considérablement le coût effectif de la dette. Une entreprise qui emprunte à 10 % et qui est imposée à un taux de 40 % paie en fait 6 % pour sa dette, car son compte d'impôt est réduit de 40 % à 10 % ;

- les obligations ne s'accompagnent habituellement pas d'un droit de vote. À la différence de l'action ordinaire, qui est un titre de propriété, l'obligation est un titre de créance. Lorsque l'entreprise emprunte, les actionnaires n'ont pas à craindre une dilution du contrôle, comme lors de l'émission d'actions ordinaires votantes ;

- l'émission de la dette à long terme peut avoir comme effet d'augmenter le résultat par action si le rendement des projets réalisés avec les fonds empruntés est supérieur au taux d'intérêt après impôts. L'effet de levier accroît parfois le taux de rendement sur l'avoir des actionnaires ;

- même si, théoriquement, la dette se rembourse à l'échéance, il est possible de refinancer les emprunts. On peut aussi recourir à des facilités de crédit renouvelables ou rotatives. On peut rembourser une émission parvenue à terme au moyen d'une autre émission ;

- toutefois, les contrats de prêt renferment des clauses de déchéance de terme, ce qui signifie que le capital peut devenir exigible si l'entreprise est dans l'incapacité d'effectuer les versements en intérêts, en capital ou les versements à un fonds d'amortissement. Les actes de fiducie contiennent parfois des clauses restrictives sur les ratios financiers, la disposition des biens et la déclaration de dividendes. Dans une faillite, les actionnaires sont payés en dernier : ils se partagent la somme qui reste une fois qu'on a désintéressé les créanciers privilégiés et ordinaires. Les créanciers exigent habituellement des garanties.

10. Il faut d'abord déterminer le montant moyen de ventes à crédit par jour, puis calculer le délai de recouvrement des comptes clients.

$$\text{Ventes quotidiennes moyennes :} \frac{\text{Ventes, préférablement ventes à crédit}}{\text{Nombre de jours ouvrables}} = \frac{300 \text{ M\$}}{300 \text{ jours}}$$

$$\text{Délai de recouvrement :} \frac{\text{Comptes clients de la fin}}{\text{Ventes quotidiennes moyennes}} = \frac{30 \text{ M\$}}{1 \text{ M\$}} = 30 \text{ jours}$$

SOLUTIONS DES EXERCICES

E 7-2   Publications Modernes ltée : l'analyse de la rentabilité

a)   Marge de bénéfice net sur les ventes

2004	2005	2006
$\frac{10\,000\,\$}{100\,000\,\$} = 10\,\%$	$\frac{21\,600\,\$}{180\,000\,\$} = 12\,\%$	$\frac{39\,000\,\$}{260\,000\,\$} = 15\,\%$

b)   Rotation de l'actif total

Il faut utiliser l'actif moyen qui a servi à réaliser les ventes.

2004	2005	2006
$\dfrac{100\ 000\ \$}{(50\ 000\ \$ + 50\ 000\ \$) \div 2}$	$\dfrac{180\ 000\ \$}{(50\ 000\ \$ + 108\ 000\ \$) \div 2}$	$\dfrac{260\ 000\ \$}{(108\ 000\ \$ + 195\ 000\ \$) \div 2}$
2 fois	2,28 fois	1,72 fois

c)   Taux de rendement sur l'actif total

Il faut utiliser l'actif moyen ayant servi à réaliser le bénéfice net.

2004	2005	2006
$\dfrac{10\ 000\ \$}{(50\ 000\ \$ + 50\ 000\ \$) \div 2}$	$\dfrac{21\ 600\ \$}{(50\ 000\ \$ + 108\ 000\ \$) \div 2}$	$\dfrac{39\ 000\ \$}{(108\ 000\ \$ + 195\ 000\ \$) \div 2}$
20 %	27,3 %	25,7 %

Pour expliquer le taux de rendement sur l'actif, il faut faire le tableau de l'origine de la rentabilité.

	Rotation de l'actif	×	Marge de bénéfice net	=	Taux de rendement sur l'actif
	$\dfrac{\text{Ventes}}{\text{Actif moyen}}$	×	$\dfrac{\text{Bénéfice net}}{\text{Ventes}}$	=	$\dfrac{\text{Bénéfice net}}{\text{Actif moyen}}$
2004	2	×	0,10	=	0,20
2005	2,28	×	0,12	=	0,273
2006	1,72	×	0,15	=	0,257

En 2005, le taux de rendement sur l'actif total a augmenté sous l'effet combiné de la hausse de la rotation de l'actif et de la marge de bénéfice net. En 2006, la rotation de l'actif a baissé (capacité inutilisée), mais l'augmentation de la marge de bénéfice net sur les ventes a annulé en partie l'effet de la baisse. On a peut-être affaire dans le cas présent à une entreprise en expansion.

E 7-4   Amène ltée : la reconstitution des états financiers à partir des ratios

a) et **b)** Actif à court terme (ACT) et dettes à court terme (DCT)

ACT – DCT = 52 000 $

$\dfrac{\text{ACT}}{\text{DCT}} = 1{,}8$ (coefficient du fonds de roulement)

ACT = 1,8 DCT

Remplacement de ACT par 1,8 DCT dans la première ligne :

1,8 DCT – DCT = 52 000 $

DCT (1,8 – 1) = 52 000 $

$$DCT = \frac{52\ 000\ \$}{0,8}$$

DCT = 65 000 $

ACT – DCT = 52 000 $

ACT = 52 000 $ + 65 000 $

ACT = 117 000 $

DCT = 65 000 $

c) **Valeur des stocks de marchandises au 31 décembre 2006**

$$\frac{ACT - Stocks}{DCT} = Coefficient\ de\ liquidité$$

$$\frac{117\ 000\ \$ - Stocks}{65\ 000\ \$} = 0,85\ fois$$

117 000 $ – Stocks = 0,85 × 65 000 $

117 000 $ – 55 250 $ = Stocks

Stocks = 61 750 $

d) **Comptes clients au 31 décembre 2006**

$$\frac{Comptes\ clients \times 300\ jours}{Ventes} = Délai\ moyen\ de\ recouvrement\ des\ comptes\ clients$$

$$\frac{Comptes\ clients \times 300\ jours}{150\ 000\ \$} = 72\ jours$$

Comptes clients × 300 jours = 10 800 000 $

Comptes clients = 36 000 $

e) **État des résultats**

Amène ltée

ÉTAT DES RÉSULTATS Pour l'exercice terminé le 31 décembre 2006	
Ventes	150 000 $
Coût des ventes (note 1)	92 625
Bénéfice brut	57 375
Frais d'exploitation (note 2)	42 375
Bénéfice net (10 % de 150 000 $)	15 000 $

Note 1 : Coût des ventes

$$\frac{\text{Coût des ventes}}{\text{Stocks fin}} = \text{Taux de rotation des stocks}$$

$$\frac{\text{Coût des ventes}}{61\ 750\ \$} = 1,5 \text{ fois}$$

Coût des ventes = 1,5 fois $\times$ 61 750 \$ = 92 625 \$

Note 2 : Charges d'exploitation

Le montant est obtenu par différence.

E 7-6   Les sources de la rentabilité dans divers secteurs

La structure décrite en a) s'apparente à celle que l'on observe dans la vente au détail. En général, le commerce de détail exige beaucoup moins d'investissements que l'industrie. Le coefficient de la rotation de l'actif est donc plus élevé dans le commerce de détail. Par contre, en raison des exigences minimes en matière d'investissement, la concurrence y est vive, et la marge de profit net réalisée sur chaque dollar de ventes, petite. Par exemple, Rona et Abitibi-Consolidated ont toutes les deux un taux de rendement sur l'actif de 4,9 %, mais Rona l'a réalisé avec une rotation élevée de l'actif (3,6 fois) et une petite marge de profit sur chaque dollar de ventes. Donc, la structure en b) est celle d'une entreprise industrielle puisque la rotation de l'actif est faible. Ces entreprises sont sensibles aux baisses des ventes du fait de leurs investissements en immobilisations spécialisées. Le capital fournit 40 % des ressources, mais il est impossible d'en tirer une conclusion sur le secteur.

	Rotation de l'actif	$\times$	Marge de bénéfice net	=	TRI	$\div$	Ratio de capitalisation	=	TRCI
	$\dfrac{\text{Ventes}}{\text{Actif moyen}}$	$\times$	$\dfrac{\text{Bénéfice net}}{\text{Ventes}}$	=	$\dfrac{\text{Bénéfice net}}{\text{Actif moyen}}$	$\div$	$\dfrac{\text{Avoir moyen des actionnaires}}{\text{Actif moyen}}$	=	$\dfrac{\text{Bénéfice net}}{\text{Avoir moyen des actionnaires}}$
Rona (en milliers de dollars)									
	$\dfrac{1\ 317\ 505}{(450\ 973 + 287\ 926) \div 2}$	$\times$	$\dfrac{18\ 013}{1\ 317\ 505}$	=	$\dfrac{18\ 013}{369\ 450}$	$\div$	$\dfrac{(132\ 658 + 121\ 002) \div 2}{369\ 450}$	=	$\dfrac{18\ 013}{126\ 830}$
	3,566 fois	$\times$	**0,01367**	=	**0,0488**	$\div$	**0,343**	=	**0,142**
Abitibi-Consolidated (en millions de dollars)									
	$\dfrac{5\ 677}{(11\ 255 + 3\ 714) \div 2}$	$\times$	$\dfrac{367}{5\ 677}$	=	$\dfrac{367}{7\ 485}$	$\div$	$\dfrac{(3\ 095 + 1\ 489) \div 2}{7\ 485}$	=	$\dfrac{367}{2\ 292}$
	0,758 fois	$\times$	**0,065**	=	**0,049**	$\div$	**0,306**	=	**0,160**

E 7-8   Le calcul du fonds de roulement

Il faut d'abord calculer le fonds de roulement (actif à court terme moins dettes à court terme), mais ces chiffres absolus doivent être complétés par une mesure relative, le ratio du fonds de roulement (Actif à court terme / Dettes à court terme).

	Domtar inc.	Noranda inc.	Groupe Jean Coutu
Chiffres absolus	388 M$	1,815 G$	431,6 M$
Actif à court terme	1,028 G$	3,213 G$	698,2 G$
Dettes à court terme	640 M$	1,398 G$	266,6 M$
Ratios	1,61	2,3	2,62

En chiffres absolus, c'est Noranda qui a le fonds de roulement le plus élevé, mais c'est le Groupe Jean Coutu qui, en proportion, possède le fonds de roulement le plus élevé. Pour aller plus loin, il faudrait apprécier la qualité des éléments du fonds de roulement et, pour ce faire, évaluer le délai de recouvrement des comptes clients, le taux de rotation des stocks, et le délai de règlement des comptes fournisseurs.

SOLUTIONS DES CAS D'APPROFONDISSEMENT DE LA MATIÈRE

CAM 7-2   Cosmétiques Langelier ltée : l'analyse financière en vue du choix d'un distributeur

a)   Coefficient du fonds de roulement

	Sijeune ltée	Sibelle ltée
$\dfrac{\text{Actif à court terme}}{\text{Dettes à court terme}}$	$\dfrac{160\,000\,\$}{80\,000\,\$} = 2$ fois	$\dfrac{91\,500\,\$}{61\,000\,\$} = 1,5$ fois

Coefficient de liquidité

	Sijeune ltée	Sibelle ltée
$\dfrac{\text{Actif à court terme – Stocks}}{\text{Dettes à court terme}}$	$\dfrac{74\,500\,\$}{80\,000\,\$} = 0,9$ fois	$\dfrac{61\,000\,\$}{61\,000\,\$} = 1$ fois

b)   Délai de recouvrement des comptes clients

	Sijeune ltée	Sibelle ltée
$\dfrac{\text{Ventes quotidiennes}}{\text{365 jours}}$	$\dfrac{358\ 000\ \$}{365\ \text{jours}} = 981\ \$$	$\dfrac{365\ 000\ \$}{365\ \text{jours}} = 1\ 000\ \$$
$\dfrac{\text{Comptes clients}}{\text{Ventes quotidiennes}}$	$\dfrac{58\ 000\ \$}{981\ \$} = 59\ \text{jours}$	$\dfrac{30\ 000\ \$}{1\ 000\ \$} = 30\ \text{jours}$

Rotation des stocks

	Sijeune ltée	Sibelle ltée
$\dfrac{\text{Coût des marchandises vendues}}{\text{Stocks}}$	$\dfrac{257\ 760\ \$}{85\ 500\ \$} = 3\ \text{fois}$	$\dfrac{248\ 200\ \$}{30\ 500\ \$} = 8,1\ \text{fois}$

Sijeune a un meilleur coefficient de fonds de roulement que Sibelle, mais cette dernière a une situation financière plus solide. L'encaisse représente 15,5 % de l'actif de Sibelle comparativement à 8,3 % pour Sijeune. Cette dernière entreprise a relativement trop investi dans les stocks, car la rotation est beaucoup plus élevée chez Sibelle. Il y a risque de désuétude et il se peut qu'elle ait à supporter des frais de maintien et de financement. Le délai de recouvrement des comptes clients de 59 jours est propice à l'apparition de créances irrécouvrables et témoigne d'un manque de rigueur dans la perception des comptes. Les comptes clients sont deux fois plus élevés que ceux de Sibelle malgré un chiffre d'affaires comparable.

À première vue, étant donné son bon coefficient de fonds de roulement, Sijeune ltée semble plus capable que Sibelle de payer ses dettes à court terme, mais l'examen des éléments du fonds de roulement nous oblige à nuancer notre opinion. Sibelle a l'avantage de posséder beaucoup plus de liquidités.

c)   Ratios de rentabilité

Marge de bénéfice brut sur les ventes

	Sijeune ltée	Sibelle ltée
$\dfrac{\text{Bénéfice brut}}{\text{Ventes}}$	$\dfrac{100\ 240\ \$}{358\ 000\ \$} = 0,28$	$\dfrac{116\ 800\ \$}{365\ 000\ \$} = 0,32$

Rotation de l'actif total

	Sijeune ltée	Sibelle ltée
$\dfrac{\text{Ventes}}{\text{Actif total}}$	$\dfrac{358\,000\,\$}{200\,000\,\$} = 1,8 \text{ fois}$	$\dfrac{365\,000\,\$}{200\,000\,\$} = 1,8 \text{ fois}$

Marge de bénéfice net sur ventes

	Sijeune ltée	Sibelle ltée
$\dfrac{\text{Bénéfice net}}{\text{Ventes}}$	$\dfrac{12\,280\,\$}{358\,000\,\$} = 0,034$	$\dfrac{27\,700\,\$}{365\,000\,\$} = 0,076$

Rendement de l'actif total

	Sijeune ltée	Sibelle ltée
$\dfrac{\text{Bénéfice net}}{\text{Actif total}}$	$\dfrac{12\,280\,\$}{200\,000\,\$} = 0,0614$	$\dfrac{27\,700\,\$}{200\,000\,\$} = 0,138$

Rendement de l'avoir des actionnaires

	Sijeune ltée	Sibelle ltée
$\dfrac{\text{Bénéfice net}}{\text{Avoir des actionnaires}}$	$\dfrac{12\,280\,\$}{70\,000\,\$} = 0,175$	$\dfrac{27\,700\,\$}{134\,000\,\$} = 0,207$

Le bénéfice brut de Sibelle est plus élevé que celui de Sijeune. La rotation de l'actif ou la capacité d'obtenir des ventes avec un investissement donné en actif est sensiblement la même dans les deux sociétés. Cependant, le rendement sur les actifs et sur les ventes de Sibelle est deux fois plus élevé que celui de Sijeune. Le rendement moindre de Sijeune ltée est dû au coût des ventes, aux charges d'exploitation et aux charges d'intérêts.

Comme Sijeune est plus endettée (effet de levier), les actionnaires ordinaires bénéficient tout de même d'un rendement de 17,5 %. Mais le risque que comporte le haut degré d'endettement de Sijeune ne peut se comparer avec celui auquel est exposée Sibelle ; celle-ci obtient 20,7 % malgré un endettement modéré. Sibelle dispose encore d'une capacité d'endettement pour réaliser des projets.

d) Ratios d'endettement et de couverture de l'intérêt

Ratios d'endettement

	Sijeune ltée	Sibelle ltée
$\dfrac{\text{Dettes totales}}{\text{Actif total}}$	$\dfrac{130\,000\,\$}{200\,000\,\$} = 0{,}65$	$\dfrac{66\,000\,\$}{200\,000\,\$} = 0{,}33$

Ratios de couverture de l'intérêt

	Sijeune ltée	Sibelle ltée
$\dfrac{\text{Bénéfice net avant intérêts et impôts}}{\text{Charges d'intérêts}}$	$\dfrac{21\,480\,\$}{4\,000\,\$} = 5{,}4 \text{ fois}$	$\dfrac{40\,100\,\$}{400\,\$} = 100 \text{ fois}$

La dette à long terme de Sibelle ltée est minime. Elle dispose d'une marge de crédit, mais elle pèche un peu par excès de prudence en ne se servant pas de l'effet de levier pour multiplier le rendement des actionnaires. Malgré tout, son taux de rendement est de 20,7 %, ce qui lui procure un très bon rendement avec un risque faible. Sijeune utilise trop la dette. Ses possibilités de financement sont réduites, ce qui peut faire problème lorsque le temps sera venu de renouveler ses actifs (forte proportion d'amortissement cumulé). Elle aurait avantage à émettre du capital-actions pendant que le rendement (17,5 %) est encore intéressant. Les deux sociétés couvrent leurs intérêts, mais Sibelle ltée le fait avec plus de facilité.

e) Choix de la société

En résumé, Sijeune ltée est plus solvable, plus rentable et administrée avec plus de prudence. Sijeune ltée a obtenu un rendement moins élevé malgré un plus haut niveau de risque.

Sibelle ltée semble donc être une entreprise plus fiable. Il faut examiner d'autres facteurs, car il s'agit ici de distribution.

Habituellement, on utilise les soldes moyens dans les calculs relatifs à la rotation et à la rentabilité. Nous ne pouvions fournir ces soldes dans le présent exercice.

CAM 7-4 Intell ltée : le calcul des ratios et l'interprétation

a) et **b)**

Ratios de liquidité

1. Coefficient du fonds de roulement

$$\dfrac{\text{Actif à court terme}}{\text{Dettes à court terme}}$$

Intell: $\dfrac{580\ 000\ \$}{250\ 000\ \$} = 2{,}32$ fois

Pantell: $\dfrac{599\ 000\ \$}{159\ 500\ \$} = 3{,}76$ fois

Le fonds de roulement d'Intell est relativement moins important que celui de Pantell. Intell a en outre une dette à long terme qui vient à échéance à 50 M\$ par année. Pantell n'a pas de dettes à long terme; nous verrons si son excès de prudence l'empêche de faire de meilleurs profits.

2. Coefficient de liquidité

$$\frac{\text{Actif à court terme} - \text{Stocks} - \text{Frais payés d'avance}}{\text{Dettes à court terme}}$$

Intell: $\dfrac{580\ 000\ \$ - 356\ 000\ \$ - 3\ 000\ \$}{250\ 000\ \$} = \dfrac{221\ 000\ \$}{250\ 000\ \$} = 0{,}88$

Pantell: $\dfrac{599\ 000\ \$ - 334\ 000\ \$ - 1\ 500\ \$}{159\ 500\ \$} = \dfrac{263\ 500\ \$}{159\ 500\ \$} = 1{,}65$

La situation liquide d'Intell est moins satisfaisante que celle de Pantell. Intell doit absolument vendre des stocks pour payer ses dettes à court terme.

Ratios de la structure financière

3. Ratio d'endettement

$$\frac{\text{Dettes totales}}{\text{Actif total}}$$

Intell: $\dfrac{400\ 000\ \$}{1\ 546\ 000\ \$} = 25{,}9\ \%$

Pantell: $\dfrac{159\ 500\ \$}{1\ 551\ 500\ \$} = 10{,}3\ \%$

Le ratio est excellent dans les deux cas. Les deux sociétés peuvent encore recourir au financement par emprunt pour réaliser des projets, à condition que le rendement soit acceptable.

4. Ratio de capitalisation

$$\frac{\text{Avoir des actionnaires}}{\text{Actif total}}$$

Intell: 74,1 %

Pantell: 89,7 %

Les deux sociétés ont tendance à se financer par l'émission d'actions et par le réinvestissement des profits. Les actionnaires préféreraient sans doute que les sociétés recourent à l'emprunt pour réaliser des projets et accroître le rendement des actions.

Ratios d'activité

5. Rotation des stocks

$$\frac{\text{Coût des ventes}}{\text{Stocks (moyens, si l'on dispose du chiffre)}}$$

Intell: $\dfrac{900\ 000\ \$}{356\ 000\ \$} = 2{,}5$ fois

Pantell: $\dfrac{1\ 470\ 000\ \$}{334\ 000\ \$} = 4{,}4$ fois

Délais d'approvisionnement

Intell: $\dfrac{300\ \text{jours}}{2{,}5} = 120$ jours

Pantell: $\dfrac{300\ \text{jours}}{4{,}4} = 68{,}2$ jours

Pantell gère mieux ses stocks qu'Intell. Elle réalise 900 M$ de plus de ventes en investissant moins dans ses inventaires. Le délai d'approvisionnement d'Intell est beaucoup trop long, et les fonds mobilisés par les stocks pourraient être utilisés ailleurs avec plus de profit sans compter qu'il existe un risque de désuétude.

6. Délai de recouvrement des comptes clients

Ventes quotidiennes: $\dfrac{\text{Ventes}}{300\ \text{jours}}$

Intell: $\dfrac{1\ 200\ 000\ \$}{300} = 4$ M$

Pantell: $\dfrac{2\ 100\ 000\ \$}{300} = 7$ M$

$\dfrac{\text{Comptes clients}}{\text{Ventes quotidiennes}}$

Intell: $\dfrac{216\ \text{M\$}}{4\ \text{M\$}} = 54$ jours

Pantell: $\dfrac{245\ \text{M\$}}{7\ \text{M\$}} = 35$ jours

Les deux entreprises appartiennent au même secteur. Intell accorde peut-être de meilleurs délais, mais le recouvrement est vraiment trop lent. Des pertes en créances douteuses sont à prévoir. On peut céder les comptes clients ou les titriser en cas de besoin de liquidités.

7. Rotation des immobilisations

$$\frac{\text{Ventes}}{\text{Immobilisations (moyennes, si l'on dispose du chiffre)}}$$

Intell: $\dfrac{1\ 200\ 000\ \$}{948\ 500\ \$} = 1,3$ fois

Pantell: $\dfrac{2\ 100\ 000\ \$}{952\ 500\ \$} = 2,2$ fois

La rotation des immobilisations d'Intell est faible. L'entreprise ne réalise que 1,30 $ pour chaque dollar investi en immobilisations. L'écart d'acquisition est dû à l'acquisition de filiales. On a peut-être payé trop cher.

Ratios de rentabilité

8. Marge de bénéfice net sur ventes

$$\frac{\text{Bénéfice net avant postes extraordinaires}}{\text{Ventes}}$$

Intell: $\dfrac{60\ \text{M\$}}{1\ 200\ \text{M\$}} = 0,05$

Pantell: $\dfrac{231\ \text{M\$}}{2\ 100\ \text{M\$}} = 0,11$

La marge de bénéfice net de Pantell est le double de celle d'Intell même si les deux sociétés font le même genre d'affaires. Il faut établir l'état des résultats en pourcentage pour en savoir plus :

ÉTAT DES RÉSULTATS EN POURCENTAGE

	Intell ltée		Pantell ltée	
Ventes (300 jours ouvrables)	1 200 000 $	100 %	2 100 000 $	100 %
Coût des marchandises vendues	900 000	75	1 470 000	70
Bénéfice brut	300 000	25	630 000	30
Charges d'exploitation	240 000	20	399 000	19
Bénéfice net	60 000 $	5 %	231 000 $	11 %

Les charges d'administration coûtent proportionnellement plus cher à Intell et cette entreprise réalise moins de bénéfice brut en pourcentage.

9. Marge de bénéfice brut

$$\frac{\text{Bénéfice brut}}{\text{Ventes}}$$

On remarque dans l'état en pourcentage ci-dessus que la marge de bénéfice brut de Pantell est de 5 % plus élevée que celle d'Intell. Il se peut qu'Intell vende moins cher ou que ses achats lui coûtent plus cher que ceux de Pantell. Il faudra en priorité examiner la situation.

10. Taux de rendement sur l'actif

$$\frac{\text{Bénéfice net}}{\text{Actif (moyen, si l'on dispose du chiffre)}}$$

$$Intell: \quad \frac{60\ \text{M\$}}{1\ 546\ \text{M\$}} = 0,04 \qquad\qquad Pantell: \quad \frac{231\ \text{M\$}}{1\ 551,5\ \text{M\$}} = 0,15$$

Intell a sûrement des capacités inutilisées, car son concurrent fait beaucoup mieux avec ses actifs.

Rotation de l'actif	×	Marge de bénéfice net	=	TRI	÷	Ratio de capitalisation	=	TRCI
$\dfrac{\text{Ventes}}{\text{Actif moyen}}$	×	$\dfrac{\text{Bénéfice net}}{\text{Ventes}}$	=	$\dfrac{\text{Bénéfice net}}{\text{Actif moyen}}$	÷	$\dfrac{\text{Avoir moyen des actionnaires}}{\text{Actif moyen}}$	=	$\dfrac{\text{Bénéfice net}}{\text{Avoir moyen des actionnaires}}$
Intell (millions de dollars)								
$\dfrac{1\ 200\ \text{\$}}{1\ 546\ \text{\$}}$	×	$\dfrac{60\ \text{\$}}{1\ 200\ \text{\$}}$	=	$\dfrac{60\ \text{\$}}{1\ 546\ \text{\$}}$	÷	$\dfrac{1\ 146\ \text{\$}}{1\ 546\ \text{\$}}$	=	$\dfrac{60\ \text{\$}}{1\ 146\ \text{\$}}$
0,776	×	**0,05**	=	**0,0388**	÷	**0,74**	=	**0,052**
Pantell (millions de dollars)								
$\dfrac{2\ 100\ \text{\$}}{1\ 551,5\ \text{\$}}$	×	$\dfrac{231\ \text{\$}}{2\ 100\ \text{\$}}$	=	$\dfrac{231\ \text{\$}}{1\ 551,5\ \text{\$}}$	÷	$\dfrac{1\ 392\ \text{\$}}{1\ 551,5\ \text{\$}}$	=	$\dfrac{231\ \text{\$}}{1\ 392\ \text{\$}}$
1,35	×	**0,11**	=	**0,149**	÷	**0,897**	=	**0,166**

11. Taux de rendement de l'avoir des actionnaires

$$\frac{\text{Bénéfice net}}{\text{Avoir moyen des actionnaires (si l'on dispose du chiffre)}}$$

Intell: 5,2 %

Pantell: 16,6 %

Même si Intell n'est pas très endettée et qu'elle ne présente donc pas un risque trop élevé, les actionnaires ne seront pas satisfaits du rendement de 5,2 %. Ils hésiteront grandement à approuver le réinvestissement des profits; ils se contenteront de percevoir les dividendes et iront investir ailleurs. Le tableau de la rentabilité ci-dessus montre que les problèmes sont dus à la faible rotation: pas assez de ventes pour le volume d'actifs et une marge trop basse qui a sa source dans un bénéfice brut minime. L'effet de levier n'est pas très important; Intell pourrait, si elle le voulait, réaliser des projets avec sa capacité d'emprunt.

c)   **Possibilité de financement d'un projet à 12 %**

	Intell	Pantell
Taux de rendement de l'actif (ci-dessus) après impôts	3,88 %	14,9 %
Possibilité de financement	12,00	12,0
Impôt à 50 %, l'intérêt étant déductible	6,00	6,0
Coût net du financement	6,00	6,0
Bénéfice sur l'investissement additionnel	(2,12) %	8,9 %

Pantell a emprunté à 12 % pour exercer un effet de levier. Pour sa part, Intell devra d'abord redevenir rentable ou s'engager dans d'autres projets. La réussite de Pantell montre que le domaine est rentable, qu'il suffirait qu'Intell contrôle ses coûts et ses prix de vente. L'augmentation de volume entraîne des coûts variables, mais contribue au paiement des frais fixes, des actifs. Si Intell contrôlait mieux ses coûts variables, un projet financé à 12 % lui permettrait d'augmenter sa rentabilité.

CAM 7-6   Néolib inc.: l'analyse des états financiers et le résultat par action

a)   Résultat par action

$$\frac{\text{Bénéfice net avant éléments extraordinaires – Dividendes privilégiés déclarés}}{\text{Nombre moyen d'actions ordinaires en circulation au cours de 2005}}$$

$$\frac{128 \text{ M\$} - 3 \text{ M\$}}{10\ 000\ 000 \text{ d'actions}} = 12,50 \text{ \$}$$

b)   Valeur comptable de l'action ordinaire

Capital-actions ordinaires		400 M$
Bénéfices non répartis		
Solde au début	487 M$	
Perte nette (128 M$ – 165 M)	(37)	
Dividendes déclarés (90 M$ + 3 M$)	(93)	357
		757 M$

Valeur comptable de l'action ordinaire : $\dfrac{757 \text{ M\$}}{10\ 000\ 000\ \text{d'actions}} = 75{,}70\ \text{\$}$

c) **Rendement effectif de l'action ordinaire**

$$\frac{\text{Dividende annuel par action ordinaire}}{\text{Valeur marchande de l'action ordinaire}} = \frac{9\ \text{\$}}{95\ \text{\$}} = 9{,}47\ \%$$

d) **Ratio cours-bénéfice**

$$\frac{\text{Valeur marchande de l'action ordinaire}}{\text{Bénéfice par action}} = \frac{95\ \text{\$}}{12{,}50\ \text{\$}} = 7{,}6\ \text{fois}$$

e) **Rendement théorique de l'action ordinaire**

$$\frac{\text{Bénéfice par action}}{\text{Valeur marchande de l'action}} = \frac{12{,}50\ \text{\$}}{95\ \text{\$}} = 13{,}2\ \%$$

SOLUTIONS DES CAS D'ANALYSE FINANCIÈRE

CAF 7-2   Néofix inc. : l'évaluation d'une entreprise à l'aide de l'état des flux de trésorerie

a) **Raisons ayant motivé l'achat de placements**

La société a acheté un placement à court terme de 400 000 $ en le finançant en partie par la dette à long terme et par l'exploitation. Il y a par conséquent un problème de synchronisation du financement et de l'achat d'immobilisations. L'entreprise avait l'intention de faire autre chose avec cette somme ; elle voulait appliquer un programme d'immobilisations, ce qui a été fait en 2005. Nous ignorons la raison de ce délai. Malheureusement, l'application du programme a amené une perte de 50 000 $ sur la liquidation du placement en 2005.

b) **Raisons du découvert bancaire**

Le solde au début était de 100 000 $, et le découvert était de 50 000 $ à la fin de 2005. D'abord le bénéfice net a été ramené de 340 000 $ à 300 000 $, ce qui a eu un effet sur la trésorerie malgré le fait que l'exploitation ait rapporté 150 000 $ comparativement à 100 000 $ l'année précédente. Il s'agit là d'une progression normale, car les ventes ont augmenté de 27 %, passant de 3 100 000 $ à 3 950 000 $. Toutefois, une partie des fonds d'exploitation a été gelée dans l'augmentation des stocks de 300 000 $. Cette augmentation est anormale, car la rotation des stocks a été ramenée de 6,425 fois à 5 fois. Par ailleurs, l'augmentation des comptes clients de 100 000 $ a eu pour effet de réduire la trésorerie. Mais, ici, cette augmentation est normale, car le délai de recouvrement s'est amélioré (57 jours au lieu de 62,9 jours). Il faut remarquer que les fournisseurs financent 11,4 jours de moins d'achat, 48 jours en 2005 contre 59,4 jours en 2004.

On peut dire que l'achat d'immobilisations a été financé à l'extérieur.

Achat des immobilisations	600 000 $
Liquidation d'un placement (qui avait été financé par un emprunt à long terme)	(350 000)
Emprunt à long terme	(215 000)
Émission d'actions	(35 000)
	– $

Le paiement de dividendes de 200 000 $ a été l'un des principaux facteurs qui ont contribué à créer un découvert bancaire.

c) Gestion des stocks et qualité du fonds de roulement

Coefficient de rotation des stocks

	2005	2004	2003
Coût des ventes / Stocks moyens	$\frac{2\ 500\ \$}{500\ \$} = 5$ fois	$\frac{1\ 767\ \$}{275\ \$} = 6,425$ fois	$\frac{1\ 450\ \$}{200\ \$} = 7,25$ fois
Délai d'approvisionnement	60 jours	46,7 jours	41,4 jours

Les stocks ont augmenté avec les ventes, mais la rotation des stocks a diminué. Le retour à la politique suivie l'année précédente amènerait une entrée progressive de fonds.

$$\frac{\text{Coût des ventes}}{(\text{Stocks du début} + \text{Stocks de la fin}) \div 2} = 6,425 \text{ fois}$$

$$\frac{2\ 500\ 000\ \$}{(350\ 000\ \$ + \text{Stocks de la fin}) \div 2} = 6,425 \text{ fois}$$

Le stock de la fin est de 428 210 $. Il a donc été ramené de 650 000 $ à 428 210 $, ce qui permettrait de récupérer 221 790 $.

Coefficient du fonds de roulement

	2005	2004	2003
Actif à court terme / Dettes à court terme	$\frac{1\ 400\ \$}{950\ \$} = 1,47$	$\frac{1\ 500\ \$}{750\ \$} = 2$	$\frac{750\ \$}{625\ \$} = 1,2$

Le fonds de roulement a baissé, et un découvert bancaire est apparu, mais il faut apprécier aussi la qualité des éléments du fonds de roulement. Cette baisse du fonds de roulement est survenue malgré une augmentation des stocks et une baisse de la rotation des stocks. Donc, le fonds de roulement est plus bas, mais la qualité des stocks — deuxième élément du fonds de roulement en importance — a baissé. Par contre, le délai de recouvrement des comptes clients s'est amélioré, ainsi que nous le verrons.

d) Amélioration du délai de recouvrement des comptes clients

Ventes quotidiennes

$$\text{Ventes quotidiennes}: \frac{\text{Ventes}}{300 \text{ jours}}$$

2005 : $\dfrac{3\,950\,000\,\$}{300 \text{ jours}} = 13\,167\,\$$

2004 : $\dfrac{3\,100\,000\,\$}{300 \text{ jours}} = 10\,333\,\$$

$$\text{Délai de recouvrement} = \frac{\text{Comptes clients}}{\text{Ventes quotidiennes}}$$

2005 : $\dfrac{750\,000\,\$}{13\,167\,\$} = 57 \text{ jours}$

2004 : $\dfrac{650\,000\,\$}{10\,333\,\$} = 62,9 \text{ jours}$

Les liquidités que l'on aurait générées en conservant le délai de l'année précédente se seraient chiffrées à 78 204 $, comme le montre le calcul suivant.

Pour l'année 2005 :

$$\frac{x}{13\,167\,\$} = 62,9 \text{ jours}$$

$x = 828\,204\,\$$

Comptes théoriques – Comptes réels = 828 204 $ – 750 000 $ = 78 204 $

e) Obtention d'un meilleur délai de règlement des comptes fournisseurs

Achats quotidiens ou coût des ventes quotidien

$$\frac{\text{Coût des ventes}}{300 \text{ jours}}$$

2005 : $\dfrac{2\,500\,000\,\$}{300 \text{ jours}} = 8\,333\,\$$

2004 : $\dfrac{1\,767\,000\,\$}{300 \text{ jours}} = 5\,890\,\$$

Délai de règlement = $\dfrac{\text{Comptes fournisseurs}}{\text{Achats quotidiens}}$

2005: $\dfrac{400\,000\,\$}{8\,333\,\$} = 48$ jours

2004: $\dfrac{350\,000\,\$}{5\,890\,\$} = 59,4$ jours

Pour l'année 2005 :

$$\dfrac{x}{8\,333\,\$} = 59,4 \text{ jours}$$

$x = 494\,980\,\$$

Financement supplémentaire : 494 980 $ – 400 000 $ = 94 980 $

f) **Coefficient de rotation de l'actif**

	2005	2004	2003
$\dfrac{\text{Ventes}}{\text{Actif moyen}}$	$\dfrac{3\,950\,\$}{3\,300\,\$} = 1{,}197$ fois	$\dfrac{3\,100\,\$}{2\,705\,\$} = 1{,}146$ fois	$\dfrac{2\,637\,\$}{2\,310\,\$} = 1{,}142$ fois

La rotation des actifs a augmenté malgré une hausse de 600 000 $ dans le montant des actifs. Le chiffre des ventes a augmenté de 27 % et l'actif, de 13 %. L'entreprise a enregistré un volume de ventes plus élevé, mais, paradoxalement, son bénéfice net a baissé.

g) **Modification de la gamme des produits et marges de bénéfice**

Pour trouver les marges de bénéfice brut et de bénéfice net, il faut établir l'état des résultats en pourcentage.

	2005	2004	2003
Ventes	3 950 000 $	3 100 000 $	2 637 000 $
Coût des ventes	2 500 000	1 767 000	1 450 000
Bénéfice brut	1 450 000	1 333 000	1 187 000
Frais de vente et d'administration	1 150 000	993 000	904 000
Bénéfice net	300 000 $	340 000 $	283 000 $

→

Ventes	100 %	100 %	100 %
Coût des ventes	62,3	57	55
Bénéfice brut	36,7	43	45
Frais de vente et d'administration	29,1	32	34,3
Bénéfice net	7,6 %	11 %	10,7 %

La marge de bénéfice brut a été ramenée de 43 % à 36,7 % : la société a probablement introduit des produits à plus petite marge, qui ont eu pour effet d'augmenter le volume de ventes. La marge de bénéfice net a aussi été ramenée de 11 % à 7,6 %. La stratégie consistant à introduire des produits à plus faible marge pour obtenir du volume se défend : faire 11 % sur 100 000 $ de ventes équivaut à faire 5,5 % sur 200 000 $ de ventes. On compense alors la diminution de la marge par une rotation plus rapide. La marge de bénéfice net a baissé malgré une bonne gestion des frais de vente et d'administration. Le problème ne vient pas du manque de contrôle.

h) Tableau de l'origine du rendement

	Rotation de l'actif	×	Marge de bénéfice net	=	TRI	÷	Ratio de capitalisation	=	TRCI
	$\dfrac{\text{Ventes}}{\text{Actif moyen}}$	×	$\dfrac{\text{Bénéfice net}}{\text{Ventes}}$	=	$\dfrac{\text{Bénéfice net}}{\text{Actif moyen}}$	÷	$\dfrac{\text{Avoir moyen des actionnaires}}{\text{Actif moyen}}$	=	$\dfrac{\text{Bénéfice net}}{\text{Avoir moyen des actionnaires}}$
2005	1,197 fois	×	7,59 %	=	9,08 %	÷	0,417	=	21,8 %
2004	1,146 fois	×	10,97 %	=	12,57 %	÷	0,395	=	31,8 %
2003	1,142 fois	×	10,73 %	=	12,25 %	÷	0,383	=	32 %

Ratio d'endettement

	2005	2004	2003
$\dfrac{\text{Dettes}}{\text{Actif total}}$	$\dfrac{2\,040\,\$}{3\,500\,\$} = 58,3\,\%$	$\dfrac{1\,875\,\$}{3\,100\,\$} = 60,5\,\%$	$\dfrac{1\,425\,\$}{2\,310\,\$} = 61,7\,\%$

L'entreprise utilise moins l'effet de levier. Dans le tableau ci-dessus, nous voyons nettement que l'entreprise a accepté une marge de profit moindre pour obtenir un volume plus élevé. Toutefois, le volume n'a pas compensé la baisse de la marge, car le taux de rendement sur l'actif a été ramené de 12,57 % à 9,08 %. Pour conserver le même taux de rendement sur l'actif avec une marge de bénéfice net de 7,59 %, la société aurait dû obtenir un volume de ventes de 5 478 000 $, comme le montre le calcul qui suit :

Rotation de l'actif	×	Marge de bénéfice net	=	TRI
$\dfrac{\text{Ventes}}{\text{Actif moyen}}$	×	$\dfrac{\text{Bénéfice net}}{\text{Ventes}}$	=	$\dfrac{\text{Bénéfice net}}{\text{Actif moyen}}$
x fois	×	7,59 %	=	12,57 %

Il aurait fallu une rotation de 1,66 fois, donc un volume de ventes de 5 478 000 $:

$$\frac{\text{Ventes}}{\text{Actif moyen}} = \frac{x}{3\ 300\ \$} = 1,66 \text{ fois}$$

$x = 5\ 478\ 000\ \$$

Comme le volume actuel est de 3 950 000 $, cela signifierait une hausse des ventes de 1 528 000 $ ou 38,7 %. Il semble donc que les acheteurs sont moins sensibles à la diminution des prix que ne le pensait le président, car l'entreprise aurait dû obtenir un volume beaucoup plus élevé pour réaliser le même profit. Il vaudrait peut-être mieux augmenter les prix pour bonifier la marge de bénéfice brut. Nous avons déjà vu que le problème ne vient pas du contrôle des frais de vente et d'administration.

CAF 7-4 Mondial ltée : les flux de trésorerie et l'analyse des états financiers

a) État des flux de trésorerie

Mondial ltée

ÉTAT DES FLUX DE TRÉSORERIE
Pour l'année terminée le 31 décembre 2002
(méthode directe)

Flux de trésorerie liés aux activités d'exploitation	
Rentrées dues aux ventes (note 1)	332 $
Sortie de trésorerie	
Paiement des fournisseurs (note 2)	(287)
Intérêts	(15)
Publicité (note 3)	(9)
Salaires	(10)
Entretien	(8)
Autres charges	(10)
Impôts (note 4)	(3)
	(342)
Sortie nette de trésorerie due à l'exploitation	(10)
Flux de trésorerie liés aux activités d'investissement	
Achat d'immobilisations	(97)

➜

Flux de trésorerie liés aux activités de financement

Emprunt bancaire	17 $	
Moins : remboursement	(8)	9
Effet à payer		20
Obligations à 13 % (note 6)	0	
Moins : remboursement	(4)	(4)
Obligations 15 % (note 7)		45
Émission d'actions	25	
Dividendes payés (note 5)	(2)	23
		93
Sortie nette d'espèces et quasi-espèces		(14)
Espèces et quasi-espèces au début		16
Espèces et quasi-espèces à la fin		2 $

Mondial ltée

ÉTAT DES FLUX DE TRÉSORERIE
Pour l'année terminée le 31 décembre 2002
(méthode indirecte)

Flux de trésorerie liés aux activités d'exploitation	
Bénéfice net	5 $
Éléments sans incidence sur la trésorerie	
Amortissement	10
Variations des postes hors trésorerie	
Augmentation des comptes clients (note 1)	(8)
Augmentation des stocks de marchandises (note 2)	(15)
Diminution des comptes fournisseurs (note 2)	(2)
Augmentation de la publicité payée d'avance (note 3)	(1)
Augmentation des impôts à payer (note 4)	1
Sortie nette de trésorerie due à l'exploitation	(10) $

(Les autres sections sont les mêmes selon les deux méthodes.)

Note 1 : Rentrées dues aux ventes

Ventes	340 $
Plus : comptes clients au début	4
Moins : comptes clients à la fin	(12)
Augmentation des comptes clients	(8)
Rentrées de trésorerie	332 $

Note 2: Paiement des fournisseurs

Coût des marchandises vendues	270 $
Plus: stocks de la fin	65
Moins: stocks au début	(50)
Augmentation des stocks	15
Achats	285
Moins: comptes fournisseurs à la fin	(18)
Plus: comptes fournisseurs au début	20
Diminution des comptes fournisseurs	2
Sorties de trésorerie	287 $

Note 3: Sortie due à la publicité

Publicité (charge à l'état des résultats)	(8) $
Plus: publicité payée d'avance à la fin	(7)
Moins: publicité payée d'avance au début	6
Augmentation de la publicité payée d'avance	(1)
Sortie	(9) $

Note 4: Sortie due aux impôts

Charge d'impôts	(4) $
Plus: impôt à payer au début	(3)
Moins: impôt à payer à la fin	4
Augmentation des impôts à payer	1
Sortie	(3) $

Note 5: Sortie due aux dividendes

Dividendes à l'état des bénéfices non répartis	(7) $
Plus: dividendes à payer au début	(1)
Moins: dividendes à payer à la fin	6
Sortie	(2) $

Note 6 : Obligations à 13 %

Solde au début (40 $ + 4 $)	44 $
Paiement de la portion exigible	(4)
Solde théorique	40
Solde réel (36 $ + 4 $)	40
Emprunt en 2002	0 $

Note 7 : Obligations à 15 %

Solde au début	0 $
Paiement de la portion exigible	0
Solde théorique	0
Solde réel	45
Emprunt en 2002	45 $

b) Calcul des ratios

	2002	2001
Coefficient du fonds de roulement	1,25 fois	2,11 fois
Rapport de liquidité	0,20 fois	0,55 fois
Rotation des stocks	4,70 fois	4,22 fois
Rotation des immobilisations	3,42 fois	4,81 fois
Délai de paiement des comptes fournisseurs	18,95 jours	29,7 jours
Ratio d'endettement	66 %	57,6 %
Couverture des intérêts	1,6 fois	3,5 fois
Marge de bénéfice brut	20,6 %	25,4 %
Marge de bénéfice net	1,47 %	4,61 %
Taux de rendement sur l'actif (TRI)	2,77 %	9,52 %
Taux de rendement sur l'avoir des actionnaires (TRCI)	7,4 %	23,1 %

	2001	2000	*Industrie*
Coefficient du fonds de roulement			
$\dfrac{\text{Actif à court terme}}{\text{Dettes à court terme}}$			
$\dfrac{86\ \$}{69\ \$}$	1,25 fois		
$\dfrac{76\ \$}{36\ \$}$		2,11 fois	2,0 fois
Rapport de liquidité			
$\dfrac{\text{Actif à court terme} - \text{Stock} - \text{Publicité payée d'avance}}{\text{Dettes à court terme}}$			
$\dfrac{86\ \$ - 65\ \$ - 7\ \$}{69\ \$}$	0,20 fois		
$\dfrac{76\ \$ - 50\ \$ - 6\ \$}{36\ \$}$		0,55 fois	0,60 fois
Rotation des stocks			
$\dfrac{\text{Coût des ventes}}{\text{Stocks moyens}}$			
$\dfrac{270\ \$}{(50\ \$ + 65\ \$) \div 2} = \dfrac{270\ \$}{57,5\ \$}$	4,70 fois		
$\dfrac{194\ \$}{(42\ \$ + 50\ \$) \div 2} = \dfrac{194\ \$}{46\ \$}$		4,22 fois	3,75 fois
Rotation des immobilisations			
$\dfrac{\text{Ventes}}{\text{Moyennes des immobilisations nettes}}$			
$\dfrac{340\ \$}{(143\ \$ + 56\ \$) \div 2} = \dfrac{340\ \$}{99,5\ \$}$	3,42 fois		
$\dfrac{260\ \$}{(56\ \$ + 52\ \$) \div 2} = \dfrac{260\ \$}{54\ \$}$		4,81 fois	4,90 fois
Délai de règlement des fournisseurs			
$\dfrac{\text{Comptes fournisseurs}}{\text{Achats quotidiens}}$			
$\dfrac{18\ \$}{285 \div 300\ \text{jours}}$	18,95 jours		
$\dfrac{20\ \$}{202 \div 300\ \text{jours}}$		29,70 jours	25 jours

Achats = CMV + Stocks à la fin − Stocks au début

Achats 2002 : 270 \$ + 65 \$ − 50 \$ = 285 \$

Achats 2001 : 194 \$ + 50 \$ − 42 \$ = 202 \$

→

7

Ratio d'endettement

$$\frac{\text{Dette}}{\text{Actif}}$$

$\dfrac{150\ \$}{229\ \$}$	66 %		
$\dfrac{76\ \$}{132\ \$}$		57,6 %	40 %

Couverture des intérêts

$$\frac{\text{Bénéfice avant intérêts et impôts}}{\text{Intérêts}}$$

$\dfrac{5\ \$ + 15\ \$ + 4\ \$}{15\ \$}$	1,6 fois		
$\dfrac{12\ \$ + 8\ \$ + 8\ \$}{8\ \$}$		3,5 fois	3,5 fois

Marge de bénéfice brut

$$\frac{\text{Bénéfice brut}}{\text{Ventes}}$$

$\dfrac{70\ \$}{340\ \$}$	20,6 %		
$\dfrac{66\ \$}{260\ \$}$		25,4 %	25 %

Marge de bénéfice net

$$\frac{\text{Bénéfice net}}{\text{Ventes}}$$

$\dfrac{5\ \$}{340\ \$}$	1,47 %		
$\dfrac{12\ \$}{260\ \$}$		4,61 %	3,5 %

Taux de rendement sur l'actif (TRI)

$$\frac{\text{Bénéfice net}}{\text{Actif moyen}}$$

$\dfrac{5\ \$}{(229\ \$ + 132\ \$) \div 2} = \dfrac{5\ \$}{180,5\ \$}$	2,77 %		
$\dfrac{12\ \$}{(132\ \$ + 120\ \$) \div 2} = \dfrac{12\ \$}{126\ \$}$		9,52 %	6 %

Taux de rendement sur le capital investi (TRCI)

$\dfrac{5\ \$}{(79\ \$ + 56\ \$) \div 2} = \dfrac{5\ \$}{67,5\ \$}$	7,40 %		
$\dfrac{12\ \$}{(48\ \$ + 56\ \$) \div 2} = \dfrac{12\ \$}{52\ \$}$		23,10 %	10 %

c) Raisons pour lesquelles il y a eu une sortie de fonds malgré une exploitation rentable

On note d'abord que l'exploitation a généré une sortie nette de fonds de 10 M$ alors que le profit est de 5 M$. L'exploitation aurait fait rentrer 15 M$ n'eussent été les faits suivants. D'abord, on n'a pas seulement acheté des marchandises dont le coût correspond à celui des marchandises vendues, mais on a aussi consacré 15 M$ à l'augmentation des stocks. Les liquidités n'auraient pas été touchées si on avait fait financer ces stocks supplémentaires par les comptes fournisseurs, mais ceux-ci, au contraire, ont diminué de 2 M$ (les ratios montrent qu'on réduit de 10 jours le délai de paiement des comptes fournisseurs). De plus, une partie des ventes n'a pas été encaissée, car on a augmenté les comptes clients de 8 M$. On aurait pu négocier afin d'éviter de payer d'avance une charge telle que la publicité.

Bénéfice net	5 $
Plus : amortissement	10
	15
Augmentation des comptes clients	(8)
Augmentation des stocks de marchandises	(15)
Augmentation de la publicité payée d'avance	(1)
Diminution des comptes fournisseurs	(2)
Augmentation des impôts à payer	1
Sortie nette de trésorerie due à l'exploitation	(10) $

d) Le financement et les liquidités

Achat d'immobilisations	(97) M$
Emprunt bancaire net à court terme	9
Effets à payer à court terme	20
Obligations (montant net)	41
Émission d'actions (25 $, moins dividendes de 2 $)	23
	93 M$

Nous constatons que le financement laisse à désirer. L'expansion vigoureuse a été financée à trop court terme et les ventes n'ont pas suivi en proportion comme nous le verrons plus bas. Ainsi on a acheté pour 97 M$ d'immobilisations avec seulement 93 M$ de financement net. On a financé un achat de 97 M$ d'immobilisations avec 41 M$ d'obligations (nouvelle émission de 45 $ moins le remboursement de 4 M$) et 25 M$ net en émission d'actions (moins 2 M$ en dividendes). Toutefois, la nouvelle émission d'obligations de 45 M$ échoit à trop court terme (2007). L'émission d'actions aurait dû être plus élevée, mais le marché était défavorable. Il aurait mieux valu attendre un redressement du marché des actions, car, avec la baisse de profit, on sera en mauvaise position pour émettre des actions qui permettraient de liquider les dettes venant à échéance bientôt, tel le billet de 20 M$. En conclusion, l'expansion se fait trop rapidement et elle est financée à trop court terme et avec trop de titres de dettes.

Le taux d'endettement est passé de 57,6 % à 66 %, la moyenne de l'industrie était de 40 %. La couverture des intérêts a été ramenée de 3,5 fois — ce qui était dans la moyenne — à 1,6 fois. L'endettement augmente alors que le profit baisse; l'entreprise devra faire face à des échéances à court terme. Le marché a sûrement mis Mondial ltée sous surveillance. Accorder un prêt à Mondial ltée est devenu une chose risquée. Le risque augmente et les bénéfices baissent, ce qui est anormal étant donné que les prêts et les placements plus risqués exigent des rendements plus élevés. Il faudra rééquilibrer la situation par une émission d'actions. Des problèmes de refinancement sont à prévoir.

Le délai de règlement des comptes fournisseurs a été ramené de 29,7 jours à 19 jours (25 jours pour l'industrie.) L'entreprise se prive ainsi d'un financement à bon marché. Toutefois elle paye ponctuellement.

Les liquidités se sont dégradées. Le coefficient du fonds de roulement a été ramené de 2,11 fois à 1,25 fois, comparativement à 2 fois pour l'industrie. On a donc seulement 1,25$ à convertir en argent à l'intérieur d'un an pour 1 $ de dettes à payer en moins d'un an. Les postes très liquides sont faibles: le rapport de liquidité a été ainsi ramené de 0,55 fois à 0,20 fois, comparativement à 0,60 fois pour l'industrie. Nous avons vu à l'état des flux de trésorerie que l'encaisse est maintenant très basse. Ainsi on a acheté pour 97 M$ d'immobilisations avec seulement 93 M$ de financement net, ce qui a réduit les liquidités. Toutefois, il est normal qu'une partie des liquidités générées par l'exploitation serve aux projets à long terme.

e) La gestion des ressources

La rotation des immobilisations a passé de 4,81 fois, ce qui était près de la norme de l'industrie (4,9 fois), à 3,42 fois. Un dollar investi en immobilisations ne rapporte plus maintenant que 3,42 $ de ventes. Une capacité est donc inutilisée, les ventes ne suivent pas les investissements. On ne peut pas dire que les stocks ne roulent pas assez, car la rotation des stocks était déjà plus élevée que celle de l'industrie l'année précédente, 4,22 fois comparativement à 3,75 fois, et cette rotation a encore augmenté pour s'établir à 4,7 fois en 2002. C'est-à-dire que l'industrie a en général 80 jours (300 jours / 3,75 fois) de ventes en stocks, alors que Mondial ltée n'en a plus que 63,8 jours (300 jours / 4,7 fois). La gestion est serrée, trop peut-être pour ce genre d'industrie, car le directeur des ventes mentionne que l'entreprise perd des clients, soit parce qu'elle livre en retard ou soit parce que les stocks en inventaire produits ne sont pas suffisants. Le fait d'orienter les ressources vers l'expansion s'accorde avec la stratégie générale. Les actifs actuels n'ont pas encore atteint leur potentiel et on veut en acquérir d'autres.

f) Le tableau de l'origine de la rentabilité

La marge de bénéfice brut a été ramenée de 25,4 % à 20,6 % alors que la moyenne de l'industrie est de 25 %. Cette baisse de la marge de bénéfice brut est due à l'expansion en Amérique du Sud. On a décidé, pour conquérir ces marchés, de vendre moins cher alors que, au dire du directeur des achats, les coûts d'achat sont stables. Les charges représentent 17,9 % des ventes, comparativement à 17,7 % l'année précédente, ce qui est relativement stable, mais le bon contrôle des salaires qui a fait passer la proportion de ces charges de 4,6 % à 2,9 % (économie de 1,7 %) a été annulé par la hausse des intérêts, qui atteignent maintenant 15 M$ et qui sont passés de 3 % à 4,4 % des ventes. Les intérêts ont miné la rentabilité. L'amortissement des immobilisations a grimpé de 1,5 % à 2,9 %, mais l'investissement a aussi entraîné des frais variables d'entretien, qui sont passés de 1,5 % à 2,4 %. Il en résulte une réduction considérable de la marge de bénéfice net, qui a été ramenée de 4,61 % à 1,47 % (3,5 % pour l'industrie).

L'analyse du tableau de l'origine de la rentabilité révèle que les actifs n'expriment pas encore leur potentiel. Il y a donc une baisse de la rotation jointe à un manque à protéger la marge de bénéfice net sur les ventes. Le taux de rendement sur l'actif a été ramené de 9 % à 2,77 % à cause de la baisse de la rotation de l'actif (le volume de ventes est proportionnellement moins élevé par rapport à l'actif), et le profit réalisé sur chaque dollar de ventes, qui était de 9,5 cents l'an dernier, est maintenant de 2,77 cents. Le TRCI est passé de 23 % à 7,4 %. Les actionnaires n'apprécieront pas cette chute. La situation est dramatique, car l'endettement a accru le risque. L'entreprise utilise davantage la dette et présente un taux de rendement moins élevé. L'industrie en général rapporte un rendement de 10 % aux actionnaires avec un endettement de 40 % seulement. L'effet de levier est plus élevé, car l'effet multiplicateur du TRI et du TRCI est de 1 / 0,374 = 2,67, comparativement à un effet multiplicateur de 1 / 0,41 = 2,44 l'année précédente et de 1,66 pour l'industrie. Étant plus endettée que l'industrie, Mondial ltée devrait obtenir un meilleur rendement que celle-ci.

TABLEAU DE L'ORIGINE DE LA RENTABILITÉ

	Rotation de l'actif	×	Marge de bénéfice net	=	TRI	÷	Ratio de capitalisation	=	TRCI
	$\dfrac{\text{Ventes}}{\text{Actif moyen}}$	×	$\dfrac{\text{Bénéfice net}}{\text{Ventes}}$	=	$\dfrac{\text{Bénéfice net}}{\text{Actif moyen}}$	÷	$\dfrac{\text{Avoir moyen des actionnaires}}{\text{Actif moyen}}$	=	$\dfrac{\text{Bénéfice net}}{\text{Avoir moyen des actionnaires}}$
2002									
	$\dfrac{340\ \$}{(229\ \$ + 132\ \$) \div 2}$	×	$\dfrac{5\ \$}{340\ \$}$	=	$\dfrac{5\ \$}{180,5\ \$}$	÷	$\dfrac{(79\ \$ + 56\ \$) \div 2}{180,5\ \$}$	=	$\dfrac{5\ \$}{67,5\ \$}$
	1,8837 fois	×	0,0147	=	0,0277	÷	0,374	=	0,074
2001									
	$\dfrac{260\ \$}{(132\ \$ + 120\ \$) \div 2}$	×	$\dfrac{12\ \$}{260\ \$}$	=	$\dfrac{12\ \$}{126\ \$}$	÷	$\dfrac{52\ \$}{126\ \$}$	=	$\dfrac{12\ \$}{52\ \$}$
	2,06	×	0,046	=	0,095	÷	0,41	=	0,23

ÉTAT DES RÉSULTATS EN POURCENTAGE

	2002		2001	
Ventes	340 $	100 %	260 $	100 %
Coût des marchandises vendues	270	79,4	194	74,6
Bénéfice brut	70	20,6	66	25,4
Charges d'exploitation				
Amortissement — immobilisations	10	2,9	4	1,5
Intérêts	15	4,4	8	3,0
Publicité	8	2,4	6	2,3
Salaires	10	2,9	12	4,6
Entretien	8	2,4	4	1,5
Autres charges	10	2,9	12	4,6
	61	17,9	46	17,7
Bénéfice avant impôts	9	2,7	20	7,7
Impôts sur les bénéfices	4	1,2	8	3,0
Bénéfice net	5 $	1,5 %	12 $	4,6 %

g) Le bénéfice par action et la valeur de l'action

Bénéfice par action : $\dfrac{5\text{ M\$}}{1\ 000\ 000\text{ d'actions}} = 5$ \$ par action

C'est là le prix théorique que paierait un investisseur qui exige du 10 % ou un ratio cours-bénéfice de 10.

$$\dfrac{\text{Bénéfice par action}}{\text{Prix de l'action, au cours du marché}} = 10\ \%$$

10 % × Prix = 5 $

Prix = 50 $

h) Recommandations

ENTRÉE DE TRÉSORERIE

Ramener le délai des comptes fournisseurs à celui de l'an dernier	10,2 $
Émission d'actions à la demande de l'investisseur mexicain	48,0
Acceptation de l'offre de refinancement à 12 %	85,0
Total	143,2 $

SORTIE DE TRÉSORERIE

Diminution de la rotation des stocks en vue de la rapprocher de la moyenne de l'industrie	14,6 $
Règlement de la dette bancaire exigible	17,0
Paiement de l'effet à payer	20,0
Règlement de la dette obligataire exigible	4,0
Règlement des obligations à long terme les plus coûteuses (15 %) à la suite du refinancement à 12 %	45,0
Baisse des obligations à 13 %	36,0
Total	136,6 $

Émettre un million d'actions ordinaires à 48 $ (48 000 000 $).

Faire passer le délai de paiement des comptes fournisseurs de 18,95 jours à 29,70 jours. L'entreprise achète quotidiennement pour 950 000 $ (285 000 000 $ / 300 jours). En augmentant le financement de 10,75 jours (29,70 jours – 18,95 jours), on pourrait progressivement obtenir plus d'encaisse (l'augmentation d'un passif permet d'augmenter les fonds) : 10,75 jours × 950 000 $ / jour = 10 212 500 $.

Accepter l'offre de financement à 12 % pour les 85 M$ d'obligations en circulation.

La rotation des stocks pourrait être ramenée au niveau de l'industrie (de 4,7 fois à 3,75 fois). On a actuellement 63,83 jours de stocks en inventaire (300 jours / 4,7 fois) ; dans l'industrie, on conserve en moyenne les stocks pendant 80 jours (300 jours / 3,75). Il faudrait donc investir progressivement (l'augmentation d'actif entraîne une sortie de fonds) 16,17 jours de plus dans les stocks (80 jours – 63,83 jours). On écoule quotidiennement 900 000 $ par jour (Coût des ventes / 300 jours = 270 M$ / 300 jours). Il faudrait donc avoir 14 553 000 $ en plus (16,17 jours × 900 000 $).

D'abord il conviendrait de liquider l'emprunt bancaire à court terme de 17 000 000 $.

Puis on règlerait les obligations exigibles (4 000 000 $).

Ensuite, on règlerait les obligations les plus coûteuses (15 %) : 45 millions de dollars.

CAF 7-6 Groupe Sporvet ltée : l'analyse et l'interprétation des états financiers

a) État des flux de trésorerie

Groupe Sportvet ltée

ÉTAT DES FLUX DE TRÉSORERIE
Pour l'année terminée le 31 décembre 2005 (en milliers de dollars)

Flux de trésorerie liés aux activités d'exploitation	
Bénéfice net	33 830 $
Éléments de l'état des résultats sans incidence sur la trésorerie	
Amortissement des immobilisations	20 898

➡

Éléments de l'état des résultats qui ont eu un effet sur des postes hors trésorerie

Augmentation des comptes clients	(4 388) $	
Augmentation des stocks	(91 347)	
Augmentation des comptes fournisseurs	52 131	
Diminution des frais payés d'avance	47	(43 557)
Entrées nettes de fonds attribuables à l'exploitation		11 171

Flux de trésorerie liés aux activités de financement

Utilisation des facilités de crédit à court terme	17 094	
Remboursement du capital de la dette à long terme	(435)	
Créances liées à l'achat d'une chaîne de magasins	10 000	
Emprunt à terme	5 000	
Emprunts hypothécaires	31 685	
Émission d'actions	5 456	
Dividendes	(8 715)	60 085

Flux de trésorerie liés aux activités d'investissement

Achat de terrains	(140)	
Achat de bâtiments	(193)	
Achat de mobilier et agencements	(13 287)	
Achat de matériel roulant	(4 429)	
Améliorations locatives	(30 932)	
Achat de marques de commerce	(34 811)	(83 792)
Sortie nette d'encaisse		(12 536)
Espèces et quasi-espèces au début		13 030
Espèces et quasi-espèces à la fin (découvert)		494 $

Note 1 : ÉCRITURE FICTIVE QUI RÉSUME L'ACTIVITÉ DE L'ANNÉE EN CE QUI CONCERNE L'EXPLOITATION

	Débit	Crédit
Coût des marchandises vendues	501 910	
Charges (intérêts, impôts, frais généraux…)	215 532	
Amortissement (poste sans incidence sur la trésorerie)	20 898	
Comptes clients (augmentation d'un poste hors trésorerie)	4 388	
Stocks (augmentation d'un poste hors trésorerie)	91 347	
Caisse (augmentation d'un poste de trésorerie)	11 171	
Ventes		587 197
Produits de franchises		184 973
Frais payés d'avance (diminution d'un poste hors trésorerie)		47
Amortissement cumulé		20 898
Comptes fournisseurs (augmentation d'un poste hors trésorerie)		52 131

b)   Calcul de 11 ratios

	2005	2004
1) Coefficient du fonds de roulement	1,32	1,51
2) Ratio d'endettement	63,9 %	56,5 %
3) Ratio dette à long terme / capitaux propres	40,8 %	25,4 %
4) Couverture des intérêts par les fonds d'exploitation	1,46 fois	1,33 fois
5) Couverture de la dette par les fonds d'exploitation	3,9 %	1,84 %
6) Délai moyen de recouvrement des comptes clients	16 jours	19,8 jours
7) Délai moyen de paiement des comptes fournisseurs	100 jours	99,7 jours
8) Rotation des stocks	2,465 fois	2,96 fois
9) Délai d'épuisement des stocks	148 jours	123 jours
10) Rotation des immobilisations	6,1054 fois	6,06 fois
11) Chiffre d'affaires par employé	90 843 $	86 001 $

7

	2005	2004
1) Coefficient du fonds de roulement		
$\dfrac{\text{Actif à court terme}}{\text{Dettes à court terme}}$		
$\dfrac{290\ 233\ \$}{220\ 121\ \$}$	1,32	
$\dfrac{207\ 081\ \$}{137\ 299\ \$}$		1,51
2) Ratio d'endettement		
$\dfrac{\text{Dettes}}{\text{Actif}}$		
$\dfrac{286\ 178\ \$}{448\ 152\ \$}$	63,9 %	
$\dfrac{170\ 703\ \$}{302\ 106\ \$}$		56,5 %
3) Ratio dette à long terme / capitaux propres		
$\dfrac{66\ 057\ \$}{161\ 974\ \$}$	40,8 %	
$\dfrac{33\ 404\ \$}{131\ 403\ \$}$		25,4 %
4) Couverture des intérêts par les fonds d'exploitation		
$\dfrac{\text{Fonds provenant de l'exploitation}}{\text{Intérêts}}$		

→

$$\frac{11\ 171\ \$}{7\ 658\ \$}$$ 1,46 fois

$$\frac{3\ 145\ \$}{2\ 368\ \$}$$ 1,33 fois

5) Couverture de la dette par les fonds d'exploitation

$$\frac{\text{Fonds provenant de l'exploitation}}{\text{Dettes}}$$

$$\frac{11\ 171\ \$}{286\ 178\ \$}$$ 3,9 %

$$\frac{3\ 145\ \$}{170\ 703\ \$}$$ 1,84 %

6) Délai de recouvrement des comptes clients

$$\frac{\text{Comptes clients moyens}}{\text{Ventes quotidiennes}}$$

$$\frac{(35\ 988\ \$ + 31\ 600\ \$) \div 2}{(772\ 170\ \$ / 365\ \text{jours})} = \frac{33\ 794\ \$}{2\ 116\ \$}$$ 16 jours

$$\frac{(31\ 600\ \$ + 28\ 200\ \$) \div 2}{(550\ 753\ \$ / 365\ \text{jours})} = \frac{29\ 900\ \$}{1\ 508\ \$}$$ 19,8 jours

7) Délai moyen de paiement des comptes fournisseurs

$$\frac{\text{Comptes fournisseurs}}{\text{Achats quotidiens}}$$

$$\frac{(188\ 995\ \$ + 136\ 864\ \$) \div 2}{(593\ 257\ \$ / 365\ \text{jours})} = \frac{162\ 930\ \$}{1\ 625\ \$}$$ 100 jours

$$\frac{(136\ 864\ \$ + 103\ 456\ \$) \div 2}{(439\ 943\ \$ / 365\ \text{jours})} = \frac{120\ 160\ \$}{1\ 205\ \$}$$ 99,7 jours

8) Rotation des stocks

$$\frac{\text{Coût des marchandises vendues}}{\text{Stocks moyens}}$$

$$\frac{501\ 910\ \$}{(249\ 270\ \$ + 157\ 923\ \$) \div 2} = \frac{501\ 910\ \$}{203\ 597\ \$}$$ 2,465 fois

$$\frac{380\ 020\ \$}{(157\ 923\ \$ + 98\ 000\ \$) \div 2} = \frac{380\ 020\ \$}{127\ 962\ \$}$$ 2,97 fois

9) Délai d'épuisement des stocks

$$\frac{\text{Nombre de jours ouvrables}}{\text{Rotation des stocks}}$$

$$\frac{365\ \text{jours}}{2,465\ \text{fois}}$$ 148 jours

$$\frac{365\ \text{jours}}{2,97\ \text{fois}}$$ 123 jours →

Commerce		
Achats On achète 1 625 $ / jour	**Stocks** Réduire de 148 jours à 123 jours	**CMV** On écoule 1 375 $ / jour

Si, de 148 jours, on revenait à 123 jours comme l'année précédente, on pourrait utiliser :
25 jours × 1 375 $ par jour = 34 375 $ pour autre chose.

10) Rotation des immobilisations

$$\frac{Ventes}{Immobilisations\ moyennes}$$

$$\frac{772\ 170\ \$}{(157\ 919\ \$ + 95\ 025\ \$) \div 2} = \frac{772\ 170\ \$}{126\ 472\ \$} \qquad 6,1054\ fois$$

$$\frac{550\ 753\ \$}{(95\ 025\ \$ + 86\ 780\ \$) \div 2} = \frac{550\ 753\ \$}{90\ 903\ \$} \qquad 6,06\ fois$$

11) Chiffre d'affaires par employé

$$\frac{772\ 170\ 000\ \$}{8\ 500\ employés\ en\ moyenne} \qquad 90\ 843\ \$$$

$$\frac{550\ 753\ 000\ \$}{6\ 404\ employés\ en\ moyenne} \qquad 86\ 001\ \$$$

c) Tableau d'interaction des ratios dans l'origine de la rentabilité

	Rotation de l'actif	×	Marge de bénéfice net	=	TRI	÷	Ratio de capitalisation	=	TRCI
	$\frac{Ventes}{Actif\ moyen}$	×	$\frac{Bénéfice\ net}{Ventes}$	=	$\frac{Bénéfice\ net}{Actif\ moyen}$	÷	$\frac{Avoir\ moyen\ des\ actionnaires}{Actif\ moyen}$	=	$\frac{Bénéfice\ net}{Avoir\ moyen\ des\ actionnaires}$
2005	$\frac{772\ 170\ \$}{375\ 129\ \$}$	×	$\frac{33\ 830\ \$}{772\ 170\ \$}$	=	$\frac{33\ 830\ \$}{375\ 129\ \$}$	÷	$\frac{146\ 689\ \$}{375\ 129}$	=	$\frac{33\ 830\ \$}{146\ 689\ \$}$
	2,0584 fois	×	**0,0438**	=	**0,09**	÷	**0,391**	=	**0,23**
2004	$\frac{550\ 753\ \$}{270\ 383\ \$}$	×	$\frac{8\ 977\ \$}{550\ 753\ \$}$	=	$\frac{8\ 977\ \$}{270\ 383\ \$}$	÷	$\frac{124\ 497\ \$}{270\ 383\ \$}$	=	$\frac{8\ 977\ \$}{124\ 497\ \$}$
	2,0369 fois	×	**0,0163**	=	**0,0332**	÷	**0,46**	=	**0,072**

d) et **e)** Marques maison, hausse du bénéfice brut et contrôle des coûts

	2005	2004
$\dfrac{\text{Bénéfice brut}}{\text{Ventes}}$		
$\dfrac{270\ 260\ \$}{772\ 170\ \$}$	35 %	
$\dfrac{170\ 733\ \$}{550\ 753\ \$}$		31 %
Frais d'exploitation des magasins	18 %	17 %
Frais généraux et administratifs	6 %	8 %
Amortissement	2,71 %	2,85 %
Intérêts	1 %	0,43 %
Total de ces quatre postes	27,7 %	28,3 %

Par rapport à l'année précédente, les charges d'exploitation sont contrôlées et elles ont même diminué en moyenne. Les frais d'exploitation des magasins ont augmenté de 1 %, mais cependant les coûts en personnel paraissent justifiés étant donné qu'on réalise un chiffre d'affaires de 90 843 $ par employé, comparativement à 86 001 $ l'année précédente et à 85 000 $ pour la concurrence. Pour peu qu'on considère les frais d'exploitation des magasins, il apparaît que les magasins à grande surface ne procurent pas dans tous les cas des baux intéressants. On a fait des économies en ce qui concerne les frais généraux et administratifs. Les intérêts coûtent plus cher en proportion, car le taux d'endettement est passé de 56,5 % à 63,9 %. En fait, pour les quatre postes des frais d'exploitation, on observe une baisse relative. L'augmentation de 4 % de la marge de bénéfice brut a entraîné une hausse de 2,69 % de la marge de bénéfice net (après impôts).

f) Rotation des immobilisations et des actifs

		2005	2004
Rotation des immobilisations corporelles $\dfrac{\text{Ventes}}{\text{Immobilisations corporelles moyennes}}$			
$\dfrac{772\ 170\ \$}{(120\ 525\ \$ + 92\ 442\ \$) \div 2}$	$= \dfrac{772\ 170\ \$}{106\ 484\ \$}$	7,25 fois	
$\dfrac{550\ 753\ \$}{(92\ 442\ \$ + 84\ 580\ \$) \div 2}$	$= \dfrac{550\ 753\ \$}{88\ 511\ \$}$		6,22 fois
Rotation des immobilisations nettes totales			
$\dfrac{772\ 170\ \$}{(157\ 919\ \$ + 95\ 025\ \$) \div 2}$	$= \dfrac{772\ 170\ \$}{126\ 472\ \$}$	6,10 fois	→

$$\frac{550\ 753\ \$}{(95\ 025\ \$ + 86\ 780\ \$) \div 2} = \frac{550\ 753\ \$}{90\ 903\ \$} \qquad\qquad 6{,}06\ \text{fois}$$

Rotation des actifs (voir le tableau de l'origine de la rentabilité)	2,06	2,04

Le volume d'activité par rapport aux investissements en actifs n'a pas continué d'augmenter de façon notable. Toutefois, le directeur des achats a raison de dire que la location de locaux dans les centres commerciaux a eu pour effet d'améliorer la rotation des immobilisations corporelles. L'augmentation des immobilisations incorporelles et la baisse de la rotation des stocks ont réduit la rotation de l'actif. La stratégie consistant à acheter des marques a augmenté les marges de bénéfice brut et de bénéfice net. On a donc choisi d'accroître l'investissement en immobilisations incorporelles, ce qui a eu un effet négatif sur la rotation, mais un effet positif sur la marge de bénéfice net. L'entreprise a été bien inspirée, car le taux de rendement sur les actifs a grimpé de 3,32 % à 9 % (voir c dans le tableau de l'interaction des ratios).

g) La gestion du fonds de roulement

Le coefficient du fonds de roulement a été ramené de 1,51 à 1,32 de 2004 à 2005. Le délai de recouvrement des comptes clients a été réduit de 3,8 jours, passant de 19,8 jours à 16 jours. Le délai de paiement des fournisseurs est resté sensiblement le même. Cependant, le délai d'épuisement des stocks s'est considérablement allongé, passant de 123 jours à 148 jours. La rotation des stocks a été ramenée de 2,96 fois à 2,465 fois. On observe donc une certaine dégradation de la qualité des éléments du fonds de roulement.

On épuise actuellement pour 1,375 M$ de marchandises quotidiennement (coût des marchandises vendues : 501 910 000 $ / 365 jours). Si on retrouvait le délai d'épuisement de l'année précédente, on réduirait l'inventaire de 25 jours (148 jours – 123 jours) et on augmenterait progressivement les liquidités de 34,37 M$ (25 jours × 1,375 M$ / jour).

h) Le résultat par action et le ratio cours-bénéfice

Résultat par action pour 2005 :

$$\frac{\text{Bénéfice net}}{\text{Nombre moyen pondéré d'actions en circulation}}$$

$$\frac{33\ 830\ 000\ \$}{(27\ 622\ 447 \times 6\ \text{mois} \div 12\ \text{mois}) + (27\ 319\ 336 \times 6\ \text{mois} \div 12\ \text{mois})}$$

$$\frac{33\ 830\ 000\ \$}{27\ 470\ 891\ \text{actions}} = 1{,}23\ \$$$

Ratio cours-bénéfice au 31 décembre 2005 :

$$\frac{\text{Cours}}{\text{Résultat par action}} \qquad \frac{21\ \$}{1{,}23\ \$} = 17 : 1$$

Émission d'actions pour régler les créances sur l'achat d'une chaîne de magasins :

$$\frac{10\ 000\ 000\ \$}{25\ \$} = 400\ 000 \text{ actions ordinaires}$$

Si le ratio cours-bénéfice est atteint,

$$\frac{x}{1,23\ \$} = \frac{25}{1} \qquad\qquad \text{Prix postulé de l'action} = 30,75\ \$$$

$$\frac{10\ 000\ 000\ \$}{30,75\ \$} = 325\ 203 \text{ actions ordinaires}$$

SOLUTIONS DES CAS D'ANALYSE ET DE RECHERCHE

CAR 7-2   Metro inc. : la gestion du fonds de roulement

a)   Évolution du fonds de roulement

METRO

	ACT +	Immobilisations + Autres	=	DCT +	DLT +	Impôts futurs	+	Capital-actions	+	BNR		
	(ACT	–	DCT)	=	DLT	+	Impôts futurs	+	Capital-actions	+	BNR	– Immobili-sations – Autres
2000	(421,8	–	447,6)	=	88,6	+	61,8	+	160,1	+	301,6	– 457,6 – 180,3
1999	(374,6	–	425,0)	=	144,2	+	34,7	+	159,3	+	233,0	– 441,6 – 180,0
1998	(343,8	–	366,4)	=	48,6	+	29,9	+	159,0	+	183,6	– 350,5 – 93,2

	2000	1999	1998
Fonds de roulement	– 25,8	– 50,4	– 22,6

b)   Remboursement de la dette à long terme

	2000	1999	1998
Dettes à long terme	88,6	144,2	48,6
Avoir des actionnaires	461,7	392,3	342,6
	19,2 %	36,8 %	14,2 %

Ces calculs confirment les affirmations de la direction. La dette s'était élevée à la suite de l'acquisition de Loeb, qui avait exigé en juin 1999 une contrepartie de 151,2 M$

sur un prix de 157 M$. La note relative à la dette à long terme montre que les emprunts bancaires à long terme ont été ramenés de 135 M$ à 80 M$ en 2000.

c) **Origine du financement**

Il faut consulter l'état des flux de trésorerie pour trouver l'origine de ce remboursement. Les fonds sont venus de l'exploitation (155,9 M$). Metro a quand même maintenu sa politique de dividendes (14,6 M$) et a acquis 63,2 M$ d'immobilisations en 2000 malgré le remboursement de la dette (www. metro.ca).

Metro inc.

ÉTATS CONSOLIDÉS DES FLUX DE TRÉSORERIE (cités partiellement)

Exercice terminé le 30 septembre 2000	2000	1999	1998
Flux de trésorerie liés aux activités d'exploitation	155,9 $	193,9 $	119,5 $
Flux de trésorerie liés aux activités d'investissement			
Acquisition nette d'immobilisations (note 8)	(63,2)	(81,5)	(77,7)
Acquisition d'entreprise	–	(157,0)	–
Flux de trésorerie liés aux activités de financement			
(Diminution) augmentation des emprunts bancaires	(10,9)	(20,5)	14,5
(Diminution) augmentation de la dette à long terme	(60,6)	90,3	(48,0)
Dividendes versés	(14,6)	(12,6)	(10,4)

CAR 7-4   Ratios de liquidité

Si on en juge par les ratios de liquidité, le Groupe TVA inc. paraît être en meilleure position pour attirer les créanciers à court terme, car tous ses ratios des trois derniers exercices, sauf un, sont plus élevés que ceux de BCE inc.

	2001	2000	1999	Moyenne
Liquidité générale				
BCE inc.	0,50	0,58	0,99	0,69
Groupe TVA inc.	1,22	1,99	1,51	1,58
Liquidité immédiate				
BCE inc.	0,40	0,40	0,90	0,57
Groupe TVA inc.	0,77	1,30	0,89	0,99
BCE inc.				
Bilans abrégés (en millions de dollars CAN)				
Actif à court terme				
Espèces et quasi-espèces	569 $	260 $	2 395 $	
Débiteurs	4 118	4 344	2 598	
Autres actifs à court terme	1 213	2 096	514	
Total de l'actif à court terme	5 900	6 700	5 507	

Passif à court terme			
Créditeurs et charges à payer	5 792	5 486	3 618
Impôts sur les bénéfices et autres taxes à payer	681	144	248
Dette exigible à moins d'un an	5 263	5 884	1 677
Total du passif à court terme	11 736 $	11 514 $	5 543 $

Groupe TVA inc.
Bilans abrégés (en milliers de dollars CAN)

Actif à court terme			
Espèces et quasi-espèces	4 368 $	10 990 $	9 179 $
Débiteurs	109 026	131 575	46 992
Investissements dans des produits télévisuels et des films	60 867	67 207	37 826
Stocks et charges payées d'avance	5 830	8 243	1 791
Total de l'actif à court terme	180 091	218 015	95 788

Passif à court terme			
Emprunts bancaires	35 068	14 063	—
Créditeurs et charges à payer	80 843	73 669	50 595
Droits de diffusion à payer	29 674	19 935	12 494
Tranche de la dette à long terme échéant à moins d'un an	1 935	1 676	286
Total du passif à court terme	147 520 $	109 343 $	63 375 $

CAR 7-6 *Dette à long terme et capitaux propres*

Sico, pour obtenir un ratio de 1, doit augmenter sa dette totale de 308 274 $; elle obtiendrait ainsi une dette à long terme de 446 774 $, correspondant au montant actuel des capitaux propres, ainsi que le ratio voulu.

		Ratio capitaux empruntés sur capitaux propres
Sico	$\dfrac{\text{Dette à long terme}}{\text{Capitaux propres}} = \dfrac{138\ 500\ \$}{x}$	0,31
	$x = 446\ 774\ \$$	
Solution	Porter la dette totale à 446 774 $ CAN	1

Bombardier a recours massivement à la dette à long terme, car l'entreprise profite du puissant effet de levier apporté par une dette appuyée sur des actifs tangibles importants. Pour ramener le ratio à 1, elle doit émettre du capital-actions pour 12 673,5 $ de façon à égaler le montant de la dette totale de 20 404,3$.

		Ratio capitaux empruntés sur capitaux propres
Bombardier	$\dfrac{\text{Dette à long terme}}{\text{Capitaux propres}} = \dfrac{20\,404,3\,\$}{x}$	1,61
	$x = 12\,673,5\,\$$	
Solution	Augmenter l'avoir des actionnaires de 7 730 800 $ CAN	1

Pour sa part, Microsoft n'a aucune dette à long terme, c'est pourquoi son ratio est de zéro. Comme l'entreprise ne peut ramener ses capitaux propres à zéro, elle devrait, si elle voulait avoir un ratio de 1, s'endetter à long terme pour un montant égal aux capitaux propres. Ce montant ne peut être déterminé à cause d'un manque de données.

		Ratio capitaux empruntés sur capitaux propres
Microsoft	$\dfrac{\text{Dette à long terme}}{\text{Capitaux propres}} = \dfrac{\text{Montant égal aux capitaux propres}}{x}$	0
	$x = \text{inconnu}$	
Solution	Augmenter la dette d'une somme égale aux capitaux propres	1

Il fallait consulter les états des flux de trésorerie et les états des bénéfices non répartis des entreprises pour trouver celles qui ont réduit leur ratio (Dettes à long terme / Capitaux propres). C'est en examinant les activités de financement des entreprises qu'on peut déterminer lesquelles ont réduit leur dette à long terme et augmenté leur capital-actions ou qui ont réinvesti un gros montant de bénéfices.

	MDS inc.		Unibroue	
	2001	**2000**	**2000**	**1999**
Dette à long terme	536 000 000 $	541 000 000 $	6 567 350 $	5 450 468 $
Capitaux propres	1 243 000 000 $	1 185 000 000 $	21 433 380 $	21 247 128 $
	43,1 %	45,7 %	30,6 %	25,7 %

Unibroue

ÉTATS CONSOLIDÉS DES FLUX DE TRÉSORERIE	2000	1999
Flux de trésorerie consolidés		
Activités de financement		
Emprunts à long terme	1 920 766 $	2 431 336 $
Remboursements d'emprunts	(978 025)	(1 072 391)
Bénéfices non répartis consolidés		
Bénéfices non répartis au début	10 399 183	9 217 135
Bénéfice net	537 368	1 182 048
Bénéfices non répartis à la fin	10 936 551 $	10 399 183 $

LES RESSOURCES UTILISÉES: L'ACTIF

Chapitre 8

RÉPONSES AUX QUESTIONS

2. Le coût d'une immobilisation corporelle comprend le prix d'achat et les autres coûts d'acquisition tels que le prix de levée d'un droit d'option, les frais de courtage, les frais d'installation, y compris les frais de conception et les honoraires des architectes et des ingénieurs, les frais juridiques, les frais d'arpentage, les frais d'assainissement et d'aménagement d'un terrain, les frais de transport, les frais d'assurance transport, les droits de douane et autres droits ainsi que les frais d'essai et de préparation[1].

On peut inclure le coût des unités gâchées, y compris les salaires, dans les frais de rodage. Ce coût comprend tous les coûts qui sont nécessaires pour que l'immobilisation parvienne au lieu où elle sera utilisée et soit en état de donner un rendement. Si l'immobilisation consiste en un immeuble à construire, il faut ajouter les intérêts qui courent pendant la construction. En effet, ces derniers ne se rattachent pas à l'activité courante. Parfois, les frais de démarrage d'une société minière ou papetière sont considérables. Parfois aussi, on fait figurer les frais de démarrage dans les frais reportés de façon à imputer ces derniers aux exercices et à l'activité qui en ont bénéficié et qui ne coïncident pas avec la seule année de l'ouverture de l'usine.

4. Dans la pratique, c'est la méthode de l'amortissement linéaire qui domine. Elle consiste à prendre un montant constant à chaque exercice durant toute la vie utile du bien. Selon l'enquête de *Financial Reporting in Canada*, 109 sociétés sur 200 ont déclaré utiliser une seule méthode d'amortissement, et c'était l'amortissement linéaire qui était employé dans 89 de ces 109 entreprises[2]. La très grande majorité des sociétés qui utilisent plusieurs méthodes ont recours aussi à l'amortissement linéaire (82 compagnies sur 89). Certains spécialistes estiment que, pour réaliser un bon rapprochement des produits et des charges, il faut tenir compte de l'usage véritable du bien toutes les fois que celui-ci peut-être calculé, ce qui suppose l'emploi de méthodes plus représentatives de l'activité réelle, telle la méthode proportionnelle à l'usage. Mais il est nécessaire de prendre en compte également la désuétude, un facteur de

---

1. Institut Canadien des Comptables Agréés, *Manuel de l'ICCA*, paragr. 3061.17, mars 1996.
2. Clarence Byrd, Ida Chen et Heather Chapman, *Financial Reporting in Canada*, 26e édition, The Canadian Institute of Chartered Accountants, 2001, p. 277.

diminution des services futurs, qui n'est pas lié à l'usage physique. Par exemple, la vie utile d'un ordinateur est limitée davantage par la désuétude technologique que par l'usure. Il faut en tenir compte dans l'estimation du potentiel d'usage.

6. Les actifs doivent contenir uniquement les coûts utiles aux exercices à venir ou représentant des avantages futurs. Ainsi, il convient de se demander si la rénovation, la réfection et la transformation accroîtront la productivité, l'efficacité, l'utilité, le rendement, la capacité ou la vie utile du bien. Donc sont passés aux charges de l'exercice les coûts qui ont été engagés dans le seul but d'entretenir l'actif, c'est-à-dire de le maintenir dans un état normal d'opération. Les charges d'entretien présentent la particularité d'être récurrentes et d'être relativement peu importantes par rapport au coût de l'actif. Il est nécessaire de faire des estimations pour apprécier l'utilité future d'un coût, puis de mentionner le fait au lecteur des états financiers. Il faut revoir constamment les prévisions concernant l'utilité future des biens et soumettre ces actifs à un test de « dépréciation », qui permettra de ne pas reporter dans les exercices futurs des coûts inutiles à l'activité future. Laisser aux livres un actif dont l'utilité a baissé considérablement et continuer de l'amortir en générant des pertes équivaut à reporter des pertes, ce qui empêche une bonne reddition des comptes.

8. Les contrats de financement peuvent prendre la forme d'un contrat de location. Les comptables appliquent le principe de la primauté de la substance économique de l'opération sur sa forme. Si une location équivaut quant au fond à un achat, la location sera considérée comme un achat : le bien « loué » sera porté à l'actif, et la valeur actualisée des obligations relatives au contrat de location figurera parmi les dettes.

Si le bail a pour effet de transférer du bailleur au preneur les avantages et les risques normalement liés à la propriété, la location dont il s'agit doit être regardée comme une vente. Si le bail prévoit le transfert de la propriété au terme du bail, on peut considérer qu'il s'agit d'une vente avec financement sans qu'il soit besoin d'examiner d'autres facteurs. Si un tel transfert n'est pas prévu, mais que la durée du bail couvre presque toute la vie utile du bien « loué », par exemple, si la durée du bail représente plus de 75 % de la vie utile du bien, on est en droit d'affirmer que le contrat de « location » est en fait un contrat de vente. En appréciant la durée du bail, il faut prendre en considération les renouvellements à un prix de faveur. Par exemple, si un équipement a une vie utile d'une douzaine d'années et si le bail est de cinq ans, il est permis de réserver son opinion quant à la nature du contrat ; mais si le bail est renouvelable pour une autre période de cinq ans à un prix de faveur, il est évident que le locateur récupérera le gros de son investissement dans le terme de cinq ans et qu'il n'envisagera pas de relouer le bien à d'autres. Le locateur peut aussi prévoir une pénalité pour non-reconduction du bail afin d'inciter à renouveler. Si le bailleur impose une forte pénalité pour non-reconduction du bail, il est évident également que celui-ci impliquait une vente. Le bailleur s'assure que le preneur aura la jouissance du bien pendant toute la durée de sa vie utile. On peut tenir pour acquis que le bailleur a conclu une vente accompagnée d'un financement si les calculs démontrent que le bail lui permet de récupérer pendant la durée du bail 90 % ou plus du capital investi.

DU POINT DE VUE DU PRENEUR
CRITÈRES DE CLASSEMENT D'UN CONTRAT DE LOCATION
ICCA 3065.06

EXAMEN DU TRANSFERT DES RISQUES ET DES AVANTAGES INHÉRENTS À LA PROPRIÉTÉ

Examen des termes du contrat de location

▼

Y a-t-il transfert du droit de propriété au terme du bail ?

▼ Non   Oui ▶

Y a-t-il option d'achat à un prix de faveur ?

▼ Non   Oui ▶

La durée du bail correspond-elle à 75 % ou plus de la durée économique du bien ?

▼ Non   Oui ▶

La valeur actualisée des loyers exigibles correspond-elle à 90 % ou plus de la juste valeur du bien loué ?

▼ Non   Oui ▶

Location-acquisition

(Si au moins une des conditions est remplie, on considère que pratiquement tous les avantages et les risques inhérents à la propriété ont été transférés.)

(Le preneur contrôle les avantages futurs.)

Location-exploitation

(Aucune des conditions n'est remplie : les avantages et les risques inhérents à la propriété n'ont pas été transférés.)

8

**DU POINT DE VUE DU BAILLEUR
CRITÈRES DE CLASSEMENT D'UN CONTRAT DE LOCATION
ICCA 3065.07**

EXAMEN DES COÛTS ET DES JUSTES VALEURS CÉDÉES

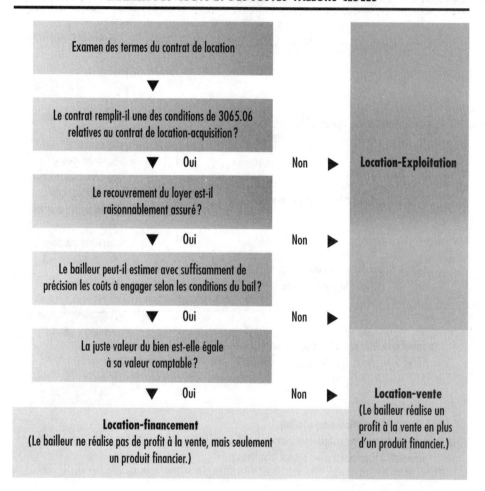

10. Les *frais reportés* peuvent être considérés comme des avantages économiques futurs, même s'ils n'ont pas, à proprement parler, d'existence physique[3]. Les frais de démarrage et les frais de développement figurent parmi les frais reportés. Les frais d'élaboration de nouveaux produits, dont l'exploitation s'annonce rentable et qui sont en cours de fabrication et de commercialisation, sont capitalisés, puis évalués au moindre du coût et du montant que l'on est raisonnablement certain de récupérer. L'amortissement des frais de développement reportés à des périodes ultérieures débute au moment de la production commerciale du produit et est imputé aux résultats en fonction des ventes prévues du produit.

3. Institut Canadien des Comptables Agréés, *Manuel de l'ICCA*, « Frais reportés », chap. 3070.

SOLUTIONS DES EXERCICES

E 8-2   L'immobilisation reçue à titre de subvention

Date		Débit	Crédit
	Terrain	200 000	
	Surplus d'apport — bien reçu à titre gratuit		200 000

E 8-4   L'achat avec taxes et escompte

Date		Débit	Crédit
	Matériel de bureau	39 200	
	TPS à recouvrer : 40 000 $ × 7 %	2 800	
	TVQ à recouvrer : 42 800 $ × 7,5 %	3 210	
	Comptes fournisseurs		45 210
	(Les taxes sont calculées sur le montant avant escompte et les frais d'installation sont capitalisés.)		

Il est également possible de comptabiliser l'escompte à part.

Date		Débit	Crédit
	Matériel de bureau	40 000	
	TPS à recouvrer : 40 000 $ × 7 %	2 800	
	TVQ à recouvrer : 42 800 $ × 7,5 %	3 210	
	Comptes fournisseurs		46 010
	(On enregistrerait un produit d'escompte au paiement.)		
	Comptes fournisseurs	46 010	
	Caisse		45 210
	Escompte sur achat		800

E 8-6   La vente d'un placement

Acquisitions	Nombre d'actions	Coût total
Janvier	1 000	6 700 $
Février	1 000	7 000
Portefeuille	2 000	13 700 $

Disposition selon le coût moyen

Produit de la vente : 1 500 actions à 7,70 $	11 550 $
Coût : 1 500 actions à 6,85 $ (13 700 $ / 2 000 actions)	10 275
Gain	1 275 $

Disposition selon l'épuisement successif

Produit de la vente : 1 500 actions à 7,70 $	11 550 $
Coût : 1 000 actions à 6,70 $ achetées en janvier	(6 700)
500 actions à 7,00 $ achetées en février	(3 500)
Gain	1 350 $

E 8-8   Lockeed ltée : les immobilisations achetées en lot

Le coût total à répartir est de 1 290 000 $, car les frais juridiques font partie des coûts liés à l'acquisition. On peut se servir de la proportion entre l'évaluation municipale et le prix payé : 1 290 000 $ / 600 000 $ = 2,15 fois.

	Évaluation	Taux	Coût ventilé
Terrain	100 000 $	2,15 fois	215 000 $
Entrepôt	200 000	2,15	430 000
Immeuble à bureaux	300 000	2,15	645 000
	600 000 $	2,15 fois	1 290 000 $

Date		Débit	Crédit
	Terrain	215 000	
	Entrepôt	430 000	
	Immeuble	645 000	
	Encaisse ou à payer		1 290 000

E 8-10   Pico ltée : les éléments à inclure dans le coût d'acquisition

	Terrain	Bâtiment	Frais payés d'avance
Paiement au comptant	40 000 $		
Démolition	4 000		
Produit de la démolition	(6 000)		
Assurance 9/24 à capitaliser		3 750 $	6 250 $
Frais juridiques		2 000	
Paiements pour la construction		95 000	
	38 000 $	100 750 $	6 250 $

Date		Débit	Crédit
	Terrain	38 000	
	Bâtiment	100 750	
	Frais payés d'avance	6 250	
	Caisse		145 000

SOLUTIONS DES CAS D'APPROFONDISSEMENT DE LA MATIÈRE

CAM 8-2   Summum ltée : les éléments à inclure dans le coût d'acquisition

a)   Ventilation du coût

	Terrain	Bâtiment	Matériel	Autres
Frais des actes notariés pour l'achat du terrain	5 300 $			
Honoraires d'architecte, frais d'arpentage pour situer l'immeuble		35 900 $		
Vérification de la conformité du terrain	3 500			
Achat du terrain sans CTI et RTI (1)	325 000			48 831 $
Enlèvement du vieux bâtiment (2)	60 000			
Aménagement du terrain (3)	8 000			
Montant reçu en contrepartie de la cession d'un droit (4)	(10 000)			
Cotisations municipales pour les égouts (5)	18 000			
Creusage des fondations (6)		57 000		
Facture de l'entrepreneur (7)		8 000 000		1 202 000
Intérêts pendant la construction (8)		640 000		

→

Salaires du personnel d'administration pendant la construction (9)			94 000
Salaires des ouvriers ayant pris part à la construction (9)		54 000	
Taxe sur les mutations immobilières (10)	3 000		
Taxes foncières sur le terrain pendant la construction (10)	5 000		
Aménagement paysager	24 000		
Revêtement d'asphalte et clôture			53 000 (actif)
Achat de matériel (11)		2 000 000	300 500
Frais de transport		3 000	
Installations de fondations		10 000	
Entreposage du matériel		5 000	
Installation		12 000	
Salaires, matières utiles au démarrage		19 000	
Plomberie et ventilation (12)		68 000	
Coûts de réparation de la machine (13)			8 000
Entretien de la machine (13)			7 000
	441 800 $ 8 786 900 $	2 117 000 $	1 713 331 $

Le total est de 13 059 031 $. On n'a pas considéré l'économie de 12 000 $, ce qui nous ramène au solde de 13 071 031 $ de la donnée.

(1) Ici comme il s'agit de biens qui ne sont pas destinés à la consommation, Summum ltée récupérera la TVQ et la TPS payées. Ces coûts, par conséquent, ne font pas partie du coût du terrain (crédit de taxe sur les intrants au fédéral et remboursement de taxe sur les intrants au provincial : 373 831 $ – 22 750 $ – 26 081 $ = 325 000 $). La commission du courtier est déduite du coût payé au moment de la remise du prix d'achat net au vendeur. Pour Summum ltée, que la somme soit donnée en partie au vendeur ou au courtier ne change rien au coût qu'elle enregistre.

(2) Le coût net de l'enlèvement fait partie de la préparation du terrain. Il faut soustraire le montant provenant de la récupération des matériaux de démolition. Voir le *Manuel de l'ICCA*, paragr. 3061.19.

(3) *Manuel de l'ICCA*, paragr. 3061.19 et 3061.20.

(4) La cession d'une servitude a pour effet de diminuer la valeur marchande du terrain ou de restreindre l'usage qu'on peut en faire, car on ne peut rien construire sur une servitude.

(5) Ces coûts sont liés aux améliorations du terrain. Ces coûts ont une vie utile à très long terme, car la ville s'engage à maintenir les avantages futurs qui en découlent.

(6) On n'ajoute pas au coût de l'immobilisation les coûts épargnés du fait de notre intervention. On se réfère au coût d'acquisition réel pour chiffrer le montant des avantages futurs.

(7) Facture totale – Récupération de la TPS (CTI) et de la TVQ (RTI)

$$9\ 202\ 000\ \$ - 560\ 000\ \$ - 642\ 000\ \$$$

$$x + x\ (0{,}07) + (x + 0{,}07\ x)\ 0{,}075 = 9\ 202\ 000\ \$$$

$$1{,}07\ x + 0{,}075\ x + 0{,}00525\ x = 9\ 202\ 000\ \$$$

$$1{,}15025\ x = 9\ 202\ 000\ \$$$

$$x = 8\ 000\ 000\ \$ \qquad \text{TPS} = 0{,}07 \times 8\ 000\ 000\ \$ = 560\ 000\ \$$$

$$\text{TVQ} = 0{,}075 \times 8\ 560\ 000\ \$ = 642\ 000\ \$$$

(8) *Manuel de l'ICCA*, paragr. 3061.23-24.

(9) *Manuel de l'ICCA*, paragr. 3061.20.

(10) *Manuel de l'ICCA*, paragr. 3061.25.

(11) Facture totale – Récupération de la TPS (CTI) et de la TVQ (RTI)

$$9\ 202\ 000\ \$ - 140\ 000\ \$ - 160\ 500\ \$$$

$$1{,}15025\ x = 2\ 300\ 500\ \$$$

$$x = 2\ 000\ 000\ \$ \qquad \text{TPS}\ 0{,}07 \times 2\ 000\ 000\ \$ = 140\ 000\ \$$$

$$\text{TVQ}\ 0{,}075 \times 2\ 140\ 000\ \$ = 160\ 500\ \$$$

(12) La machine comporte une plomberie et une ventilation spéciales qui sont nécessaires pour que l'on en tire des avantages futurs. Si on enlève la machine, il faut supprimer ces éléments de plomberie et de ventilation. Il s'agit d'une preuve qu'ils sont associés à la machine dans la façon de représenter des avantages futurs.

(13) *Manuel de l'ICCA*, paragr. 3061.26.

b) Écritures de journal

Date		Débit	Crédit
	Terrain	441 800	
	TPS à recouvrer	22 750	
	TVQ à recouvrer	26 081	
	Caisse		490 631
	Bâtiment	8 786 900	
	Revêtement d'asphalte, clôture	53 000	
	TPS à recouvrer	560 000	
	TVQ à recouvrer	642 000	
	Caisse		9 347 900
	Salaires de la main-d'œuvre		54 000
	Intérêts		640 000
			→

Matériel		2 117 000	
TPS à recouvrer		140 000	
TVQ à recouvrer		160 500	
Caisse			2 417 500
Déjà enregistré			
Salaires du personnel d'administration		94 000	
Entretien et réparations		15 000	
Caisse			109 000

CAM 8-4 Artisan ltée : l'achat de biens avec paiement à tempérament

Date		Débit	Crédit
	Matériel roulant	49 000,00	
	Frais de garantie payés d'avance	1 000,00	
	TPS à recouvrer (crédits sur les intrants)	3 500,00	
	TVQ à recouvrer (remboursement de taxe sur les intrants)	4 012,50	
	Caisse		17 512,50
	Effet à payer au concessionnaire		40 000,00

Il faut partager le montant de 50 000 $ entre l'auto et le contrat de prolongation de la garantie dont on ne peut présumer qu'il a été offert gratuitement. L'effet à payer correspond à la valeur actuelle d'un versement mensuel de 1 328,57 $ pour 36 mois, assorti d'un taux d'intérêt de 1 % par mois : 1 328, 57 $ × 30,107505 (trouvé dans une table) = 40 000 $.

CAM 8-6 Changeante ltée : l'échange non monétaire

Le *Manuel de l'ICCA* établit ce qui suit au sujet des opérations non monétaires :

> Les échanges non monétaires doivent être comptabilisés à la juste valeur de l'actif ou du service cédé, sauf si la juste valeur de l'actif ou du service reçu peut être établie plus clairement, auquel cas on doit comptabiliser l'échange à la juste valeur de l'actif ou du service reçu[4].

Dans le cas présent, il aurait normalement fallu considérer la juste valeur de l'actif cédé, à savoir le terrain, mais la juste valeur de la machine est plus nettement déterminée puisque celle-ci figure parmi les articles vendus régulièrement par l'entreprise Machinex ltée. Le paiement de 100 000 $ fait partie du règlement du montant reconnu de 2 500 000 $ en plus du terrain cédé. On a donc attribué une valeur de 2 400 000 $ au terrain dans l'échange.

---

4. Institut Canadien des Comptables Agréés, *Manuel de l'ICCA*, « Opérations non monétaires », chap. 3830.

Date		Débit	Crédit
	Équipement de fabrication	2 500 000	
	Caisse		100 000
	Terrain		1 500 000
	Gain sur aliénation		900 000

CAM 8-8   Mines Wabush ltée : l'épuisement d'une ressource naturelle

Mines Wabush ltée

ÉTAT DES RÉSULTATS
Pour l'année terminée le 31 décembre 2005

Ventes (400 000 tonnes à 10 $)		4 000 000 $
Coût des ventes		
Coût du minerai extrait (1)	1 215 417 $	
Stock à la fin (2)	243 083	972 334
Bénéfice brut		3 027 666
Salaires du personnel administratif		95 000
Amortissement — bâtiment administratif		5 000
Amortissement — camions		12 000
Frais de vente et d'administration		140 000
Bénéfice avant impôts		2 775 666 $

(1)   Prix de revient du minerai :

Coût du gisement :

$$(3\ 040\ 000\ \$ + 280\ 000\ \$ - 20\ 000\ \$) \times \frac{500\ 000\ \text{tonnes}}{6\ 000\ 000\ \text{tonnes}}$$

$$\frac{3\ 300\ 000\ \$}{6\ 000\ 000\ \text{tonnes}} = 0,55\ \$ \text{ la tonne}$$

Épuisement du gisement (500 000 tonnes × 0,55 $)	275 000 $
Amortissement des bâtiments, des convoyeurs et des équipements miniers	
$\dfrac{825\ 000\ \$ \times 500\ 000\ \text{tonnes}}{6\ 000\ 000\ \text{tonnes}}$	68 750
Main-d'œuvre directe (950 000 $ × 90 %)	855 000
Frais de restauration des lieux	16 667
	1 215 417 $

Frais de restauration des lieux imputés en fonction de l'activité de production :

$$\frac{500\ 000\ \text{tonnes}}{6\ 000\ 000\ \text{tonnes}} = 0,083333 \times 200\ 000\ \$ = 16\ 667\ \$$$

Date		Débit	Crédit
	Frais de restauration des lieux	16 667	
	Provision pour restauration des lieux (passif)		16 667
	(Les frais de restauration des lieux sont inclus dans le coût du minerai extrait et non présentés séparément.)		

Le prix de revient de la production de cette année est de 2,4308 $ la tonne (1 215 417 $ / 500 000 tonnes). Le coût des produits vendus est de 400 000 tonnes à 2,430834 $ = 972 334 $. L'amortissement des camions n'est pas lié à l'extraction et ne fait pas partie du prix de revient du minerai extrait.

(2) Les stocks de minerai de la fin seront évalués à 100 000 tonnes à 2,4308 $ = 243 083 $.

Amortissement des bâtiments administratifs :

75 000 $ × 400 000 tonnes / 6 000 000 tonnes = 5 000 $. La vie de ce type de bâtiment est liée à la vie utile de la mine. On aurait pu aussi prévoir un nombre d'années de vie utile et amortir linéairement. Toutefois, la vie utile de 30 ans est à reconsidérer.

CAM 8-10   Repentir ltée : les révisions des estimations

a) Le comptable a redressé les résultats des années antérieures pour amortir les six mois de 2005 et toute l'année 2006 (nous sommes en 2007, les livres ont été fermés le 31 décembre 2006, le comptable a redressé les années 2005 et 2006, mais a jugé qu'il n'était pas encore temps d'inscrire l'amortissement exact pour 2007).

Nouvel amortissement selon les nouvelles estimations	
Coût d'acquisition	200 000 $
Valeur de récupération révisée	(2 000)
Assiette de l'amortissement	198 000
Vie utile révisée	÷ 4 ans
	49 500
Période d'utilisation déjà écoulée	1,5 an
Amortissement cumulé corrigé au 1ᵉʳ janvier 2007 (49 500 $ × 1,5 an)	74 250 $

→

Moins : amortissement fautif déjà comptabilisé au 1er janvier 2007	
Coût d'acquisition	200 000 $
Valeur de rebut	(20 000)
Assiette de l'amortissement	180 000
Durée de vie utile qui avait été prévue	÷ 5 ans
	36 000
Période d'utilisation déjà écoulée	1,5 an
Amortissement comptabilisé jusqu'au 1er janvier 2007	(54 000)
Correction apportée par le comptable sous forme de redressement	20 250 $

Pour 2007 et les années ultérieures, le comptable a voulu comptabiliser la charge d'amortissement en tenant compte des nouvelles estimations.

b) **Le comptable a choisi de redresser les années antérieures**

Date		Débit	Crédit
2007	Bénéfices non répartis (amortissement 2005-2006)	20 250	
	Amortissement cumulé		20 250
	(49 500 $ – 36 000 $) × 6 mois / 12 mois = 6 750 $ pour 2005		
	(49 500 $ – 36 000 $) = 13 500 $ pour 2006		

Comme il ne pouvait pas débiter le compte de charge amortissement 2005 et amortissement 2006, puisque ces comptes avaient été virés au compte bénéfices non répartis lors des fermetures aux 31 décembre 2005 et 2006 (nous sommes en 2007), il a débité directement le compte bénéfices non répartis.

Cette manière de procéder paraît logique. L'ICCA estime toutefois que les estimations doivent être révisées périodiquement. L'effet doit être prospectif et non rétroactif :

L'effet d'une modification d'estimation comptable doit être comptabilisée :

a) soit dans l'exercice au cours duquel a lieu la modification, si elle ne touche que les résultats de cet exercice ;

b) soit dans l'exercice au cours duquel a lieu la modification et dans les exercices postérieurs dont les résultats sont touchés par cette modification[5].

---

5. Institut Canadien des Comptables Agréés, *Manuel de l'ICCA*, « Modifications comptables », chap. 1505, paragr. 25.

Toutefois, les erreurs peuvent donner lieu au redressement des années antérieures.

La correction d'une erreur commise dans les états financiers antérieurs doit être comptabilisée rétroactivement. Tous les états financiers présentés pour fins de comparaison qui sont touchés par cette erreur doivent être redressés[6].

Lorsque l'exercice a été marqué par la correction d'une erreur commise dans les états financiers d'exercices antérieurs, on doit fournir au lecteur les renseignements suivants :

a)   une description de l'erreur ;

b)   l'incidence de la correction de l'erreur sur les états financiers de l'exercice courant et des exercices antérieurs ;

c)   l'indication du fait que les états financiers des exercices antérieurs ont été redressés[7].

Selon la nature de l'erreur, il est parfois souhaitable d'indiquer l'effet de la correction sur des éléments importants tels que le bénéfice net, le bénéfice par action et le fonds de roulement.

c)   Écritures de correction

Il faut renverser les redressements des années antérieures déjà comptabilisés et comptabiliser sur une base prospective l'amortissement du solde non amorti de l'immobilisation.

Date			Débit	Crédit
2007 12-31	Amortissement cumulé		20 250	
	Bénéfices non répartis			20 250
	Amortissement cumulé		49 500	
	Amortissement			49 500
	(Pour annuler les écritures du comptable qui avait redressé les années antérieures, suivant un procédé comptable non recommandé.)			
	Amortissement		57 600	
	Amortissement cumulé			57 600
	(Pour comptabiliser l'amortissement en tenant compte de la révision des données.)			
	Coût d'acquisition	200 000 $		
	Amortissement de 2005 et 2006	(54 000)		
	Solde non amorti en 2007	146 000		
	Valeur résiduelle révisée	(2 000)		
	Assiette de l'amortissement	144 000 $		
				→

---

6.   Institut Canadien des Comptables Agréés, *Manuel de l'ICCA*, « Modifications comptables », chap. 1505, paragr. 29.

7.   *Ibid.*, chap. 1506, paragr. 30.

Durée prospective : vie utile restante 4 ans − 1,5 an = 2,5 ans Amortissement prospectif : $\dfrac{144\,000\ \$}{2,5\ ans} = 57\,600\ \$$		

SOLUTIONS DES CAS D'ANALYSE FINANCIÈRE

CAF 8-2   Bizart ltée : l'amortissement à l'état des flux de trésorerie

Bizart ltée

ÉTAT DES FLUX DE TRÉSORERIE
Pour l'année terminée le 31 décembre

	2005	2006	2007	Total
Flux de trésorerie liés aux activités d'exploitation Bénéfice net	1 500 000 $	1 500 000 $	1 500 000 $	4 500 000 $
Éléments sans incidence sur la trésorerie Amortissement	1 000 000	1 000 000	1 000 000	3 000 000
Entrées de trésorerie dues à l'exploitation	2 500 000	2 500 000	2 500 000	7 500 000
Flux de trésorerie liés aux activités d'investissement Achat de camions	(3 000 000)	–	–	(3 000 000)
Entrée nette de trésorerie	(500 000)	2 500 000	2 500 000	4 500 000
Espèces et quasi-espèces au début	–	(500 000)	2 000 000	–
Espèces et quasi-espèces à la fin	(500 000) $	2 000 000 $	4 500 000 $	4 500 000 $

L'état des flux de trésorerie rend compte des entrées et des sorties de trésorerie. Comme on a déduit l'amortissement à l'état des résultats pour arriver au bénéfice net, pour reconstituer l'entrée de trésorerie il faut ajouter l'amortissement au bénéfice net. Autrement dit, on fait en sorte que l'effet sur la trésorerie soit neutre, car l'amortissement n'a pas d'incidence sur la trésorerie.

ÉTAT DES RÉSULTATS		Effet neutre
Produits de transport	2 500 000 $	
Moins : amortissement	(1 000 000)	(1 000 000) $

ÉTAT DES FLUX DE TRÉSORERIE		
Bénéfice net	1 500 000 $	
Plus: amortissement	1 000 000	1 000 000
Entrée de trésorerie	2 500 000 $	– $

En conclusion, l'état des flux de trésorerie doit indiquer la sortie de trésorerie lorsqu'on achète les camions sous la rubrique investissement (3 M$) en 2005, mais une nouvelle sortie de fonds ne doit pas y être enregistrée pour l'amortissement. L'amortissement doit donc avoir un effet neutre (0) sur les fonds provenant de l'exploitation, sinon la sortie de trésorerie figurerait deux fois à l'achat et au moment de l'amortissement. Or, l'amortissement est seulement une répartition comptable, une imputation du coût à divers exercices qui n'exige pas de sortie de fonds, la sortie de trésorerie ayant déjà eu lieu lors de l'achat des camions. Évidemment, une charge doit tôt ou tard entraîner une sortie de fonds.

Date		Débit	Crédit
Fin d'exercice	Amortissement (état des résultats)	1 000 000	
	Amortissement cumulé (bilan)		1 000 000
	Caisse		0
	(L'amortissement comptable n'exige pas de sorties de trésorerie, mais il entraîne une diminution du montant du bénéfice net à l'état des résultats.)		

Bizart ltée

BILAN Au 31 décembre	2005	2006	2007
Encaisse		2 000 000 $	4 500 000 $
Camions	3 000 000 $	3 000 000	3 000 000
Amortissement cumulé	(1 000 000)	(2 000 000)	(3 000 000)
	–	1 000 000	–
Actif total	2 000 000 $	3 000 000 $	4 500 000 $
Déficit d'encaisse	(500 000) $	– $	– $
Bénéfices non répartis	(1 500 000)	(3 000 000)	(4 500 000)
Passif et avoir des actionnaires	(2 000 000) $	(3 000 000) $	(4 500 000) $

L'exploitation a fait entrer 7 500 000 $ de trésorerie (3 × 2 500 000 $), mais comme on a déboursé 3 M$ pour les camions, l'encaisse est à 4 500 000 $ au bilan du 31 décembre 2007. Les bénéfices non répartis s'élèvent à 4 500 000 $, car les camions de 3 M$ ont été imputés aux résultats. En effet, on a fait 7 500 000 $ de profit avant amortissement, desquels il faut soustraire 3 M$ d'amortissement des camions, ce qui donne 4 500 000 $. La sortie de trésorerie de 3 M$ pour les camions et la charge de 3 M$ finissent par être égales, mais elles ne le sont pas exercice par exercice. Il importe de se rappeler que le postulat de l'indépendance des exercices exige que l'on traite chacun des exercices comme une période de temps indépendante, qu'on mesure pour chaque exercice les produits et les charges (ici, l'amortissement résultant des activités). Ce postulat permet de déterminer si les activités sont rentables, si les affaires doivent continuer.

CAF 8-4　Les obligations découlant de contrats de location-acquisition dans les états financiers

a) Enregistrement de la location du système d'éclairage

Au moment de la signature du bail, le preneur inscrit ce qui suit dans les registres comptables :

Date		Débit	Crédit
2004 01-01	Système d'éclairage loué	300 000	
	Obligation découlant d'un contrat de location-acquisition		300 000
	(Comptabilisation d'un contrat de location-acquisition.)		

On doit comptabiliser cette opération à la valeur actualisée des paiements minimums exigibles du preneur. Le preneur effectuera quatre versements annuels de 88 187,80 $ pour réaliser 12 % sur le financement d'un actif de 300 000 $. En effet, la valeur actualisée à 12 % de ces quatre paiements s'élève à 300 000 $. Le preneur doit donc inscrire un actif de 300 000 $ et un passif du même montant. Seul le paiement de capital permet de diminuer le passif, c'est-à-dire le poste obligation découlant d'un contrat de location-acquisition.

b) Enregistrement du paiement du premier loyer

Étant donné que les versements s'effectuent en début de période, l'entreprise enregistrera dans le même temps le paiement du loyer.

Date		Débit	Crédit
2004 01-01	Obligation découlant d'un contrat de location-acquisition	88 187,80	
	Encaisse		88 187,80
	(Versement exigible relatif au contrat de location-acquisition.)		

Comme on peut le constater, le versement du loyer diminue le passif relatif au contrat de location. Le nouveau solde de l'obligation découlant d'un contrat de location-acquisition est de 211 812,20 $ (300 000 $ – 88 187,80 $).

c) Écriture au 31 décembre 2004

À la fin de la première année de la location, le preneur doit comptabiliser les intérêts relatifs au contrat de location. Voici le tableau de la dette concernant le système d'éclairage informatisé.

Date	Versements minimums	Intérêts débiteurs 12 % par année	Diminution du capital	Solde de capital
1er janvier 2004				300 000,00 $
1er janvier 2004	88 187,80 $	– $	88 187,80 $	211 812,20
1er janvier 2005	88 187,80	25 417,46	62 770,34	149 041,86
1er janvier 2006	88 187,80	17 885,02	70 302,78	78 739,08
1er janvier 2007	88 187,80	9 448,68	78 739,08	–

Voici l'écriture à enregistrer au 31 décembre 2004. Pour la classification au bilan, il faudra également calculer la portion exigible du versement en capital.

Date		Débit	Crédit
2004 12-31	Intérêts débiteurs	25 417,46	
	Intérêts à payer (1)		25 417,46
	(Intérêts courus relatifs au contrat de location-acquisition.)		
	(1) Le décaissement s'effectuera le lendemain, c'est-à-dire le 1er janvier 2005.		

d) Éléments devant figurer dans le bilan au 31 décembre 2004

Au 31 décembre 2004, le contrat de location-acquisition sera présenté de la façon suivante au bilan :

Encaisse	(88 187,80) $
Immobilisations	
Système d'éclairage détenu en vertu d'un contrat de location-acquisition	300 000,00
Amortissement cumulé	(60 000,00)
	151 812,20 $

Dette à court terme		
Intérêts à payer	25 417,46 $	
Tranche échéant à court terme de l'obligation découlant		
d'un contrat de location-acquisition (2)	62 770,34	88 187,80 $
Dette à long terme		
Obligations découlant d'un contrat de location-acquisition (2)		149 041,86
Bénéfices non répartis (– 25 417,46 $ – 60 000 $)		(85 417,46)
		151 812,20 $

(2) Au 31 décembre 2004, la dette totale concernant ce contrat de location-acquisition s'élève à 211 812,20 $ (62 770,34$ + 149 041,86$).

Une note aux états financiers informera le lecteur concernant les paiements minimums exigibles. Voici un extrait de cette note.

Note 8 : OBLIGATION DÉCOULANT D'UN CONTRAT DE LOCATION-ACQUISITION

Les paiements minimums exigibles découlant de contrats de location-acquisition pour les prochains exercices s'établissent comme suit :	
2005	88 187,80 $
2006	88 187,80
2007	88 187,80
Paiements minimums exigibles	264 563,40
Intérêts inclus dans les paiements minimums exigibles	(52 751,16)
Obligations découlant d'un contrat de location-acquisition (à quelques cents près)	211 812,20 $

Ce montant de 211 812,20 $ se reconstitue par la partie de capital exigible à court terme (62 770,34 $) (ainsi que la partie de capital payable à long terme (149 041,86 $).

e) Enregistrement du deuxième paiement

Lors du deuxième versement annuel, l'entreprise devra enregistrer l'écriture suivante :

Date		Débit	Crédit
2005 01-01	Obligation découlant d'un contrat de location-acquisition	62 770,34	
	Intérêts à payer	25 417,46	
	Encaisse		88 187,80
	(Versement exigible relatif au contrat de location-acquisition.)		

8

CAF 8-6 Les frais de démarrage ou frais engagés en période de préexploitation

a) Détermination des critères

Il faut d'abord s'assurer que les coûts se rapportent à la nouvelle activité. Par exemple, on doit vérifier s'ils seraient apparus même en l'absence de la filiale et s'ils représentent des avantages futurs. Comme pour tout actif, il faut être certain que les entrées de fonds dues à l'activité future les couvriront.

b) Coûts et postes susceptibles d'être regroupés sous l'actif frais de démarrage ou frais engagés en période de préexploitation

Les frais d'incorporation sont des frais d'organisation à capitaliser. On les amortira pour une période raisonnable. En théorie, ils seront utiles pendant toute la vie de la filiale. Le coût du loyer avant le début de l'exploitation est capitalisable aux frais de démarrage et celui du droit de diffusion sera capitalisé dans un compte distinct et amorti sur sa durée utile. Les frais de transfert des employés de la société mère et de recrutement du personnel sont capitalisables aux frais de démarrage. Ils s'appliquent directement à la création de la filiale et représentent des avantages futurs. Les améliorations locatives apportées à l'immeuble sont capitalisées et amorties sur la durée du bail compte tenu de la possibilité de renouvellement de ce dernier. Les frais de création et d'enregistrement d'une marque de commerce sont capitalisés à l'actif incorporel marque de commerce. L'enregistrement est valide pour 15 ans et renouvelable. On ne devrait toutefois pas amortir sur plus de 40 ans. Le matériel de diffusion est capitalisé et amorti sur sa vie utile dès le moment où il est mis en exploitation.

Shaw Communications inc. amortit ses charges de préexploitation sur cinq ans, ce qui paraît raisonnable.

SOLUTIONS DES CAS D'ANALYSE ET DE RECHERCHE

CAR 8-2 La déclaration de la location-acquisition aux états financiers

Voici la note aux états financiers d'Air Canada relative à l'obligation découlant de contrats de location-acquisition :

Air Canada

BILAN Au 31 décembre (en millions de dollars)			2001	2000
Dette à long terme, dette perpétuelle subordonnée et obligations découlant de contrats de location-acquisition (note 7)			4 215 $	3 611 $

Note 7 : DETTE À LONG TERME, DETTE PERPÉTUELLE SUBORDONNÉE ET OBLIGATIONS DÉCOULANT DE CONTRATS DE LOCATION-ACQUISITION (en millions de dollars)

	Échéance	Taux d'intérêt	2001	2000
[...] Obligations découlant de contrats de location-acquisition (f)	2003-2013	3,0-12,0	460 $	402 $ →

f) Neuf avions en tout et de l'équipement informatique font l'objet de contrats de location-acquisition, pour des obligations totalisant 460 $ (192 $ CA, 149 $ US et 2 531 yens). Les loyers minimums futurs sont de 611 $, dont 151 $ d'intérêts.

Les remboursements du capital au cours des cinq prochains exercices sont les suivants :

	2002	2003	2004	2005	2006
Dette à long terme	500 $	267 $	586 $	300 $	543 $
Obligations découlant de contrats de location-acquisition	31 $	96 $	87 $	36 $	54 $

Les loyers minimums futurs d'Air Canada sont de 611 M$. Cette somme représente le total des obligations découlant de contrats de location-acquisition (460 M$) et de la totalité des intérêts (151 M$). À la fin de l'exercice 2002, les obligations découlant de contrats de location-acquisition seront réduits de 31 M$. Ce dernier montant n'inclut pas les charges d'intérêts. La valeur actuelle des engagements est traitée comme une dette.

CAR 8-4   Une recherche sur les politiques d'amortissement

a) Nombre d'années sur lesquelles sont amortis les rails du CN et les barrages d'Hydro-Québec

Compagnie des chemins de fer nationaux (CN)

ÉTAT CONSOLIDÉ DES RÉSULTATS (cité partiellement)

Exercice terminé le 31 décembre (en millions de dollars)	2000	1999	1998
Amortissement	412 $	400 $	210 $

Note 1 : ÉNONCÉ DES CONVENTIONS COMPTABLES IMPORTANTES

H. Amortissement

Le coût des immobilisations, déduction faite de la réduction de valeur d'éléments d'actif, est amorti selon la méthode linéaire, sur la durée estimative de leur vie utile comme suit :

Catégorie	Taux annuel
Voie	2 %
Matériel roulant	3 %
Immeubles	3 %
Autres	2 %

La Compagnie examine périodiquement ses taux d'amortissement. Les ajustements apportés aux taux d'amortissement à la suite de ces examens n'ont pas eu d'incidence importante sur les résultats d'exploitation.

Note 6 : IMMOBILISATIONS (citée partiellement)

(en millions de dollars)	Coût	31 décembre 2000 Amortissement cumulé	Net
Voie	13 446 $	3 189 $	10 257 $
Matériel roulant	3 398	1 205	2 193
Immeubles	1 364	619	745
Autres	875	487	388
	19 083 $	5 500 $	13 583 $
Contrats de location-acquisition inclus dans les immobilisations	1 152 $	163 $	989 $

Hydro-Québec

PRINCIPALES CONVENTIONS COMPTABLES
IMMOBILISATIONS (note partiellement citée)

Les immobilisations sont amorties sur leurs durées de vie utile. En vertu de la Loi de Hydro-Québec, la période maximale d'amortissement est fixée à 50 ans. Les périodes d'amortissement des principales catégories d'immobilisations sont les suivantes :

Production hydraulique	45 à 50 ans
Production nucléaire	25 à 30 ans
[...]	

b) Amortissement des avions d'Air Canada

Air Canada

Note 1 : PRINCIPALES CONVENTIONS COMPTABLES

h) Amortissement

Les installations et matériel d'exploitation sont amortis, à concurrence de la valeur résiduelle estimative, suivant la méthode de l'amortissement linéaire sur leur durée de vie utile.

	Valeur résiduelle estimative		
	Matériel volant	Moteurs, articles durables	Période d'amortissement
Exploitation principale			
A319-113	15 %	15 %	20 ans
A320-211	15 %	15 %	20 ans
[...]			
Régional jet de Canadair	15 %	10 %	20 ans
DC-9-32	15 %	10 %	Jusqu'au 31/12/2006

c) Comparaison de l'amortissement du matériel volant d'air Canada et de celui de WestJet Airlines Ltd.

WestJet Airlines Ltd.

Note 1 : PRINCIPALES CONVENTIONS COMPTABLES (citée partiellement)

h) Immobilisations

Les immobilisations sont amorties sur leur durée utile estimative selon les méthodes et les taux suivants :

Biens	Méthode	Taux
Appareils, déduction faite de la valeur résiduelle estimative	Heures de vol	Heures de vol
Moteurs et pièces de rechange	Heures de vol	Heures de vol
Bâtiments	Linéaire	40 ans
[...]		
Matériel informatique et logiciels	Linéaire	5 ans

L'amortissement est le résultat d'une estimation. On constate que WestJet a préféré une méthode proportionnelle à l'usage, donc basée sur le nombre d'heures de vol. Cette méthode implique le calcul du nombre total d'heures que peut voler un avion. Le résultat peut être précis si l'estimation est bonne. Ce sont les heures de vol qui rapportent un produit, par conséquent ce sont elles qui permettent de rapprocher au mieux les produits et les charges. Mais un avion peut se déprécier à cause de la désuétude, qu'il vole ou non : il y a intérêt à en tenir compte dans l'estimation du nombre d'heures de service. Sinon un avion qui vole moins serait inscrit à un montant plus élevé à l'actif sans nécessairement représenter de plus gros avantages futurs.

CAR 8-6   Les différences entre les immobilisations et les autres actifs

a) Raisons pour lesquelles le Groupe Jean Coutu sépare les propriétés immobilières détenues à des fins de location d'avec celles qui servent à réaliser l'objet commercial principal

Groupe Jean Coutu inc.

BILANS CONSOLIDÉS (cités partiellement) **Aux 31 mai 2001 et 2000** (en milliers de dollars)	2001	2000
Propriétés immobilières (note 4)	182 302 $	163 266 $
Immobilisations (note 5)	224 733	202 676

PRINCIPALES CONVENTIONS COMPTABLES (citées partiellement)

Propriétés immobilières
La Société détient des propriétés immobilières à des fins de location qu'elle comptabilise au coût.

Groupe Jean Coutu inc.

NOTES COMPLÉMENTAIRES
Aux 31 mai 2001 et 2000 (chiffres en milliers de dollars)
Note 17: INFORMATIONS SECTORIELLES

La Société compte trois secteurs isolables : le franchisage, l'immobilier et la vente au détail. Dans le cadre de ses activités de franchisage, la Société agit comme franchiseur de la bannière « PJC Jean Coutu », exploite un centre de distribution et coordonne plusieurs autres services pour ses franchisés. Au 31 mai 2001, le nombre de franchises s'élève à 253 (2000 — 252)
La Société exploite 251 (2000 — 252) établissements de vente au détail de produits pharmaceutiques et autres sous la bannière « Brooks », dont 17 (2000 — 4) ouverts et acquis au cours de l'exercice.

	2001			
	Franchisage	**Immobilier**	**Vente au détail**	**Total**
Produits de clients externes	1 310 424 $	52 732 $	1561 688 $	2 924 844 $

Jean Coutu fait des affaires non seulement dans la pharmacie, mais aussi dans l'immobilier. Il importe de distinguer les immobilisations utilisées dans le domaine de la pharmacie d'avec celles qui servent uniquement à procurer des revenus immobiliers et de comparer ensuite les rendements respectifs de ces ressources. De même, on devrait traiter à part les immobilisations détenues comme placement et les ranger sous la rubrique placement, puis, éventuellement, les confronter avec les produits tirés de ces placements. La reddition des comptes gagne alors en précision.

CAR 8-8   La réduction de valeur des immobilisations

a)   Deux cas de radiation d'immobilisations

Van Houtte

Note 5 : ÉLÉMENTS NON RÉCURRENTS (en milliers de dollars)

Afin de tenir compte des conditions du marché et des changements technologiques, la direction de la Société a procédé à une révision en profondeur de l'utilisation future de ses équipements de pause-café et de distributrices alimentaires. Ainsi, certaines pièces d'équipement ont été radiées et une réduction de valeur a également été comptabilisée.

	2002	**2001**
Radiation d'immobilisations	11 850 $	— $
Réduction de valeur des immobilisations	6 933	—
Autres frais de restructuration	1 235	—
	20 018 $	— $

Air Canada

Note 6 : PRODUITS (CHARGES) HORS EXPLOITATION (en millions de dollars)

	2001	2000
Provision pour perte sur appareils et stocks	(176) $	(24) $

Au troisième trimestre, la Société a annoncé le retrait définitif d'appareils du service. La Société a constitué des provisions de 176 $ relativement à 53 appareils de son exploitation principale. [...]

b) Deux cas de radiation d'écarts d'acquisition

BCE

Note 1 : PRINCIPALES CONVENTIONS COMPTABLES

Prises de position récentes
Regroupements d'entreprises, écarts d'acquisition et autres actifs incorporels
Le tableau suivant présente un rapprochement de l'écart d'acquisition déclaré au 30 septembre 2002 (en millions de dollars) :

Écart d'acquisition au 1er janvier 2002	15 947 $
Charge pour moins-value transitoire de l'écart d'acquisition	(8 652)
Écart d'acquisition acquis durant l'exercice	1 065
Déconsolidation de Téléglobe et BCI	(1 754)
Autres	71
Écart d'acquisition au 30 septembre 2002	6 677 $

Corporation Nortel Networks

Note 7 : CHARGES SPÉCIALES (en millions de dollars US) (citée partiellement)

	Charges spéciales
Dépréciation des immobilisations corporelles	970 $
Dépréciation de l'écart d'acquisition et d'actifs incorporels	12 810

Par ailleurs, en raison d'importantes tendances défavorables au sein du secteur et de l'économie qui se répercutent tant sur ses activités que sur ses taux de croissance prévus, Nortel Nerworks a effectué des évaluations de certaines immobilisations corporelles dans le cadre de sa revue des résultats financiers de 2001. Ces évaluations ont entraîné une dépréciation de certaines immobilisations corporelles du groupe Activités à l'échelle mondiale — qui soutient tous les secteurs de Nortel Networks — et du secteur Réseaux optiques longue distance, d'environ 435 $.
Pour l'exercice terminé le 31 décembre 2001, Nortel Networks a enregistré une dépréciation de ses écarts d'acquisition et de ses actifs incorporels de 12 810 $.

8

RÉPONSES AUX QUESTIONS

2.

ÉTAT DES FLUX DE TRÉSORERIE
Pour l'année terminée le 31 décembre 2004

Fonds provenant de l'exploitation		
Bénéfice net		2 000 000 $
Variations des postes hors trésorerie		
Augmentation des stocks	(220 000) $	
Augmentation des comptes fournisseurs	150 000	(70 000)

L'augmentation des stocks n'a été financée que partiellement par l'augmentation des comptes fournisseurs, ce qui a réduit les fonds provenant de l'exploitation. Il est donc important d'utiliser les comptes fournisseurs pour financer les stocks.

4. L'expression « facilités de crédit » désigne les divers types de crédits accordés à court terme par les sociétés financières et les sociétés de crédit. Les facilités de crédit peuvent consister en une marge de crédit négociée d'avance destinée à couvrir les découverts bancaires, en un crédit à terme ou en un crédit renouvelable ou même rotatif lorsque le crédit est ouvert pour une durée déterminée fixée par contrat et que les remboursements au gré de l'emprunteur reconstituent le crédit. L'acceptation bancaire fait également partie des facilités de crédit: elle se définit comme l'acte par lequel une société financière s'engage à payer à l'échéance une lettre de change d'un montant déterminé tirée sur elle par un client.

Groupe Forzani ltée

NOTE AUX ÉTATS FINANCIERS
Année terminée le 27 janvier 2002
Note 7: DETTE (citée partiellement)

La Société dispose d'une facilité de crédit totalisant 140 M$ auprès de General Electric Capital Canada inc. et de la Banque Nationale du Canada. La facilité comprend un emprunt renouvelable de 115 M$ et un emprunt à court terme de 25 M$ remboursable à l'échéance, soit le 20 décembre 2003.

6. La titrisation consiste à transformer des créances en titres que l'on revend à des investisseurs.

> La titrisation est une technique financière qui consiste à regrouper des créances (prêts hypothécaires ou commerciaux, soldes de cartes de crédit, prêts pour achat d'automobiles ou autres créances résultant d'opérations de crédit) sous forme de titres négociables sur le marché des capitaux. L'établissement initiateur des crédits cède le bloc de créances à titriser à une structure d'accueil ou un organe *ad hoc* (souvent appelé *special purpose vehicle (SPV)* aux États-Unis, alors qu'il s'agit d'un fonds commun de créances (FCC) en France) qui finance l'acquisition de ces créances par l'émission de titres négociables sur le marché des capitaux. Le capital et les intérêts des titres émis en représentation des créances sont constitués par le principal et les intérêts des créances cédées[1].

Le terme anglais est *securitization*.

8. On crée un fonds d'amortissement de la dette obligatoire pour les raisons suivantes :

- pour disposer de fonds au moment du remboursement;
- pour procurer une garantie supplémentaire;
- pour planifier le remboursement;
- pour effectuer un rachat anticipé lorsque le taux est favorable.

10. Le passif réel est déjà constaté aux livres puisqu'il correspond à un événement passé. Le passif éventuel dépend de la matérialisation d'un événement futur se rattachant à un fait passé. C'est le cas, par exemple, d'un litige concernant un contrat passé. Pour les frais courants concernant les coûts futurs à engager pour honorer les garanties, on crée généralement une provision (voir chapitre 4). Pour des événements comme une poursuite judiciaire, il peut être nécessaire de présenter un passif éventuel sous forme de notes. Il reste à savoir si le montant peut faire l'objet d'une estimation raisonnable. Si tel est le cas, on peut constater un montant minimum aux états financiers et envisager la possibilité d'inscrire un montant supérieur dans les notes.

12. La différence réside principalement dans le fait que l'existence du passif éventuel résulte d'un événement passé, comme c'est le cas de tous les passifs. Par exemple, si une entreprise a cautionné un emprunt de sa filiale ou si elle est poursuivie par un concurrent pour avoir copié un produit, le passif éventuel est dû à l'un ou l'autre de ces événements. L'éventualité dépend d'un événement futur quant à son existence même (par exemple la perte du procès) et affectant le montant de l'incidence sur la situation financière (par exemple le montant de la condamnation judiciaire). Dans l'engagement contractuel, la signature d'un contrat relatif à un achat d'immobilisations, par exemple, l'entreprise n'a rien reçu encore, un passif ne s'est pas encore créé. L'engagement contractuel détermine le montant de la sortie de fonds à venir, mais le corps des états financiers n'est pas touché. Il faut toutefois informer les investisseurs qu'un fait important se produira puisqu'il y a contrat. En somme, une entreprise qui est poursuivie ou qui a contracté un emprunt est placée dans une situation particulière. Une entreprise peut avoir 10 M$ de trésorerie au 31 décembre, mais s'être

---

1. Louis Ménard, *Dictionnaire de la comptabilité*, ICCA, Ordre des experts comptables (France), Institut des Réviseurs d'Entreprises (Belgique), 1994.

engagée à verser cette somme pour l'acquisition d'une filiale. Il faut alors mentionner ces engagements contractuels.

14. La valeur marchande d'une action correspond à la valeur boursière. La valeur aux livres est une indication du montant investi par les actionnaires dans la société (capital-actions lors de l'émission et bénéfices réinvestis). Le marché détermine la valeur boursière. La valeur marchande est habituellement supérieure à la valeur comptable.

16. On utilise la moyenne pondérée parce que le capital-actions reçu, par exemple le 15 juillet, ne peut avoir contribué à réaliser des bénéfices qu'à partir de ce moment ou qu'il ne peut être considéré comme une ressource susceptible d'être engagée dans l'exploitation qu'à partir du 15 juillet. Donc, le fait de recevoir 10 $ le 15 juillet équivaut à l'utilisation de 4,58 $ pendant toute l'année selon le principe de la moyenne pondérée (10 $ × 5,5 mois / 12 mois).

Pour calculer l'indice de la capacité à générer des bénéfices, il faut se servir de l'indice des ressources moyennes mises en jeu.

	Indice des résultats		
	Indice des ressources engagées		
Ventes	Ventes	Bénéfice net	Bénéfice net
Nombre moyen d'employés	Immobilisations moyennes	Avoir moyen des actionnaires	Nombre moyen d'actions en circulation

SOLUTIONS DES EXERCICES

E 9-2   Un engagement contractuel

Le fait ne peut être signalé dans le corps même des états financiers de 2004, car le passif se matérialisera seulement lorsque les biens seront reçus en 2005. Les états financiers doivent toutefois fournir un exposé sommaire de tout engagement contractuel important qui est de nature à influer sur la situation financière actuelle ou sur l'exploitation future de l'entreprise. L'information sera présentée sous forme de note. Les principaux engagements pouvant être décrits dans les notes aux états financiers sont les suivants :

- ceux qui comportent un niveau élevé de spéculation non inhérent à la nature de l'entreprise ;

- ceux qui entraîneront des déboursés élevés compte tenu de la situation financière ou de la nature de l'entreprise (par exemple des dépenses en immobilisations) ; si le sens peut y gagner, on peut donner le chiffre des dépenses autorisées au lieu de la description de l'engagement ;

- ceux qui se rapportent à l'émission d'actions ;

- ceux qui déterminent le montant d'une catégorie donnée de dépenses à effectuer sur une longue période.

E 9-4 Le calcul du résultat par action

Il faut calculer le résultat par action en prenant au dénominateur le nombre moyen pondéré d'actions en circulation.

$$\frac{\text{Résultat par action avant poste extraordinaire}}{\text{Nombre moyen pondéré d'actions}}$$

$$\frac{470\ 000\ \$}{(150\ 000 \times {}^{8}/_{12}) + (250\ 000 \times {}^{4}/_{12})}$$

$$\frac{470\ 000\ \$}{183\ 333\ \text{actions}} = 2,56\ \$$$

E 9-6 Le résultat par action et le nombre d'actions en circulation

Comme le montre le tableau ci-dessous, l'utilisation du nombre d'actions en circulation en fin d'exercice induit en erreur, car il fait croire qu'il y a eu progrès.

| | Résultat par action | |
	Selon le nombre d'actions en circulation à la fin	Selon le nombre moyen d'actions en circulation
Première année	$\dfrac{1,5\ \text{M\$}}{2\ 000\ 000} = 0,75\ \$$	$\dfrac{1,5\ \text{M\$}}{1\ 500\ 000} = 1,00\ \$$
Seconde année	$\dfrac{2\ \text{M\$}}{2\ 000\ 000} = 1,00\ \$$	$\dfrac{2\ \text{M\$}}{2\ 000\ 000} = 1,00\ \$$

Le calcul basé sur le nombre d'actions en circulation à la fin de l'exercice (première colonne) plutôt que sur le nombre moyen (seconde colonne) laisse croire que la rentabilité de l'entreprise a augmenté au cours de la deuxième année. Le résultat par action est demeuré à 1,00 $.

Nombre moyen pondéré d'actions en circulation en 2003 :

$(1\ 000\ 000 \times {}^{6}/_{12}) + (2\ 000\ 000 \times {}^{6}/_{12}) = 1\ 500\ 000$ actions

En d'autres termes, investir 15 000 000 $ pendant 12 mois équivaut à investir 10 000 000 $ pendant les premiers 6 mois et 20 000 000 $ pendant les 6 mois suivants.

SOLUTIONS DES CAS D'APPROFONDISSEMENT DE LA MATIÈRE

CAM 9-2   Cent Watts inc.: l'émission et la présentation des obligations au bilan

Date		Débit	Crédit
2004 04-01	Encaisse	1 516 875	
	Dette obligataire		1 500 000
	Intérêts courus à payer		16 875
	(Intérêts: 1 500 000 $ $\times$ 0,135 $\times$ $^1/_{12}$ mois)		
09-01	Intérêts débiteurs	84 375	
	Intérêts courus à payer	16 875	
	Encaisse		101 250
	(Intérêts: 1 500 000 $ $\times$ 0,135 $\times$ $^5/_{12}$ = 84 375 $; encaisse: 1 500 000 $ $\times$ 0,135 $\times$ $^6/_{12}$ = 101 250 $)		
12-31	Intérêts débiteurs	67 500	
	Intérêts courus à payer		67 500
	(Intérêts courus: 1 500 000 $ $\times$ 0,135 $\times$ $^4/_{12}$)		

CAM 9-4   Cogestion ltée: l'émission d'actions

a)   Prix auxquels se sont faites les émissions d'actions

	Actions privilégiées		Actions ordinaires	
	Montant	**Nombre**	**Montant**	**Nombre**
Avant le fractionnement du 15 décembre, après l'émission de juin	11 000 000 $	110 000	98 000 000 $	1 500 000
Avant l'émission de juin	10 000 000	100 000	65 000 000	1 000 000
Émission de juin	1 000 000 $	10 000	33 000 000 $	500 000
Prix	100 $		66 $	

b)   Bénéfice net de l'exercice 2004

Bénéfices non répartis au 31 décembre 2004	18 000 000 $
Plus: dividendes ordinaires (1 500 000 actions $\times$ 0,50 $)	750 000

$\rightarrow$

Dividendes privilégiés	
Arrérage de 2003 (100 000 actions × 5 $)	500 000
Courant (110 000 actions × 5 $) (note 1)	550 000
	19 800 000
Moins : bénéfice net de 2004	x
Bénéfices non répartis au 31 décembre 2003	13 500 000 $
x = 6 300 000 $	

Note 1 : En juin, une émission de 10 000 actions avait précédé la déclaration des dividendes

Le bénéfice net de 2004 a donc été de 6 300 000 $, soit 19 800 000 $ – 13 500 000 $.

CAM 9-6   Le calcul du résultat dilué par action avec présence de titres convertibles

Bénéfice dilué par action :

	Bénéfice attribuable	Nombre d'actions	Résultat dilué par action
Bénéfice de base par action en circulation	17 000 000 $	30 000 000	0,5666 $
Obligations convertibles (note 1)	600 000	2 000 000	
Résultat dilué par action	17 600 000 $	32 000 000	0,5500 $

Note 1 : Analyse de l'effet de dilution produit par les 15 M$ d'obligations à 8 % convertibles en 2 000 000 d'actions ordinaires

Incidence de la conversion sur le bénéfice :	
Économie nette des frais d'intérêt (15 000 000 $ × 0,08 × 50 %)	600 000 $
Incidence sur le nombre d'actions en circulation :	
Nombre d'actions ordinaires requises pour la conversion	2 000 000

On postule une conversion au début de la période afin de déterminer quel aurait été le bénéfice par action ordinaire de l'année courante si les détenteurs de ces titres avaient exercé leur droit de conversion. Il faut toutefois ajouter l'économie nette après impôts qui résulte de l'élimination présumée des intérêts de 2005 sur ces obligations (15 000 000 $ × 0,08 × 50 % = 600 000 $). On ajoute au bénéfice à partager entre les actionnaires ordinaires ces intérêts nets d'impôts, car ils n'auraient pas existé si la conversion des obligations en actions avait eu lieu en début de période.

SOLUTIONS DES CAS D'ANALYSE FINANCIÈRE

CAF 9-2 Multichoix ltée : le financement par actions ou par la dette

	Émission d'actions de classe B	Émission d'actions de classe A	Émission d'obligations
Bénéfice avant intérêts et impôts	500 000 $	500 000 $	500 000 $
Intérêt sur obligations	–	–	405 000
Bénéfice avant impôts	500 000	500 000	95 000
Impôt (50 %)	250 000	250 000	47 500
Bénéfice net	250 000	250 000	47 500
Dividendes aux actionnaires de classe B (13 %)	390 000		
Bénéfice attribuable aux actionnaires de classe A	(140 000) $	250 000 $	47 500 $

Le bénéfice net de 4 300 000 $ en 2004 a produit un résultat par action de classe A de 4,30 $. Le bénéfice par action est le suivant, si on tient compte du fait qu'il y a maintenant 1 150 000 actions de classe A en circulation :

Nouveau bénéfice net attribuable aux actionnaires de classe A	4 160 000 $	4 550 000 $	4 347 500 $
Nombre d'actions de classe A	1 000 000	1 150 000	1 000 000
Nouveau résultat par action de classe A	4,16 $	3,96 $	4,35 $

CAF 9-4 Touchez du Bois ltée : le résultat par action et le cours-bénéfice

a) Résultat par action en circulation et résultat dilué par action pour 2004 et 2005

	2004		2005	
	Montant	Nombre	Montant	Nombre
Bénéfice à partager entre les actionnaires ordinaires (note 1)	1 400 000 $	1 200 000	1 242 000 $	1 200 000
Augmentation des actions ordinaires due à la conversion présumée des obligations (note 2)	500 000	400 000	500 000	400 000
Émission de juin	1 900 000 $	1 600 000	1 742 000 $	1 600 000

→

Résultat dilué par action avant élément extraordinaire		1,703 $
Net	1,188 $	1,089 $
Résultat par action en circulation avant élément extraordinaire		1,854 $
Net	1,167 $	1,035 $

Note 1 : Bénéfice à partager entre les actionnaires ordinaires

	2004	2005
Bénéfice avant élément extraordinaire	3 200 000 $	4 850 000 $
Impôt de 50 %	1 600 000	2 425 000
	1 600 000	2 425 000
Perte extraordinaire nette d'impôt	–	983 000
Bénéfice net	1 600 000	1 442 000
Dividendes privilégiés déclarés ou non (cumulatifs)	(200 000)	(200 000)
Bénéfice attribuable aux actionnaires ordinaires	1 400 000 $	1 242 000 $

Note 2 : Conversion présumée des obligations (au début de l'année)

(10 000 000 $ / 100 $) × 4 actions = 400 000 actions. Toutefois, on épargnerait 1 000 000 $ en intérêts par année, soit 500 000 $ après impôts chaque année.

Résultat dilué par action avant poste extraordinaire :

2004 : pas de bénéfice avant poste extraordinaire

$$2005 : \frac{1\ 742\ 000\ \$ + 983\ 000\ \$}{1\ 600\ 000\ \text{actions}} = 1,703\ \$$$

Résultat dilué par action :

$$2004 : \frac{1\ 900\ 000\ \$}{1\ 600\ 000\ \text{actions}} = 1,188\ \$$$

$$2005 : \frac{1\ 742\ 000\ \$}{1\ 600\ 000\ \text{actions}} = 1,089\ \$$$

Résultat par action avant poste extraordinaire :

2004 : pas de bénéfice avant poste extraordinaire

$$2005 : \frac{1\ 242\ 000\ \$ + 983\ 000\$}{1\ 200\ 000\ \text{actions}} = 1,854\ \$$$

Résultat net par action :

$$2004 : \frac{1\,400\,000\ \$}{1\,200\,000\ \text{actions}} = 1,167\ \$$$

$$2005 : \frac{1\,242\,000\ \$}{1\,200\,000\ \text{actions}} = 1,035\ \$$$

b) **Ratio cours-bénéfice pour l'exercice 2004**

Le ratio cours-bénéfice en 2004 était de 11,8 (soit 14 $ / 1,188 $).

c) **Prix de l'action ordinaire au 31 décembre 2005**

Étant donné que le résultat dilué par action avant poste extraordinaire est de 1,703 $ en 2005, le cours de l'action ordinaire devrait se négocier à 20,10 $ si l'on présume que le ratio cours-bénéfice est de 11,8. Si le marché ne tient pas compte de l'élément extraordinaire, le prix devrait être de 12,85 $ (soit 11,8 × 1,089 $).

Rappelons que l'on signale les éléments extraordinaires séparément pour que le marché puisse escompter que l'effet ne se reproduira pas dans le futur.

CAF 9-6   Bouleverse ltée : les modes de financement et le résultat par action

a)   Effet des modes de financement sur le résultat par action de 2005

	Mode A Emprunt hypothécaire	Mode B Émission d'actions ordinaires	Mode C Émission d'actions privilégiées
Bénéfice avant intérêts et impôts	50 000 000 $	50 000 000 $	50 000 000 $
Moins : intérêts sur hypothèque			
Banque Prestige (note 1)	2 683 400	2 683 400	2 683 400
Banque Innovation (note 2)	2 462 200		
Bénéfice avant impôts	44 854 400	47 316 600	47 316 600
Moins : impôt (40 %)	17 941 760	18 926 640	18 926 640
Bénéfice net	26 912 640	28 389 960	28 389 960
Moins : dividende aux détenteurs d'actions			
privilégiées (note 3)	600 000	600 000	3 600 000
Bénéfice attribuable aux actionnaires ordinaires	26 312 640 $	27 789 960 $	24 789 960 $
Nombre d'actions ordinaires	10 000 000	12 500 000	10 000 000
Résultat par action	2,63 $	2,22 $	2,48 $

Note 1 : Intérêts débiteurs — Banque Prestige (emprunt existant)

Il faut se reporter au tableau partiel d'amortissement de l'emprunt hypothécaire consenti par la Banque Prestige.

Versements du :	
30 juin 2005	1 400 000 $
31 décembre 2005	1 283 400
	2 683 400 $

Note 2 : Intérêts débiteurs — Banque Innovation (nouvel emprunt)

Il faut se reporter au tableau partiel d'amortissement de l'emprunt hypothécaire consenti par la Banque Innovation.

Versements du :	
30 juin 2005	1 250 000 $
31 décembre 2005	1 212 200
	2 462 200 $

Note 3 : Dividendes aux détenteurs d'actions privilégiées

Modes A et B

Au début de l'exercice, l'entreprise détenait 500 000 actions privilégiées. Il n'y a aucune émission au cours de l'exercice terminé le 31 décembre 2005 :

500 000 actions privilégiées × 1,20 $ l'unité = 600 000 $

Mode C

Outre les 500 000 actions privilégiées, l'entreprise émettrait 2 500 000 actions privilégiées :

3 000 000 d'actions privilégiées × 1,20 $ l'unité = 3 600 000 $

b) Bilan partiel au 31 décembre 2005 et effet des modes de financement sur le ratio d'endettement de l'entreprise

MODE A

Bouleverse ltée

BILAN (partiel)
Au 31 décembre 2005

PASSIF	
Passif à court terme (note 4)	22 141 096 $
Emprunt hypothécaire — Banque Prestige (note 5)	22 620 768
Emprunt hypothécaire — Banque Innovation (note 6)	21 741 240
Total du passif	66 503 104
AVOIR DES ACTIONNAIRES	
Capital-actions	
Actions ordinaires (10 000 000 d'actions)	40 000 000
Actions privilégiées au dividende annuel cumulatif de 1,20 $ par action en circulation (500 000 actions)	5 000 000
	45 000 000
Bénéfices non répartis (note 7)	26 312 640
Total de l'avoir des actionnaires	71 312 640
	137 785 744 $

$$\text{Taux d'endettement} = \frac{66\ 503\ 104\ \$}{71\ 312\ 640\ \$} = 0,93$$

Note 4 : Passif à court terme

Solde au 31 décembre 2005, compte non tenu de la portion à court terme du passif à long terme (information 3)		14 000 000 $
Plus : portion à court terme de l'emprunt hypothécaire existant — Banque Prestige (voir le tableau d'amortissement)		
30 juin 2006	3 153 083 $	
31 décembre 2006	3 279 183	6 432 266
Plus : portion à court terme du nouvel emprunt hypothécaire — Banque Innovation		
30 juin 2006	833 565 $	
31 décembre 2006	875 265	1 708 830
		22 141 096 $

Note 5 : Emprunt hypothécaire — Banque Prestige (emprunt existant)

Solde au 31 décembre 2004		35 000 000 $
Moins : remboursement de capital en 2005 (voir le tableau d'amortissement)		
30 juin 2005	2 915 183 $	
31 décembre 2005	3 031 783	5 946 966
Solde au 31 décembre 2005		29 053 034
Moins : portion à court terme remboursable en 2006 à présenter		
dans le passif à court terme (voir note 4)		6 432 266
Solde à long terme		22 620 768 $

Note 6 : Emprunt hypothécaire — Banque Innovation (nouvel emprunt)

Solde au 1er janvier 2005		25 000 000 $
Moins : remboursement de capital en 2005		
30 juin 2005	756 065 $	
31 décembre 2005	793 865	1 549 930
Solde au 31 décembre 2005		23 450 070
Moins : portion à court terme remboursable en 2006 à présenter		
dans le passif à court terme (voir note 4)		1 708 830
Solde à long terme		21 741 240 $

Note 7 : Bénéfices non répartis — mode A

Solde au 1er janvier 2005		15 000 000 $
Plus : bénéfice net (voir 9-6 a)		26 912 640
Moins : dividendes		
Actions ordinaires (10 000 000 actions × 1,50 $ l'unité)	15 000 000 $	
Actions privilégiées (500 000 actions × 1,20 $)	600 000	15 600 000
Solde au 31 décembre 2005		26 312 640 $

MODE B

Bouleverse ltée

BILAN (partiel)
Au 31 décembre 2005

PASSIF

Passif à court terme (note 8)	20 432 266 $
Emprunt hypothécaire — Banque Prestige (note 5)	22 620 768
Total du passif	43 053 034

AVOIR DES ACTIONNAIRES

Capital-actions

Actions ordinaires (12 500 000 actions)	65 000 000
Actions privilégiées au dividende annuel cumulatif de 1,20 $ par action en circulation (500 000 actions)	5 000 000
	70 000 000
Bénéfices non répartis (note 9)	24 039 960
Total de l'avoir des actionnaires	94 039 960
	137 092 994 $

$$\text{Taux d'endettement} = \frac{43\ 053\ 034\ \$}{94\ 039\ 960\ \$} = 0,46$$

Note 8 : Passif à court terme

Solde au 31 décembre, compte non tenu de la portion à court terme du passif à long terme (information 3)		14 000 000 $
Plus : portion exigible en 2006 de l'emprunt hypothécaire — Banque Prestige		
30 juin 2006	3 153 083 $	
31 décembre 2006	3 279 183	6 432 266
		20 432 266 $

Note 9 : Bénéfices non répartis — mode B

Solde au 1er janvier 2005		15 000 000 $
Plus : bénéfice net (voir *a*), p. 217		28 389 960
Moins : dividendes		
Actions ordinaires (12 500 000 actions × 1,50 $ l'unité)	18 750 000 $	
Actions privilégiées (500 000 actions × 1,20 $)	600 000	19 350 000
Solde au 31 décembre 2005		24 039 960 $

MODE C

Bouleverse ltée

BILAN (partiel)
Au 31 décembre 2005

PASSIF

Passif à court terme (note 8)	20 432 266 $
Emprunt hypothécaire — Banque Prestige (note 5)	22 620 768
Total du passif	43 053 034

AVOIR DES ACTIONNAIRES

Capital-actions	
Actions ordinaires (10 000 000 d'actions)	40 000 000
Actions privilégiées au dividende annuel cumulatif de 1,20 $ par action en circulation (3 000 000 d'actions)	30 000 000
	70 000 000
Bénéfices non répartis (note 10)	24 789 960
Total de l'avoir des actionnaires	94 789 960
	137 842 994 $

$$\text{Taux d'endettement} = \frac{43\ 053\ 034\ \$}{94\ 789\ 960\ \$} = 0,45$$

Note 10 : Bénéfices non répartis — mode C

Solde au 1er janvier 2005		15 000 000 $
Plus : bénéfice net (voir CAF 9-6a)		28 389 960
Moins : dividendes		
Actions ordinaires (10 00 000 actions × 1,50 $ l'unité)	15 000 000 $	
Actions privilégiées (3 000 000 actions × 1,20 $)	3 600 000	18 600 000
Solde au 31 décembre 2005		24 789 960 $

SOLUTIONS DES CAS D'ANALYSE ET DE RECHERCHE

CAR 9-2   Les émissions et rachats d'actions

Entreprise : Groupe Jean Coutu (PJC) inc.

Site Internet : www.jeancoutu.com

Rapport annuel : exercice financier 2001

Évolution du nombre d'actions : Actions à droit de vote subalterne catégorie A

Actions catégorie B

Actions à droit de vote subalterne catégorie A

	Nombre d'actions
Solde au 31 mai 2001	47 379 960
Solde au 31 mai 2000	20 307 300
Changement	27 072 660
Solde au 31 mai 2000	20 307 300
Plus: fractionnement (2 nouvelles actions pour chaque action détenue)	20 307 300
	40 614 600
Plus: émission par le moyen d'un appel public à l'épargne (note 1)	6 500 000
Plus: levée d'options d'achat d'actions	265 360
Solde au 31 mai 2001	47 379 960

Note 1:

Le rapport annuel 2001 de l'entreprise ne donne aucune indication sur l'utilisation du produit de cette émission d'actions. Cependant, le prospectus publié à l'occasion de cette émission précise que « le produit net du placement sera versé dans le fonds de roulement de la compagnie à des fins générales, y compris des acquisitions dans le cours normal et habituel des affaires, bien qu'il n'y ait actuellement aucune acquisition prévue ».

Actions catégorie B

	Nombre d'actions
Solde au 31 mai 2001	65 000 000
Solde au 31 mai 2000	32 500 000
Changement	32 500 000
Solde au 31 mai 2000	32 500 000
Plus: fractionnement (2 nouvelles actions pour chaque action détenue)	32 500 000
	65 000 000

CAR 9-4   La difficulté de classer certains instruments financiers au bilan

La situation d'un actionnaire privilégié qui n'a pas droit de vote dans l'élection du conseil d'administration, qui reçoit une part du bénéfice déterminée d'avance, dont l'action peut être achetée au gré de l'émetteur dans des délais prédéterminés et à un montant fixé d'avance est semblable à celle d'un créancier.

Entreprise: Ivaco inc.
Site Internet: www.ivaco.com
Rapport annuel: exercice financier 2001

9

Ivaco inc. traite ses actions privilégiées de second rang de série 5 à dividende cumulatif comme étant un élément du passif à long et à court terme. La note 8 aux états financiers de l'entreprise se lit comme suit :

Ivaco inc.

Note 8 : ACTIONS PRIVILÉGIÉES DE SECOND RANG, DE SÉRIE 5 À DIVIDENDE DE 2,625 $

Un nombre illimité d'actions privilégiées de second rang, de série 5 a été autorisé, dont une tranche de 2 785 989 actions (2 718 031 actions en 2000) ont été émises et sont en circulation. Le capital déclaré correspondant s'élève à 66 074 $ (64 177 $ en 2000).

Les actions privilégiées de second rang rachetables au gré de la Société et du porteur, à dividende cumulatif de 2,625 $, de série 5, peuvent être achetées par la Société sur le marché libre à des prix n'excédant pas le prix de rachat pertinent de 25 $ l'action. La Société peut racheter la totalité ou une partie des actions privilégiées de second rang rachetables au gré de la Société et du porteur, à dividende cumulatif, de série 5 à tout moment à un prix de rachat de 25 $ l'action. Le 31 mars de chacune des années indiquées ci-dessous, la Société rachètera, à 25 $ l'action, un certain nombre d'actions, à condition cependant que le nombre d'actions ainsi rachetées n'excède pas les pourcentages d'actions en circulation stipulés ci-après pour chacune de ces années : 15 % en 2002, 15 % en 2003, 20 % en 2004 et 100 % en 2005. Le 31 mars 2001, la Société a racheté 271 803 actions à 25 $ chacune, dont le capital déclaré s'élève à 6 417 $ conformément aux conditions qui s'y rattachent. De plus, en 2001, 339 761 actions (65 362 en 2000) dont le capital déclaré s'élève à 8 314 $ (1 545 $ en 2000) ont été émises afin de régler une partie des dividendes réguliers sur les actions privilégiées de second rang autres que sur les actions privilégiées de second rang, de série 5, lesquels ont été versés en espèces.

■ Source : www.ivaco.com

L'entreprise classe ce type d'actions privilégiées parmi les éléments de passif pour deux raisons essentielles :

1. Les porteurs (détenteurs) peuvent à tout moment (« à condition cependant que le nombre d'actions ainsi rachetées n'excède pas les pourcentages d'actions en circulation stipulés ci-après pour chacune de ces années ») exiger le rachat des actions par la société.

2. La société s'engage formellement à racheter un certain nombre d'actions privilégiées le 31 mars de chaque année. L'engagement a la même force qu'une déclaration de dividendes. Par exemple, Ivaco précise que le rachat n'excédera pas les pourcentages indiqués. Au cours de l'exercice 2002, l'entreprise rachètera une quantité d'actions privilégiées pour un montant total de 9 911 000 $. En 2001, elle a racheté une partie des actions privilégiées pour un montant de 6 417 000 $. Cette information figure dans le bilan de l'entreprise.

Ivaco inc.

BILANS CONSOLIDÉS (cités partiellement) Exercices terminés le 31 décembre (en milliers de dollars)	2001	2000
Passif à court terme		
Tranche des actions privilégiées de second rang, de série 5, échéant à moins d'un an (note 8)	9 911 $	6 417 $
Passif à long terme		
Actions privilégiées de second rang, de série 5 (note 8)	56 163	57 760

■ Source : www.ivaco.com

Chapitre 10

INTRODUCTION AUX REGROUPEMENTS D'ENTREPRISES

RÉPONSES AUX QUESTIONS

2. La concentration des entreprises peut se définir comme le processus consistant à acquérir d'autres entreprises, à former des coentreprises, à s'adjoindre des sociétés satellites ou à créer des alliances, des consortiums pour l'achat et la distribution en vue de mieux se positionner dans un marché global. Quebecor, le Groupe Jean Coutu et Exfo nous fourniront des exemples d'acquisitions d'entreprises.

   La progression de l'écart d'acquisition de plus de 5 G$ témoigne de l'ampleur des acquisitions de Quebecor.

Quebecor

BILANS CONSOLIDÉS		
Aux 31 décembre 2001 et 2000 (en millions de dollars canadiens)	**2001**	**2000**
ACTIF		
Écart d'acquisition, déduction faite de l'amortissement cumulé de 664,2 millions de dollars en 2000	10 220,0 $	4 802,5 $

Quebecor

Note 6 : ACQUISITIONS ET DISPOSITIONS D'ENTREPRISES (2000)
(en millions de dollars) (citée partiellement)

Les acquisitions d'entreprises se résument comme suit :

	Le Groupe Vidéotron	Autres	Total
Éléments d'actif acquis	5 895,0 $	325,5 $	6 220,5 $
Éléments de passif assumés	620,3	132,7	753,0
Actifs nets à la juste valeur	5 274,7 $	192,8	5 467,5
Contrepartie			
Numéraire	5 274,7 $	187,5 $	5 462,2 $
Balance du prix d'achat à payer		5,3	5,3
	5 274,7 $	192,8 $	5 467,5 $

10

Quebecor

Note 8 : ACQUISITIONS ET DISPOSITIONS D'ENTREPRISES (2001) (citée partiellement)

En 1999, Quebecor World inc. a fait l'acquisition de World Color Press Inc. pour un prix d'acquisition de 1,5 milliard de dollars US. [...]

Quebecor

Note 5 : ACQUISITIONS ET DISPOSITIONS D'ENTREPRISES ET D'AUTRES ÉLÉMENTS (2002) (citée partiellement)

En septembre 2002, la Compagnie a cédé sa participation de 86,02 % dans TQS Inc. pour une contrepartie en espèces de 62,0 millions de dollars, dégageant un gain sur disposition de 20,1 millions de dollars.

Quebecor

BILANS CONSOLIDÉS

Aux 31 décembre 2001 et 2000 (en millions de dollars canadiens)	2001	2000
ACTIF		
Actif à court terme		
Placements dans des filiales détenues aux fins de revente (note 11)	– $	394,6 $
Placements dans des filiales non consolidées (note 2)	40,6	4 875,2

Note 2 : PLACEMENT DANS DES FILIALES NON CONSOLIDÉES

Le 23 octobre 2000, Quebecor Média inc., une filiale de Quebecor inc., a acheté la totalité des actions de Le Groupe Vidéotron ltée. Le changement de contrôle des activités de câblodistribution et de Groupe TVA inc. était sujet à l'approbation du Conseil de la radiodiffusion et des télécommunications canadiennes (le « CRTC ») et, par conséquent, les placements dans ces filiales étaient comptabilisés à la valeur de consolidation. À compter de mai et septembre 2001, respectivement, Quebecor Média inc. a commencé la consolidation des actifs, des passifs et des résultats des activités de câblodistribution et de Groupe TVA inc., par suite de l'approbation obtenue du CRTC pour le transfert du contrôle de ces activités.

Jean Coutu

Note 3 : ACQUISITION D'ENTREPRISES (2002) (citée partiellement)

Le 22 janvier 2002, la Société a acquis, par l'intermédiaire de sa filiale américaine, des actifs de 80 pharmacies de la bannière Osco pour une montant d'environ 380 177 000 $ (236 384 000 $ US).

Actif acquis :	
Stocks	116 786 $
Immobilisations	171 489
Actifs incorporels et écart d'acquisition	91 902
	380 177
Contrepartie en espèces	380 117 $

Exfo

Note 3 : REGROUPEMENTS D'ENTREPRISES

Le 20 décembre 2000, la société a acquis la totalité des actions votantes émises et en circulation de Burleigh instruments inc., une société américaine fabriquant des instruments scientifiques de précision utilisés dans la recherche de base et appliquée, l'ingénierie et les applications de tests de production dans une variété de domaines, pour une contrepartie totale évaluée à 189 270 000 $ US incluant les coûts relatifs à l'acquisition de 2 461 000 $ US.

La contrepartie payée comprend 42 461 000 $ US en espèces et l'émission de 6 488 816 actions à droit de vote subalterne pour un montant de 146 809 000 $ US.

10

4. Les regroupements de sociétés peuvent prendre les formes suivantes :

- l'acquisition d'actifs, qui est la façon la plus directe pour une entreprise d'en acquérir une autre. Elle consiste tout simplement à acheter les actifs et à supporter les passifs de l'autre entreprise. L'entreprise acquise peut soit tenter, pour survivre, d'exploiter de nouveaux domaines avec ses liquidités, soit se dissoudre après avoir distribué les liquidités aux actionnaires ;

- l'acquisition d'actions : l'entreprise achète au comptant les actions en circulation de la filiale en vue de prendre le contrôle de celle-ci. L'entreprise acquéreuse propose souvent une contrepartie mixte formée d'argent comptant et de nouvelles actions (voir la question n° 2). La contrepartie peut aussi être constituée par de nouvelles dettes qui permettent, par un échange de titres, d'acquérir une partie ou la totalité des actions votantes d'une autre entreprise, celle-ci demeurant une entité juridique distincte.

6. Les principales caractéristiques de la méthode de l'acquisition sont les suivantes :

- l'actif net de la compagnie acquise doit être déterminé par la juste valeur des actions ou autres titres donnés en échange ;

- les actifs acquis et les passifs pris en charge doivent être évalués initialement en fonction du coût d'acquisition pour l'acquéreur, coût déterminé à la date d'acquisition ;

- une fois l'acquisition faite, on revoit l'amortissement en fonction des justes valeurs à l'état consolidé des résultats ;

- le coût d'acquisition doit donc être réparti comme suit :

  i) une fraction du coût total d'acquisition doit être attribuée à tous les éléments de l'actif acquis et du passif pris en charge dans le cadre du regroupement d'entreprises, qu'ils soient ou non constatés dans les états financiers de l'entreprise acquise, en fonction de la juste valeur de ces éléments à la date d'acquisition, exception faite de tout écart d'acquisition et des impôts futurs constatés par l'entreprise acquise avant l'acquisition ;

  ii) l'excédent du coût d'acquisition sur le montant net des valeurs attribuées aux éléments de l'actif acquis et du passif pris en charge doit être considéré comme un écart d'acquisition, donc comme un élément d'actif. (Voir dans le manuel l'acquisition d'Alusuisse par Alcan à la section 10.6.)

8. Si une société mère détient, par exemple, 80 % des actions d'une filiale, on montrera 100 % des produits et charges de la filiale à l'état consolidé des résultats, mais on prendra soin de déduire 20 % du montant net qui n'appartient pas à la société mère dans la rubrique « Part des actionnaires sans contrôle ». Le bénéfice net consolidé sera donc le bénéfice net appartenant à la société mère (actionnaires avec contrôle). Si cette dernière comptabilise sa participation à la valeur de consolidation, le bénéfice net consolidé devrait être égal au bénéfice net qu'elle a réalisé, la consolidation n'ayant consisté qu'à détailler le produit de participation. La société mère consolide intégralement les comptes de la filiale plutôt que de n'en consolider qu'un pourcentage. Il est à noter que l'on charge la totalité de l'amortissement de l'excédent de la juste valeur de l'immeuble sur la valeur aux livres aux résultats de la société mère, car seule la quote-part de la société mère a fait l'objet d'une réévaluation en fonction du coût d'acquisition payé par la société mère. Les opérations intersociétés ont été supprimées pour tous les actionnaires, avec ou sans contrôle.

Une question du même genre se pose pour le bilan consolidé. Va-t-on intégrer 100 % des actifs et des dettes de la filiale ? La pratique recommande d'intégrer 100 % des comptes et retrancher au passif du bilan consolidé la part des actionnaires sans contrôle. Toutefois, seule la part de la société mère dans les actifs nets de la filiale sera réévaluée en fonction du prix payé par la société mère.

10. La façon d'évaluer la quote-part des actionnaires sans contrôle dépend de la théorie retenue : entité, société mère ou propriétaire. Le tableau qui suit indique leurs caractères essentiels. Au Canada, on ne réévalue pas la quote-part des actionnaires sans contrôle selon la juste valeur démontrée par le prix qu'a payé la société mère au moment de l'acquisition.

Théorie	Évaluation de la quote-part des actionnaires sans contrôle
De l'entité	À la juste valeur
De la société mère	À la valeur comptable (en vigueur au Canada)
Du propriétaire	Non montrée

12. Une entreprise est présumée en contrôler une autre lorsque c'est elle qui prend les décisions importantes. En général, elle est en mesure de prendre le contrôle lorsqu'elle est assurée d'avoir plus de 50 % de l'ensemble des actions votantes à l'élection du conseil d'administration. Il importe de faire une distinction entre le contrôle et la possibilité d'exercer une influence notable comme dans le cas des sociétés satellites. Dans une coentreprise (*joint venture*), le contrôle est partagé et les décisions sont prises en commun.

SOLUTIONS DES EXERCICES

E 10-2   La méthode de comptabilisation des regroupements d'entreprises

L'opération est comptabilisée au coût d'acquisition pour l'acquéreur, ce qui implique la révision des valeurs aux livres de la filiale à des fins de consolidation. Ainsi, dans les états financiers consolidés, on révisera la valeur des éléments acquis de la filiale pour les faire figurer à leur juste valeur démontrée par la juste valeur de la contrepartie donnée par l'acquéreur. Lorsqu'une entreprise achète un certain actif, un nouveau camion par exemple, elle doit l'enregistrer au prix d'achat payé, c'est-à-dire au *coût d'acquisition*, et l'amortir sur toute sa durée de vie utile. On utilise, rappelons-le, le coût d'acquisition parce que la théorie comptable postule la continuité de l'exploitation. Dans cette optique, ce qui importe, c'est de comparer le gain résultant de l'utilisation des actifs avec le coût réel de cette utilisation afin de vérifier si l'acquisition a été profitable. Pour déterminer si l'acquisition des actifs d'une filiale a été une bonne affaire, on compare le *coût d'acquisition de ces actifs à la juste valeur* avec ce que la filiale a rapporté. Cette méthode d'acquisition à la juste valeur est appliquée dans tous les cas où il y a regroupement d'entreprises. «Tous les regroupements d'entreprises doivent être comptabilisés selon la méthode de l'acquisition[1].»

E 10-4   Le calcul de l'écart d'acquisition

Contrepartie cédée	500 000 $
Contrepartie reçue : 100 % des justes valeurs des actifs nets identifiables	(700 000)
Écart d'acquisition négatif	(200 000) $

Si le prix payé par la société mère était inférieur à sa quote-part dans les justes valeurs des actifs et des passifs, il en résulterait un *écart d'acquisition négatif*. Cet écart négatif doit être réparti de manière à réduire proportionnellement les justes valeurs attribuées. C'est seulement lorsque, une fois cette opération réalisée, on est assuré que le coût d'acquisition demeure inférieur aux justes valeurs de répartition, qu'on peut présumer avoir fait une bonne affaire et enregistrer un gain extraordinaire[2]. Il peut arriver que l'autre partie veuille un règlement rapide et accepte un prix réduit, une sorte d'escompte par rapport aux justes valeurs.

E 10-6   Le traitement comptable de l'écart d'acquisition dans les années suivant le regroupement

a)   Détermination des règles comptables et leurs exigences

Étant donné que l'écart d'acquisition est évalué par reliquat, il serait difficile d'en déterminer la durée de vie utile et de l'amortir, par exemple, de la même façon qu'un immeuble. Pour les acquisitions effectuées après juillet 2001, les écarts d'acquisition ne seront pas amortis de la même façon que les immobilisations, par exemple, mais

---

1. Institut Canadien des Comptables Agréés, *Manuel de l'ICCA*, «Regroupements d'entreprises», chap. 1581, paragr. 09.

2. Le *Manuel de l'ICCA* précise le traitement de l'écart d'acquisition négatif au chapitre 1581, paragraphe 50 (juillet 2001).

soumis à un *test de dépréciation*. Ce test doit examiner les flux de trésorerie futurs qu'on peut attribuer à l'unité d'exploitation. Il doit comparer les flux de trésorerie attribuables à l'unité d'exploitation à sa valeur comptabilisée, et, par reliquat, on doit déduire si l'écart d'acquisition reste inchangé ou s'il a perdu une partie de sa valeur[3]. Le test doit se faire sur une base annuelle[4]. Quebecor affirmait : « La direction revoit de façon périodique la valeur et la période d'amortissement de l'écart d'acquisition. Lorsque les circonstances ou événements indiquent une possibilité de baisse de la valeur recouvrable nette de l'écart d'acquisition, une évaluation des flux monétaires futurs non actualisés que devrait générer l'entreprise pour laquelle cet écart d'acquisition a été comptabilisé est effectuée. Le cas échéant, la valeur comptable de l'écart d'acquisition est alors réduite. »

> Tout écart d'acquisition doit être constaté dans le bilan d'une entreprise pour le montant initialement constaté, déduction faite de toute réduction de valeur pour dépréciation[5].

Quebecor

ÉTATS CONSOLIDÉS DES RÉSULTATS (cités partiellement)
Exercices terminés les 31 décembre 2001, 2000 et 1999

(en millions de dollars canadiens)	2001	2000	1999
Provision pour rationalisation des activités d'exploitation et charges spéciales	(552,2) $		

Note 4 : PROVISION POUR RATIONALISATION DES ACTIVITÉS D'EXPLOITATION ET CHARGES SPÉCIALES

f)   Radiation de l'écart d'acquisition

Au cours de l'exercice 2001, compte tenu du ralentissement économique, la direction a procédé à une radiation d'une partie des écarts d'acquisition afférents à différentes unités d'exploitation du secteur Intégration Web — Technologie. En 2000, une dévaluation a également été prise par suite de la décision de procéder à la fermeture d'unités d'exploitation de ce secteur. Au total, un montant de 28,5 millions de dollars (72,9 millions de dollars en 2000) avant la part des actionnaires sans contrôle de 21,1 millions de dollars (42,5 millions de dollars en 2000) a été inscrit aux livres. Également, le secteur Internet — Portails a procédé à une analyse de ses flux de trésorerie futurs non actualisés suite au ralentissement des activités de son secteur. En 2001, l'écart d'acquisition a été dévalué de 188,5 millions de dollars (54,0 millions de dollars en 2000) avant la part des actionnaires sans contrôle de 57,4 millions de dollars (23,3 millions de dollars en 2000). Le secteur Loisir et divertissement a comptabilisé en 1999 une radiation d'écart d'acquisition ayant subi une baisse de valeur permanente de 4,5 millions de dollars.

b)   Raisons pour lesquelles Quebecor devra radier une somme variant entre 1,5 et 2 milliards de dollars

L'adoption de la norme aura une très forte incidence positive sur le bénéfice net et le bénéfice par action (BPA) de certaines entreprises. Toutefois, l'écart d'acquisition

---

3.   Institut Canadien des Comptables Agréés, *Manuel de l'ICCA*, « Écarts d'acquisition et autres actifs incorporels », chap. 3062, paragr. 27.
4.   *Ibid.*, chap. 3062, paragr. 39.
5.   *Ibid.*, paragr. 3062.22.

doit répondre à la définition des actifs et comporter des avantages futurs. S'il n'y a pas d'avantages futurs, on doit radier purement et simplement l'actif. Si la juste valeur de l'unité d'exploitation (de la filiale) n'excède plus la juste valeur des actifs nets du même montant, il faut radier une partie de l'écart d'acquisition qui a été comptabilisé à la date d'acquisition. Des pertes importantes peuvent apparaître à l'état consolidé des résultats si la société acquéreuse a payé l'acquisition trop cher ou s'il y a une perte de potentiel de profit des actifs de la filiale. AOL, par exemple, a été forcée d'inscrire une charge exceptionnelle de 56 G$ US, à ses résultats du premier trimestre 2002, pour tenir compte de la radiation de l'écart d'acquisition de Time Warner[6].

E 10-8 Le prix payé par Mammouth ltée pour acquérir Fili ltée

Actif net au bilan consolidé				12 400 000 $
Actif de Mammouth				(9 000 000)
Actif identifiable intégré au cours de la consolidation				3 400 000
Moins: quote-part des actionnaires sans contrôle fondée sur la valeur aux livres				
(20 % de 3 000 000 $)				(600 000)
Quote-part de Mammouth ltée fondée sur la juste valeur				2 800 000
Plus: montant attribué à l'écart d'acquisition				1 000 000
Contrepartie versée pour acquérir Fili ltée				3 800 000 $

	Mammouth	Participation	Juste valeur Fili ltée	Consolidé
Actif net	9 000 000 $		3 400 000 $	12 400 000 $
Participation	3 800 000	(3 800 000) $		
Écart d'acquisition			1 000 000	1 000 000
Part des actionnaires sans contrôle			(600 000)	(600 000)
	12 800 000 $			12 800 000 $
Remplacement de la participation		(3 800 000) $	3 800 000 $	

---

6.   La norme américaine en matière de traitement de l'écart d'acquisition est semblable à la norme canadienne.

E 10-10   La part des actionnaires sans contrôle

	M ltée	Remplacement du compte de participation	Bilan consolidé
Encaisse	176 $	63 $	239 $
Comptes clients	228	132	360
Participation dans F ltée	225	(225)	–
Immobilisations	700	447	1 147
	1 329 $		1 746 $
Dettes	(778) $	(392)	(1 170) $
Part des actionnaires sans contrôle		(25)	(25)
Capital-actions	(300)		(300)
Bénéfices non répartis	(251)		(251)
	1 329 $	– $	1 746 $

E 10-12   Le traitement des frais élevés de regroupements

L'acquéreur enregistre l'achat à sa juste valeur, y compris les coûts directs d'acquisition.

> La juste valeur est le montant de la contrepartie dont conviendraient des parties compétentes agissant en toute liberté dans des conditions de pleine concurrence[7].

On considère que certains frais liés à l'acquisition font partie du prix d'achat. Comme les regroupements exigent souvent des émissions d'actions, les coûts d'enregistrement et d'émission des actions sont à exclure, car ils doivent être traités comme des opérations sur les capitaux propres de la société mère.

> Les coûts directs d'un regroupement d'entreprises se composent des coûts différentiels engagés pour effectuer le regroupement d'entreprises. Seuls sont constatés à titre de coûts du regroupement d'entreprises les coûts qui ne seraient pas engagés en l'absence du regroupement. Ces coûts peuvent comprendre, par exemple, les commissions d'intermédiaires et d'autres montants versés à des avocats, à des comptables, à des évaluateurs et à d'autres consultants. Les montants répartis au titre des coûts internes, y compris les coûts afférents au maintien d'un service des acquisitions, ne constituent pas des coûts différentiels, et ils sont passés en charges au moment où ils sont engagés[8].

Exfo

Note 3 : REGROUPEMENTS D'ENTREPRISES

Le 20 décembre 2000, la société a acquis la totalité des actions votantes émises et en circulation de Burleigh instruments inc., une société américaine fabriquant des instruments scientifiques de précision utilisés dans la recherche de base et appliquée,

→

---

7.   Institut Canadien des Comptables Agréés, *Manuel de l'ICCA*, chap. 1581, paragr. 6.

8.   *Ibid.*, paragr. 28.

l'ingénierie et les applications de tests de production dans une variété de domaines, pour une contrepartie totale évaluée à 189 270 000 $ US incluant les coûts relatifs à l'acquisition de 2 461 000 $ US.

La contrepartie payée comprend 42 461 000 $ US en espèces et l'émission de 6 488 816 actions à droit de vote subalterne pour un montant de 146 809 000 $ US.

SOLUTIONS DES CAS D'APPROFONDISSEMENT DE LA MATIÈRE

CAM 10-2   M ltée et F ltée : le regroupement par acquisition d'actions

a)   Enregistrement de la transaction dans le journal de M ltée

Date		Débit	Crédit
2004 01-01	Participation dans F ltée Caisse (Acquisition de la totalité des actions ordinaires de F ltée contre 150 000 $ en espèces.)	150 000	150 000

b)   Établissement du bilan consolidé à la date d'acquisition

CONSOLIDATION DES BILANS À LA DATE D'ACQUISITION
(en milliers de dollars)

	M ltée	Remplacement du compte de participation	Juste valeur des actifs nets de la filiale	Bilan consolidé
Encaisse	50 $		10 $	60 $
Comptes clients	100		50	150
Immobilisations nettes	900		220	1 120
Participation dans F ltée	150	(150) $		–
Écart d'acquisition	–		20	20
	1 200 $			1 350 $
Dettes	(600) $		(150)	(750) $
Part des actionnaires sans contrôle			–	–
Capital-actions	(300)			(300)
Bénéfices non répartis	(300)			(300)
	(1 200) $			(1 350) $
Après remplacement		(150) $	150 $	

c) **Comparaison des deux bilans**

Les deux bilans sont identiques, car, dans les deux cas il y a eu regroupement de M ltée et de F ltée. Dans le premier cas, les actifs sont directement acquis, et les passifs pris en charge; dans le second cas, F ltée continue d'exister comme entité en exploitation, mais devient une filiale exclusive de M ltée, laquelle gère ses actifs comme si elle les avait achetés directement comme dans le premier cas. Comme la différence est de forme plutôt que de substance, les résultats devraient être les mêmes: les bilans devraient montrer la totalité des actifs gérés par le groupe et des obligations à assumer.

CAM 10-4   Malabar ltée: la consolidation à la date d'acquisition

	Malabar ltée	Remplacement du compte de participation	Bilan consolidé
Encaisse	15 $	10 $	25 $
Comptes clients	50	30	80
Stocks	100	50	150
Participation dans Fébrile	405	(405)	–
Immobilisations	600	330	930
Écart d'acquisition		15	15
	1 170 $		1 200 $
Dettes	(150) $	(30)	(180) $
Capital-actions	(600)		(600)
Bénéfices non répartis	(420)		(420)
	(1 170) $	– $	(1 200) $

Coût du placement dans Fébrile	405 000 $
Moins: quote-part de Malabar dans les justes valeurs de l'actif net identifiable (360 000 $ + 30 000 $) × 100 %	(390 000)
Écart d'acquisition	15 000 $

CAM 10-6   A ltée et F ltée : la consolidation des bilans avec présence d'une quote-part des actionnaires sans contrôle

CONSOLIDATION DES BILANS À LA DATE D'ACQUISITION
(en milliers de dollars)

	A ltée	Remplacement du compte de participation	Par la juste valeur des actifs nets de la filiale (1)	Bilan consolidé
Espèces	105 840 $		75 600 $	181 440 $
Autres actifs à court terme	529 200		189 000	718 200
Usine et équipements	829 120		226 800	1 055 920
Participation dans F ltée	320 000	(320 000) $		—
Écart d'acquisition	—		47 840	47 840
	1 784 160 $			2 003 400 $
Passif	(226 800)		(189 000)	(415 800)
Part des actionnaires sans contrôle			(30 240)	(30 240)
Capital-actions	(1 028 160)			(1 028 160)
Bénéfices non répartis	(529 200)			(529 200)
	(1 784 160) $			(2 003 400) $
Après remplacement		(320 000) $	320 000 $	

(1) Égale aux valeurs aux livres par postulat dans le présent exemple.

Coût de la participation dans F	320 000 $
Moins : quote-part de A dans les justes valeurs de l'actif net identifiable (302 400 $ × 90 %)	(272 160)
Écart d'acquisition	47 840 $

La part des actionnaires sans contrôle représente 10 % de 302 400 $ (valeurs aux livres).

189 000 $ + 113 400 $ = 302 400 $

**CAM 10-8   Mono ltée et Fidel ltée : la consolidation des états financiers
à la date d'acquisition — un cas où il y a excédent des justes valeurs
sur les valeurs aux livres et écart d'acquisition**

	Mono ltée	Remplacement du compte de participation	Détail des justes valeurs de la filiale	Bilan consolidé
Espèces	178 000 $		50 000 $	228 000 $
Débiteurs	236 000		74 800 (a)	310 800
Stocks de marchandises	343 000		172 700 (b)	515 700
Participation dans Fidel ltée	475 000	(475 000) $	—	—
Immobilisations (nettes)	1 036 000		624 500 (c)	1 660 500
Écart d'acquisition	—		25 000 (d)	25 000
	2 268 000 $			2 740 000 $
Dettes	(1 202 000) $		(437 000)	(1 639 000) $
Actionnaires sans contrôle			(35 000) (e)	(35 000)
Capital-actions	(400 000)			(400 000)
Bénéfices non répartis	(666 000)			(666 000)
	(2 268 000) $			2 740 000 $
Après remplacement du compte participation		(475 000) $	475 000 $	

(a) Rappelons que les actifs sont réévalués à la juste valeur pour la quote-part de la société mère et demeurent à
la valeur aux livres pour la quote-part des actionnaires sans contrôle : 90 % de 72 000 $ + 10 % de 100 000 $
= 74 800 $.

(b) 90 % de 178 000 $ + 10 % de 125 000 $ = 172 700 $.

(c) 90 % de 637 000 $ + 10 % de 512 000 $ = 624 500 $.

(d) Contrepartie cédée par Mono ltée   475 000 $
Quote-part dans les justes valeurs de la filiale
(90 % de 500 000 $)   (450 000)

Écart d'acquisition   25 000 $

(e) Le montant représente 10 % de la valeur aux livres de 350 000 $; on n'a pas réévalué les actifs nets en ce qui
concerne la quote-part des actionnaires sans contrôle.

CAM 10-10   M ltée et F ltée : la consolidation des bilans et des états des résultats avec présence d'une quote-part des actionnaires sans contrôle

a)   Bilan consolidé au 1er janvier 2001

	F ltée	Remplacement du compte de participation	Élimination des soldes réciproques	Bilan consolidé
Encaisse	176 $	87 $		263 $
Comptes clients	228	132		360
Participation dans F ltée	225	(225)		–
Prêt à F ltée	24		(24) $	–
Immobilisations	700	447		1 147
	1 353 $			1 770 $
Dettes	(778) $	(392)		(1 170) $
Emprunt à M ltée		(24)	24	–
Part des actionnaires sans contrôle		(25)		(25)
Capital-actions	(300)			(300)
Bénéfices non répartis	(275)			(275)
	(1 353) $	– $	– $	(1 770) $

b)   État consolidé des résultats pour l'année terminée le 31 décembre 2001

	M ltée	Produit de participation	Remplacement	État consolidé des résultats
Ventes	900 $		500 $	1 400 $
Coût des marchandises vendues	(300)		(200)	(500)
Autres frais d'exploitation	(200)		(200)	(400)
Part des actionnaires sans contrôle			(10)	(10)
Produit de la participation dans F ltée	90	(90) $	–	–
Bénéfice net	490 $			(490) $
Remplacement du produit de participation		(90) $	90 $	

10

10

SOLUTIONS DES CAS D'ANALYSE FINANCIÈRE

CAF 10-2   Un actif nommé écart d'acquisition

L'écart d'acquisition représente l'excédent du coût d'acquisition d'une entreprise sur le montant net des valeurs attribuées aux éléments de l'actif identifiable acquis et du passif pris en charge. Cet actif incorporel est constaté aux livres à la suite de l'acquisition d'une autre entreprise. C'est ainsi que Metro a acquis 29 supermarchés, des droits sur 11 franchises, deux centres de distribution ainsi que les droits rattachés à la bannière Loeb, pour 151 M$, somme de laquelle 87 M$ étaient à attribuer à l'écart d'acquisition.

Metro a donc payé 87 M$ de plus que la juste valeur des actifs acquis, pour la clientèle, le personnel qualifié, la synergie d'exploitation, etc.

L'écart d'acquisition est un actif incorporel qui ne peut être acquis séparément de l'entreprise, même s'il représente parfois un montant considérable.

La norme récemment édictée par l'ICCA, qui interdit l'amortissement annuel de l'écart d'acquisition en faveur d'un test de dépréciation crée une situation difficile pour les grands groupes. Ceux-ci ne peuvent plus amortir leur écart d'acquisition et l'étaler sur plusieurs dizaines d'exercices ; ils doivent dorénavant vérifier, chaque année, si la juste valeur de l'unité d'exploitation (de la filiale) excède toujours la juste valeur des actifs nets du même montant. Si tel n'est pas le cas, il leur faut radier une partie de l'écart d'acquisition qui a été comptabilisé à la date d'acquisition. Donc, si la juste valeur est inférieure à la valeur comptable, une perte de valeur est constatée à l'état des résultats.

Dans le tableau qui suit, nous citons les cas de deux entreprises qui ont enregistré des dépréciations de l'écart d'acquisition, et de deux autres qui n'en ont pas enregistré.

CAS OÙ IL Y A AMORTISSEMENT DE L'ÉCART D'ACQUISITION	CAS OÙ L'ÉCART D'ACQUISITION EST SOUMIS À UN TEST DE DÉPRÉCIATION
Bombardier (www.bombardier.com) La note 8 du rapport annuel 2001 relative à l'écart d'acquisition indique ce qui suit : « L'écart d'acquisition était de 2 712,9 millions $, net de l'amortissement cumulé de 45,7 millions $, au 31 janvier 2002 (néant au 31 janvier 2001). »	**Domtar (www.domtar.com)** La note 8 du rapport annuel 2001 relative à l'écart d'acquisition indique ce qui suit : « Les écarts d'acquisition liés à des regroupements d'entreprises amorcés à compter du 1er juillet 2001 ne sont pas amortis conformément aux dispositions transitoires de la nouvelle recommandation de l'ICCA relative aux regroupements d'entreprises. »
Alcan (www.alcan.com) La note du rapport annuel 2001 relative à l'amortissement et à la moins-value de l'écart d'acquisition indique ce qui suit : « L'écart d'acquisition est comptabilisé au coût, moins l'amortissement cumulé, et il est amorti sur une période de 40 ans selon la méthode linéaire. Des évaluations périodiques	**Nortel Networks (www.nortelnetworks.com)** La note du rapport annuel 2001 relative à l'écart d'acquisition et aux actifs incorporels indique ce qui suit : « [...] dans le cas des acquisitions finalisées après le 30 juin 2001, l'écart d'acquisition et les actifs incorporels ayant une durée de vie indéfinie ne sont pas amortis, mais sont évalués

➡

permettront de déterminer si le solde non amorti de l'écart d'acquisition a subi une moins-value permanente compte tenu de la valeur non actualisée des flux de trésorerie liés aux activités sous-jacentes. »

aux fins de la dépréciation conformément au chapitre 3062 du *Manuel de l'Institut Canadien des Comptables Agréés* (l'"ICCA"). »

CAF 10-4   La logique de la consolidation : les ressemblances entre les résultats d'une fusion et ceux d'une consolidation

a)   Bilan consolidé

CONSOLIDATION DES BILANS À LA DATE D'ACQUISITION
(en milliers de dollars)

	Hachette ltée	Remplacement du compte de participation	Par la juste valeur des actifs nets de la filiale	Bilan consolidé
Actif à court terme	1 200 $		150 $	1 350 $
Bâtiment et équipement	1 680		570	2 250
Participation dans Almine	720	(720) $		–
Écart d'acquisition	–		60	
	3 600 $			3 660 $
Dettes	(840) $		(60)	(900) $
Capitaux propres	(2 760)			(2 760)
	(3 600) $			(3 660) $
Remplacement complété		(720) $	720 $	

Écart d'acquisition : prix payé (720 $) – juste valeur nette de Almine (720 000 $ – 60 000 $).

b)   Comparaison des bilans consolidés et de fusion

	Hachette ltée après transaction	
	(cas de fusion)	(cas d'échange d'actions)
Actif à court terme	1 350 000 $	1 350 000 $
Bâtiment et équipement	2 250 000	2 250 000
Écart d'acquisition	60 000	60 000
Total	3 660 000 $	3 660 000 $
Passif à court terme	900 000 $	900 000 $
Capitaux propres	2 760 000	2 760 000
Total	3 660 000 $	3 660 000 $

c) **Raisons pour lesquelles les deux bilans sont identiques et raisons qui militent en faveur de la consolidation**

Notons que, dans le cas d'une fusion, il n'y a pas, à proprement parler, de consolidation des états financiers. Dans le cas qui nous intéresse, il y aurait consolidation si l'acquisition portait sur les actions de Almine ltée et la laissait, par conséquent, subsister comme entité contrôlée. Mais toutefois la situation financière du groupe après regroupement ne devrait pas varier à cause d'une simple question de forme. En comptabilité, la substance doit prévaloir sur la forme.

Les bilans de Hachette ltée présentés dans le tableau ci-dessus différaient (deux dernières colonnes) pour des raisons de forme plutôt que pour des raisons de substance (voir CAF 10-3). Le problème réside dans le fait que, dans le cas d'acquisition des actions, les biens gérés et les dettes assumées ne sont présentés que dans un montant global (participation dans Almine ltée : 720 000 $). Pour résoudre la difficulté, les normalisateurs comptables de la majorité des pays du monde ont statué que, lorsqu'une entreprise détient une participation lui assurant le contrôle d'une autre société, les états financiers doivent montrer le détail du compte participation, c'est-à-dire qu'ils doivent être consolidés[9]. Il est important de noter que le processus de consolidation fera disparaître cette distinction de forme, ainsi que nous l'avons vu quand nous avons comparé le bilan de fusion avec le bilan consolidé.

L'objectif des états financiers consolidés est de représenter l'ensemble des ressources sous le contrôle d'une direction unique, c'est ce que fait le bilan consolidé présenté à la dernière colonne du tableau présenté en b). L'incongruité disparaît : le bilan consolidé est le même que le bilan de fusion puisque tous deux traduisent une même réalité du point de vue de la gestion sous une forme juridique différente. Préparer des états financiers consolidés consiste donc à agir comme si les entités distinctes que sont la société mère et les filiales avaient fusionné pour ne plus former qu'une seule entité. Nous avons la même réaction en consolidant les états des résultats, les ventes entre sociétés affiliées sont annulées, car on ne peut se vendre à soi-même.

SOLUTIONS DES CAS D'ANALYSE ET DE RECHERCHE

CAR 10-2   La concentration et la mondialisation des entreprises québécoises

Domtar est un bon choix. À la note 2 afférente à ses états financiers pour l'exercice 2001, nous pouvons lire :

---

9. Rappelons la définition de la consolidation : Aux fins de l'établissement des états financiers consolidés, le compte participation de la société mère est remplacé par les éléments d'actif et de passif identifiables de la filiale, par la part de ces éléments qui revient aux actionnaires ne détenant aucun contrôle, et par l'écart d'acquisition (achalandage) résultant de la prise de participation. Rappelons aussi que, dans les fusions de sociétés, il n'est pas nécessaire de consolider les états financiers, puisque les filiales acquises perdent leur personnalité juridique ou leurs actifs nets et deviennent partie intégrante de la société acquéreuse. Elles deviennent des divisions ou des départements.

Acquisitions et cession d'entreprises

A) Acquisitions et cessions

En 2001, la Compagnie a acquis deux entreprises dans le secteur des papiers tissus pour une contrepartie de 89 526 000 $ (57 169 000 $ US) et cinq dans le secteur des produits d'emballage pour une contrepartie de 58 026 000 $ (incluant un paiement de 29 701 000 $ US) en plus d'une contrepartie conditionnelle maximale de 2 389 000 $ (1 500 000 $ US) qui sera payée si certains objectifs spécifiques sont atteints.

En 2000, la Compagnie a acquis deux entreprises dans les secteurs des produits d'emballage et des papiers tissus pour une contrepartie totale de 30 584 000 $. De plus, la Compagnie a disposé de sa participation de 50 % dans une usine de fabrication de papier saturé et de feutre automobile pour une contrepartie totale de 3 165 000 $, dont 2 000 000 $ de solde de prix de vente. Ces acquisitions ont été comptabilisées selon la méthode d'achat pur et simple et les comptes et les résultats de ces entreprises sont inclus dans les états financiers consolidés depuis leur date d'acquisition respective.

B) Privatisation de certaines filiales de la Compagnie

Le 31 décembre 2000, la Compagnie a acquis les actions détenues par les actionnaires sans contrôle de ses filiales Les Industries Paperboard International inc. (à l'exclusion des actionnaires privilégiés), Papiers Perkins ltée et Rolland inc. en échange de l'émission de 13 998 453 actions ordinaires de la Compagnie. La juste valeur de 6,85 $ attribuée aux actions émises représente le cours boursier de l'action de la Compagnie à la date de la transaction. Certains actionnaires de ces filiales se sont prévalus de leur droit de dissidence et ont demandé de se faire payer au comptant la juste valeur marchande de leurs actions au 31 décembre 2000.

La Compagnie s'est également entendue avec les détenteurs d'actions privilégiées de catégorie B d'une filiale afin que, lors de l'exercice de leur droit de conversion de leurs actions en actions ordinaires, ces actions soient échangées contre un total de 872 727 actions ordinaires de la Compagnie.

CAR 10-4   Domtar : l'étude des principes de consolidation des états financiers

Les principes de consolidation appliqués par Domtar sont expliqués dans son rapport annuel pour l'exercice 2001. La note 1, intitulée « Résumé des principales conventions comptables », traite de la consolidation des états financiers :

> Les états financiers consolidés comprennent les comptes de Domtar Inc. (la Société) et de toutes ses filiales et coentreprises (collectivement désignées par Domtar). Les placements dans lesquels la Société exerce une influence notable sont comptabilisés à la valeur de consolidation. Les participations de la Société dans des coentreprises sont comptabilisées selon la méthode de la consolidation proportionnelle.

CAR 10-6   BCE et l'écart d'acquisition

BCE inc.

BILAN CONSOLIDÉ
Au 31 décembre 2000 (en millions de dollars) (cité partiellement)

	2000	1999
Total de l'actif à court terme	6 700 $	5 507 $
Immobilisations	22 301	17 022
Écart d'acquisition	16 304	2 321
[...]		
Total de l'actif	51 383 $	36 960 $

■ Source : www.bce.ca

De façon préliminaire, BCE inc. a imputé 8 G$ à l'écart d'acquisition dans l'achat de Téléglobe inc. conclu en novembre 2000. Un autre écart d'acquisition de 1,9 G$ provenait de l'achat de CTV réalisé en avril 2000 pour 2,3 G$ en espèces. Un autre écart d'acquisition provenait d'une opération de Bell Canada, filiale de BCE ; en effet, Bell Canada a acquis Bell Mobilité pour un prix global de 1,57 G$ en espèces, dont 1,269 G$ pour un actif nommé « écart d'acquisition ». L'extrait du bilan qui suit montre que l'écart d'acquisition de BCE inc. a augmenté de 14 G$ en 2000.

CAR 10-8   Alcan : le traitement de l'écart d'acquisition selon les nouvelles normes

Alcan a adopté la nouvelle norme canadienne relative au traitement de l'écart d'acquisition.

Alcan

Note 2 : RÉSUMÉ DES PRINCIPALES CONVENTIONS COMPTABLES
NORMES RÉCEMMENT ADOPTÉES

Écarts d'acquisition et autres actifs incorporels
Pour les exercices ouverts à compter du 1er janvier 2002, les écarts d'acquisition et les actifs incorporels dont la durée de vie utile est indéfinie ne seront plus amortis, mais seront comptabilisés soit à la valeur comptable, soit à la juste valeur, selon la moins élevée des deux. Les écarts d'acquisition seront soumis annuellement à un test de dépréciation en deux étapes. Le résultat de ce test pourra différer considérablement de celui obtenu selon la méthode actuelle.

Les effets de l'application de cette norme comptable sont importants, car, à ses bilans consolidés au 31 décembre 1999, 2000, et 2001, Alcan montrait des écarts d'acquisition de 3 G$.

Alcan

BILAN CONSOLIDÉ

Au 31 décembre (chiffres en millions de dollars)	2001	2000	1999
Charges reportées et autres éléments d'actif (note 11)	737 $	719 $	525 $
Immobilisations corporelles (note 12)			
Coût (excluant les travaux de construction en cours)	16 225	14 807	11 771
Travaux de construction en cours	613	1 979	1 220
Amortissement cumulé	(7 136)	(6 753)	(6 557)
	9 702	10 033	6 434
Actifs incorporels, déduction faite de l'amortissement cumulé de 27 $ en 2001 et 5 $ en 2000	298	330	–
Écart d'acquisition, déduction faite de l'amortissement cumulé de 92 $ en 2001 et 17 $ en 2000 (note 5)	2 925	2 669	–
Total de l'actif	17 479 $	18 407 $	9 849 $

10

Lors de l'application du test de dépréciation, la juste valeur de l'écart d'acquisition est évaluée de la même manière qu'à la date d'acquisition dans un regroupement d'entreprises, c'est-à-dire que l'excédent de la juste valeur de l'unité d'exploitation sur la juste valeur de l'actif net identifiable de cette unité est attribué à l'écart d'acquisition. Toute perte de valeur constatée à la date d'adoption de la nouvelle norme (1er janvier 2002) sera portée au débit du solde d'ouverture des bénéfices non répartis de 2002. Une fois que les écarts d'acquisition et les actifs incorporels ayant une durée de vie indéfinie ont fait l'objet d'une réduction de valeur, cette valeur ne peut plus être augmentée si elle se rétablit par la suite. Après le 1er janvier 2002, toute autre perte de valeur sera imputée aux résultats. Compte tenu de cette nouvelle norme, Alcan n'amortira plus les écarts d'acquisition.